ENZYKLOPÄDIE DEUTSCHER GESCHICHTE BAND 75

ENZYKLOPÄDIE
DEUTSCHER
GESCHICHTE
BAND 75

HERAUSGEGEBEN VON
LOTHAR GALL

IN VERBINDUNG MIT
PETER BLICKLE
ELISABETH FEHRENBACH
JOHANNES FRIED
KLAUS HILDEBRAND
KARL HEINRICH KAUFHOLD
HORST MÖLLER
OTTO GERHARD OEXLE
KLAUS TENFELDE

LEBENSWELT UND KULTUR DES BÜRGERTUMS IM 19. UND 20. JAHRHUNDERT

VON

ANDREAS SCHULZ

**2., um einen Nachtrag
erweiterte Auflage**

DE GRUYTER
OLDENBOURG

ISBN 978-3-11-034581-0
e-ISBN (PDF) 978-3-11-034582-7
e-ISBN (EPUB) 978-3-11-039716-1

Library of Congress Cataloging-in-Publication Data
A CIP catalog record for this book has been applied for at the Library of Congress.

Bibliografische Information der Deutschen Nationalbibliothek
Die Deutsche Nationalbibliothek verzeichnet diese Publikation in der Deutschen
Nationalbibliografie; detaillierte bibliografische Daten sind im Internet über
http://dnb.dnb.de abrufbar.

© 2014 Walter de Gruyter GmbH, Berlin/München/Boston
Umschlaggestaltung: Dieter Vollendorf
Umschlagabbildung: Privatfoto 1953. Slg. Schricker
Druck und Bindung: Hubert & Co. GmbH & Co. KG, Göttingen
♾ Gedruckt auf säurefreiem Papier
Printed in Germany

www.degruyter.com

Vorwort

Die „Enzyklopädie deutscher Geschichte" soll für die Benutzer – Fachhistoriker, Studenten, Geschichtslehrer, Vertreter benachbarter Disziplinen und interessierte Laien – ein Arbeitsinstrument sein, mit dessen Hilfe sie sich rasch und zuverlässig über den gegenwärtigen Stand unserer Kenntnisse und der Forschung in den verschiedenen Bereichen der deutschen Geschichte informieren können.

Geschichte wird dabei in einem umfassenden Sinne verstanden: Der Geschichte der Gesellschaft, der Wirtschaft, des Staates in seinen inneren und äußeren Verhältnissen wird ebenso ein großes Gewicht beigemessen wie der Geschichte der Religion und der Kirche, der Kultur, der Lebenswelten und der Mentalitäten.

Dieses umfassende Verständnis von Geschichte muss immer wieder Prozesse und Tendenzen einbeziehen, die säkularer Natur sind, nationale und einzelstaatliche Grenzen übergreifen. Ihm entspricht eine eher pragmatische Bestimmung des Begriffs „deutsche Geschichte". Sie orientiert sich sehr bewusst an der jeweiligen zeitgenössischen Auffassung und Definition des Begriffs und sucht ihn von daher zugleich von programmatischen Rückprojektionen zu entlasten, die seine Verwendung in den letzten anderthalb Jahrhunderten immer wieder begleiteten. Was damit an Unschärfen und Problemen, vor allem hinsichtlich des diachronen Vergleichs, verbunden ist, steht in keinem Verhältnis zu den Schwierigkeiten, die sich bei dem Versuch einer zeitübergreifenden Festlegung ergäben, die stets nur mehr oder weniger willkürlicher Art sein könnte. Das heißt freilich nicht, dass der Begriff „deutsche Geschichte" unreflektiert gebraucht werden kann. Eine der Aufgaben der einzelnen Bände ist es vielmehr, den Bereich der Darstellung auch geographisch jeweils genau zu bestimmen.

Das Gesamtwerk wird am Ende rund hundert Bände umfassen. Sie folgen alle einem gleichen Gliederungsschema und sind mit Blick auf die Konzeption der Reihe und die Bedürfnisse des Benutzers in ihrem Umfang jeweils streng begrenzt. Das zwingt vor allem im darstellenden Teil, der den heutigen Stand unserer Kenntnisse auf knappstem Raum zusammenfasst – ihm schließen sich die Darlegung und Erörterung der Forschungssituation und eine entsprechend gegliederte Auswahlbiblio-

graphie an –, zu starker Konzentration und zur Beschränkung auf die
zentralen Vorgänge und Entwicklungen. Besonderes Gewicht ist daneben, unter Betonung des systematischen Zusammenhangs, auf die Ab-
stimmung der einzelnen Bände untereinander, in sachlicher Hinsicht,
aber auch im Hinblick auf die übergreifenden Fragestellungen, gelegt
worden. Aus dem Gesamtwerk lassen sich so auch immer einzelne, den
jeweiligen Benutzer besonders interessierende Serien zusammenstel-
len. Ungeachtet dessen aber bildet jeder Band eine in sich abgeschlos-
sene Einheit – unter der persönlichen Verantwortung des Autors und in
völliger Eigenständigkeit gegenüber den benachbarten und verwandten
Bänden, auch was den Zeitpunkt des Erscheinens angeht.

Lothar Gall

Inhalt

Vorwort des Verfassers

Eine Darstellung über Lebenswelt und Kultur des Bürgertums im 19. und 20. Jahrhundert suggeriert eine auf den ersten Blick problematische Kontinuität. Ist die Welt des Bürgertums nicht längst der postmodernen Vielfalt von Lebensstilen gewichen? In der Formationsphase existierten präzise Vorstellungen, wie ein Bürger zu sein und zu leben hatte; die Ansprüche an Moral und Lebenspraxis waren strikt normiert, Bürgertum als Rechtsgemeinschaft, Klasse und Kultur gleichermaßen deutlich konturiert. Bürgerliche Lebensformen waren attraktiv und strahlten auf andere Sozialgruppen aus. Deshalb wird das 19. Jahrhundert zu Recht als bürgerliche Epoche apostrophiert, in der das Bürgertum kulturelle Hegemonie erlangte. Dagegen verschwimmen Begriffe und Definitionskriterien, sobald vom Bürgertum des 20. Jahrhunderts die Rede ist. Auflösung, Niedergang, bestenfalls ein „Formwandel" – die Krisenjahre der klassischen Moderne gelten als Beginn der Krise des Bürgertums. Im klassenlosen Konsumismus der westdeutschen Nachkriegsdemokratie schließlich scheint Bürgertum nur noch als Traditionsbegriff, in der „entbürgerlichten" DDR lediglich als ideologische Projektion des Klassenfeindes zu existieren.

Dieser Band fragt nicht primär nach dem Verbleib des Bürgertums als soziale Klasse. Die Schwerpunkte liegen bei den Lebensentwürfen und Sinnbezügen bürgerlichen Handelns, den habituellen Praktiken und Vorstellungen von „Bürgerlichkeit". Es geht um die Kontinuität bestimmter Inhalte und Formen bürgerlicher Kultur, deren Aktualität etwa in der Debatte über zivilgesellschaftliches Engagement oder auch in Organisationsformen und Handlungsstrategien von *Bürger*stiftungen oder *Bürger*initiativen deutlich wird.

Andreas Schulz

Vorwort des Verfassers
zur zweiten Auflage

Im Forschungsüberblick der ersten Auflage des Bandes „Lebenswelt und Kultur des Bürgertums" stand das „bürgerliche" 19. Jahrhundert im Mittelpunkt. Der Aufstieg und kulturelle Hegemonieanspruch des Bürgertums war in den 1980er und 1990er Jahren ein Schwerpunktthema der Geschichtswissenschaft. Vor allem dank zahlreicher Publikationen zweier Sonderforschungsbereiche an den Universitäten Bielefeld und Frankfurt am Main entstand eine breite empirische Grundlage sozial- und kulturgeschichtlicher Forschungserkenntnisse über das neuzeitliche Bürgertum. Darauf aufbauend entwickelte sich eine elaborierte Debatte über den „Verbleib des Bürgertums" in der „Zivilgesellschaft" des 20. Jahrhunderts, die Gegenstand des Forschungsüberblicks der 2. Auflage dieses Bandes ist.

Auf der Suche nach Kontinuitäten und Bruchlinien hat sich die Zeitperspektive der Forschung über die politischen Zäsuren 1918, 1933 und 1945 ausgedehnt. Einen wichtigen Referenzrahmen bildet weiterhin die moderne Großstadt als Lebensmittelpunkt und Handlungsraum des Bürgertums. Die Forschungen konzentrieren sich auf Praktiken, Werte und Ausdrucksformen bürgerlicher Kultur in urbanen Milieus. Bei aller Vielfalt neu gewonnener Erkenntnisse findet der theoriegeleitete Metadiskurs über Bürgerlichkeit und Bürgertum in empirischen Feldstudien jedoch nur schwache Resonanz – und umgekehrt. Möglicherweise ist dieser Mangel an Reziprozität zwischen den verschiedenen Forschungsebenen ein Reflex der fortschreitenden Dissoziierung bürgerlicher Lebenswelten in der Postmoderne. Empirische Forschungserkenntnisse zur sozialen Praxis, symbolischen Kommunikation und materiellen Kultur lassen sich keiner eindeutig bestimmbaren Sozialformation zuordnen. Sie kristallisieren sich nicht mehr um den Kern der unvermindert lebhaften Generaldebatte, die nach der Relevanz von Bürgerlichkeit und Bürgertum im 20. Jahrhundert fragt.

Die Bürgertumsforschung der vergangenen anderthalb Jahrzehnte folgt im Vergleich zum responsiven Forschungsdiskurs der 1980/90er Jahre eher multiperspektivischen Ansätzen als einer thematisch zentrierten Perspektive. Bei dem Versuch, die Vielfalt der Ergebnisse in einem Forschungsüberblick zu präsentieren, waren mir Jens Weinhold und Verena Mink eine wertvolle Unterstützung. Ihnen sei herzlich gedankt.

Berlin, im September 2014   Andreas Schulz

I. Enzyklopädischer Überblick

1. Kultur und Lebenswelt – was verbindet das bürgerliche 19. Jahrhundert mit der Postmoderne?

Mit Blick auf die materielle und geistige Kultur der Epoche bezeichneten selbst kritische Zeitgenossen wie Marx das 19. Jahrhundert als „bürgerlich". Die industriell-technische Güterproduktion, die wissenschaftlichen und künstlerischen Höchstleistungen waren das Werk bürgerlichen Erfolgsstrebens. Gewissermaßen vom Höhenkamm der Zivilisation betrachtete sich das Bürgertum selbst als Avantgarde des Fortschritts. Toleranz, Humanität und Bildung, Selbständigkeit im Denken und Handeln galten als Merkmale bürgerlicher Identität. Es waren zugleich universale Werte, die das Bürgertum im Dienste der Aufklärung der Menschheit gegen die alte Privilegienordnung der Ständegesellschaft verwirklicht hatte. Mit Emphase wurde die eigene, bürgerliche Lebensweise zum Appell an jedermann, die individuellen „natürlichen" Anlagen zu entwickeln und mit der eigenen Selbstverbesserung zur Reform der Gesellschaft beizutragen. Monumente bürgerlicher Kultur wurden in Museen der vielfältigsten Art aufbewahrt. Indem es Kultur historisierte, selektierte und kanonisierte, setzte das Bürgertum normative Maßstäbe dafür, was als verpflichtendes kulturelles Erbe zu gelten hatte. Mochten sich die Auffassungen darüber ändern, welche Traditionsbestände „objektiv" zur Kultur der bürgerlichen Epoche zählen – wer von der Kultur des Bürgertums schrieb und schreibt, der meint damit die Kultur der Moderne, der vom Bürgertum geprägten Zeitspanne zwischen Spätaufklärung und der Nachkriegsgesellschaft des 20. Jahrhunderts. Die konservative Kulturkritik der 1920er Jahre, die antibürgerliche Kulturrevolte von 1968 und selbst die Postmoderne bestätigten jeweils die Geltungskraft bürgerlicher Lebensentwürfe.

Bürgerliche Wertnormierungen bedingen als externe Einflussfaktoren die historische Wissenschaft, eine Darstellung bürgerlicher Kultur und Lebenswelt kann sich ihnen kaum entziehen. Dies klingt paradox, weil in der Geschichtswissenschaft noch vor kurzem nicht einmal mehr Übereinkunft darüber zu erzielen war, ob „Bürgertum" und „bür-

Das bürgerliche Jahrhundert

Bürgerliche Traditionen im 20. Jahrhundert

gerlich" relevante soziologische Kategorien seien oder nicht. Auch in
der öffentlichen Debatte am Ende des 20. Jahrhunderts ist „Bürgertum"
zu einem Traditionsbegriff geworden, der keinerlei Identifikationen bewirkt. Dass sich in der Rechts- und Sozialordnung der Bundesrepublik
zentrale Elemente der bürgerlichen Gesellschaft des 19. Jahrhunderts
wiederfinden, ist gleichwohl unumstritten. Gegen vermeintliche Defizite der (post-)modernen Gesellschaft formieren sich Bürgerinitiativen,
der Diskurs über die Zivilgesellschaft erinnert an die Praxis bürgerlicher Selbstorganisation. Im staatlich subventionierten Kulturbetrieb ist
das Bildungsprogramm des bürgerlichen 19. Jahrhunderts substanziell
integriert. Während die Wertschätzung bürgerlicher Kulturtraditionen
fortbesteht, hat sich die bürgerliche Klassengesellschaft sozial ausdiffe-
renziert. Die Chancen auf materielle Realisierung individueller Lebensentwürfe sind beträchtlich gewachsen. Stärker als Herkunft und
Klasse bestimmen der Bildungsweg und die berufliche Position den sozialen Status. Das ästhetische Urteilsvermögen und kulturelle Kapital
entscheiden mit über die Partizipation an der Kultur.

Materielle Kultur   Die soziale Position in der postindustriellen Gesellschaft ist durch
eine neuartige Beziehung zwischen Mensch und Ware gekennzeichnet,
die eine neue Ordnung und Bedeutung der Dinge konstituiert. Der Alltag ist weit weniger von existenziellen Zwängen als vom Bedürfnis
nach sozialer Unterscheidung geprägt. Die neue Konsumfreiheit hat
Bewegungs- und Entscheidungsräume eröffnet, die der nach dem Prinzip des Nahrungsschutzes organisierten lokalen Solidargemeinschaft
der Stadtbürger unzugänglich waren. In der Freiheit des Konsumbürgers von Mangel und Notwendigkeit erfüllt sich die Vision einer liberalen Marktgesellschaft. Durch das Zusammenwirken und die bestmög-
liche Verwertung aller Einzelbegabungen scheint der Gesellschaft ein
größtmöglicher Nutzen zu erwachsen. An der individualistischen Ma-
xime des bürgerlichen Liberalismus hat sich, allen Erschütterungen der
Fortschrittsgewissheit und dem Aufstieg konkurrierender Ideologien
im 20. Jahrhundert zum Trotz, nichts geändert. In Zeiten der Krise des
Wohlfahrtsstaates stehen die liberale Marktökonomie und die durch sie
begründete materielle Kultur erneut im Zentrum bürgerlicher Zukunfts-
hoffnungen. Besteht die Einheit der bürgerlichen Moderne nicht in erster Linie in der fortschreitenden Demokratisierung ihrer materiellen
Kulturleistungen? Haben bürgerliche Lebens-, Umgangs- und Ausdrucksformen nicht in erster Linie im verfeinerten, „kultivierten" Konsum von Gütern des täglichen Bedarfs, von Kunst und Wissenschaft,
Reisen und Freizeitsport überlebt? Konsum ist mehr denn je das Funda-
ment bürgerlicher Kultur, er klassifiziert und definiert bürgerliche Le-

bensstile. Anerkannter, sozial legitimierter Konsum grenzt die Lebenswelten bürgerlicher Schichten vom Leben der Straße, von den Unter-
welten subkultureller Konsumentenmilieus ab.

2. Abschied und Aufbruch: Bürgertum im 19. Jahrhundert

2.1 Lebenswelt und Sozialisation

Das Konzept der „Lebenswelt" hebt darauf ab, den Erfahrungs- und
Handlungsraum sozialer Akteure nicht als objektive Realität, sondern
als wahrgenommene Umwelt zu beschreiben. In diesem Sinne entsteht „Wirklichkeit" als ein Prozess subjektiver Rekonstruktion von
„Lebenswelten". Im Unterschied zum Adel und zur ländlichen Agrar-   Stadt als Lebens-
bevölkerung war für das Bürgertum die Stadt der primäre kulturelle   mittelpunkt
Referenzraum. Die städtischen Lebensformen waren durch und durch
bürgerlich geprägt, die urbane Lebensweise des Bürgertums bestimmte
die Moderne und Postmoderne. Moderne Verhaltensweisen und Mentalitäten brachen sich zuerst in den Städten Bahn, die Entstehung neuer
Unterhaltungs- und Geselligkeitsformen setzte urbane Strukturen voraus. Nur in der Stadt eröffneten sich vielfältige Optionen einer mobi-
len, unkonventionellen und unabhängigen Lebensführung. Die Ver-
städterung des ländlichen Raums, das Städtewachstum und die Urbanisierung sorgten dafür, dass bürgerliche Lebensformen auf das Land
übertragen wurden.

Die Erziehung zum Bürger, die erste Berührung mit der Gesell-
schaft beginnt mit der Sozialisation in der Familie. Für das Bürgertum   Familie als soziale
war die Familie nicht nur Sozialisationsagentur und sozialer Ort der Re-   Lebensform
produktion von Lebenschancen. Die bürgerliche Familie ist zur gesunden Kernzelle einer harmonischen Ordnung ideologisiert worden. Als
ideelle Gegenwelt einer von Eigennutz und Erfolgsstreben regierten
Gesellschaft verhieß sie Solidarität und emotionale Zuwendung. Die
Familie war ein Refugium vor den belastenden Anforderungen der Arbeitswelt, in der das unmündige Individuum zur bürgerlichen Selbständigkeit erzogen wurde. Der bürgerliche Sozialtheoretiker Wilhelm
Heinrich Riehl (1823–1897) schätzte die konservative Ordnungsfunk-
tion der patriarchalisch organisierten Familie, in der jedes Mitglied mit
genau definierten Pflichten in die Haushaltsgemeinschaft integriert war.
In der Familie realisiere sich die natürliche Ordnung der Gesellschaft im
Kleinen. Das Naturgesetz der Gesellschaft schreibe dem Mann die kul-

turschaffende Rolle, der Frau hingegen die Aufgabe zu, „die traditionelle Moral zu pflegen und zu bewahren, die Familie zu verteidigen und die Tugenden der Selbstdisziplin, Mäßigung und Aufopferung zu entwickeln". Die Lebenswirklichkeit der bürgerlichen Familie unterschied sich von Anfang an von diesem sozialromantischen Bild einer Konflikte aufhebenden Geborgenheit. Als kleinste Überlebenseinheit menschlicher Gemeinschaften war sie die adäquate Sozialform zur Ressourcenorganisation und Optimierung der Lebenschancen. Erst die institutionalisierte Wohlfahrtspolitik der Moderne ermöglichte eine Partikularisierung der Lebensgemeinschaft Familie. Als selbstverständliche soziale Lebensform konnte sie erst zum Objekt antibürgerlicher Kulturkritik werden, nachdem sie ihrer existentiellen Bedeutung enthoben war.

Familiäre Verhältnisse

Das „ganze Haus" bestand auch um 1800 nur selten aus einer Mehrgenerationen-Sippe. Zur bürgerlichen Kernfamilie zählten Eltern und Kinder, während Alte und unversorgte Angehörige separate Räume bewohnten. In großbürgerlichen Haushalten gehörten das Dienstpersonal, im Handwerk Gesellen und Lehrlinge zur erweiterten Familie. Geschlechtsspezifische Verhaltensnormen begrenzten den Bewegungsraum der Frauen. „Jungfrauen" erregten Anstoß, wenn sie sich öffentlich ohne Anstandsperson an der Seite eines jungen Mannes zeigten, der nicht zur Familie gehörte. Der Freizügigkeit lediger Frauen waren durch die herrschende Sozialmoral enge Grenzen gesteckt. Doch war die bürgerliche Frau keineswegs gefangen im männlich dominierten Haushalt. Zwar fielen die Zuständigkeitsbereiche in der Ehegemeinschaft auseinander, je mehr sich Berufswelt und Privatleben trennten. Haushaltsführung und Kinderaufzucht beanspruchten die Arbeitskraft der Bürgerfrauen, zumal bis ans Ende des 19. Jahrhunderts Geburten häufig in Ein- bis Zweijahresabständen aufeinander folgten. Doch arbeiteten trotz dieser Belastungen Frauen in Handwerkerhaushalten mit, halfen häufig beim Verkauf der Waren auf Wochenmärkten aus. Beim Ableben des Mannes übernahm die Meisterwitwe bis zur Wiederverheiratung das Geschäft. Überhaupt bedeutete der Witwenstatus geschäftlich eine Befreiung von männlicher Vormundschaft. Johanna Schopenhauer bekannte freimütig, sie lebe seit dem Tode ihres Mannes „so frei und glücklich, wie ich es nur wünschen kann". Dem subjektiven Freiheitsgefühl widersprach die öffentliche Moral, denn tatsächlich entzog der Tod des Ehemannes der Witwe jeden Anschein bürgerlicher Selbständigkeit. In der bürgerlichen Gesellschaft war der soziale Status der Frau über den Namen und Berufsstand des Mannes definiert. Nicht das hinterlassene Vermögen, sondern kulturelle Normen bestimmten das soziale Sein.

In der Literatur der Romantik ist die Ehegemeinschaft eine Lie- Das Ideal der
besbeziehung zwischen ungleichen Partnern. Dem bürgerlichen Ideal Ehepartnerschaft
der freien, von Liebe und Leidenschaft inspirierten Partnerwahl hielt
die Forschung lange Zeit die graue Realität der ehelichen Zweckge-
meinschaft entgegen. Ehen seien von bürgerlichen Familienpatriarchen
im Interesse gemeinsamer Kapitalakkumulation arrangiert worden, gegen die es zumal für den weiblichen Partner keine Einspruchsmöglich-
keiten gab. Dieses Bild bürgerlicher Familienpolitik ist zumindest ein-
seitig. Mesalliancen, die auf erzwungene Verbindungen zurückgingen,
waren zwar keinesfalls selten. Doch kam die bürgerliche Vorstellung
von geistig-seelischer und körperlich-sinnlicher Übereinstimmung
komplementärer Geschlechtspartner sehr wohl zum Tragen. Weibliche
„Geistes-Bildung" wurde auch von Frauen als entbehrlich erachtet,
weil sie die „Sucht zu glänzen" statt „wahre Herzlichkeit" erwecke.
Dass eine erfüllte Ehe auf dem harmonischen Zusammenklang ungleicher Charaktere, vor allem aber auf freier Herzensentscheidung beruhe,
ist eine geradezu typische bürgerliche Wunschvorstellung. Abwei-
chungen von dieser Norm wurden aufmerksam registriert, „Vernunft-
Ehen" allenfalls bei Vorliegen ungünstiger Voraussetzungen akzeptiert.
Adolph Freiherr von Knigge (1752–1796), dessen Urteil große Autorität besaß, beschreibt die sozialen Normen einer oft widersprüchlichen
Praxis: „Nicht weniger unglücklich ist dies Band, [...] wenn nicht freye
Wahl, sondern politische, ökonomische Rücksichten [...] oder nur cör-
perliches Bedürfnis, wobey das Herz nicht war, dieselbe geknüpft hat."
Die soziale Wirklichkeit implizierte stets zweckrationale Über-
legungen. Vieles war vorstrukturiert, denn eheliche Verbindungen
kamen zumeist in einem homogenen Milieu zustande. Sie resultierten
aus einer überschaubaren Anzahl möglicher Begegnungen im berufs-
ständisch geprägten Bekanntenkreis. Nur langsam entgrenzte die neue
„Sociabilität" jenseits von Familie, Haus und Stand den Heiratsmarkt.
Während unbewusste Vorstellungen von einer standesgemäßen Verbindung fortwirkten, öffneten sich individuelle Entscheidungsfreiräume.
Bewegliche Naturen wie die Mannheimer Kaufmannstochter Wilhelmine Reinhardt (1787–1869) wussten Herzensanliegen mit Vernunft-
gründen zu vereinbaren. Gegen den zunächst heftigen Widerstand des Ehearrangements
vermögenden Vaters setzte sie ihren Willen durch und heiratete 1805
den nach bürgerlichen Maßstäben unerfahrenen Gastwirtssohn Friedrich Ludwig Bassermann (1782–1865) aus Heidelberg: auf den ersten
Blick eine „Liebesheirat", die auf sanften Druck selbständiger Weiblichkeit zustande kam. Doch waren die väterlichen Bedenken bald aus-
geräumt, als sorgfältige Nachprüfungen ergaben, dass der zukünftige

Schwiegersohn eine gute Ausbildung genossen hatte und als künftiger Geschäftspartner auch über die nötigen Fachkenntnisse verfügte: alles in allem eine durchaus vorteilhafte Partie für alle Beteiligten inklusive des Brautpaares selbst.

Die Chancen zur Realisierung individueller Lebensentwürfe klafften nicht zwangsläufig geschlechtsspezifisch auseinander. Grundlegend für die bürgerliche Ehe blieb bei allen unleugbaren Interessenkonflikten, die sich aus der Dissoziation von Haushalt und Erwerbsarbeit ergaben, zweierlei: das bürgerliche Ideal einer Seelenverwandtschaft, die auf Zuneigung, Geistesbildung und „Gefährtenschaft" beruhte; zweitens die Selbstbeschränkung bei der Partnerwahl auf das eigene Herkunfts- und Sozialmilieu in der Absicht, die materiellen Ressourcen zu stabilisieren. So erwies sich die bürgerliche Familie als eine äußerst handlungsfähige Lebensform und soziales Reservoir zur Optimierung von Lebenschancen. Sie ermöglichte den wirtschaftlichen Aufstieg des Bürgertums und lieferte die Basis für die ursprüngliche Kapitalakkumulation am Beginn der Industrialisierung.

Einen zentralen Bezugspunkt der ideellen Bindungen der bürgerlichen Ehegemeinschaft bildete die gemeinsame Kindererziehung. Das wachsende Interesse an den Kindern, das sich in der Erziehungsliteratur niederschlug, lässt die These von der Entdeckung der Kindheit (Philippe Ariès) im bürgerlichen Zeitalter plausibel erscheinen. Doch verdeckt die intensive Beschäftigung mit der Aufklärungspädagogik, dass im bürgerlichen Alltag die Sorge um die Überwindung der in der frühen Kindheit lauernden Gefahren vorherrschend war. Vordringlich waren das Überstehen des ersten Lebensjahres und die praktischen Probleme der „Aufzucht". Wie intensiv man sich dem Projekt der Erziehung der Kinder zu vernünftigen Menschen zuwenden konnte, blieb zunächst eine Frage der Überlebenschancen. Vor dem signifikanten Rückgang der Sterblichkeit im letzten Viertel des 19. Jahrhunderts unterschied sich der Verlauf einer bürgerlichen Kindheit nicht wesentlich von den existenziellen Nöten der Unterschichten. Rousseaus *Émile* verdankte seine Popularität gerade auch den praktischen Ratschlägen einer körperlichen Abhärtung, welche das Bürgertum in der Erziehungspraxis stärker beschäftigten als die geistige Entwicklung der „natürlichen" Anlagen. In erster Linie verließ man sich auf eigene Erfahrungen, bevor man Erziehungsratgeber pädagogischer, medizinischer und moraltheologischer Provenienz zu Rate zog.

Parallel zur Pädagogisierung der Kindheit stieg das Interesse der Eltern an den biologischen Bedingungen der Kindheit. Unter dem Einfluss des Evolutionsparadigmas wurden die Abschnitte der Kindheit

Risiken der Kindheit

Pädagogisierung der Kindheit

sorgfältig in Tagebüchern registriert. Vorstellungen einer imaginären „Normalentwicklung" des Kindes beschäftigten die Phantasien. Sie weckten schließlich an der Wende des „Jahrhundert des Kindes" (Ellen Key, 1900) den Wunsch nach erbgesundem Nachwuchs und verlegten den Schwerpunkt der Erziehung auf die körperliche Ausbildung. Mit der Anthropologisierung der Kindheit wuchs generell die Neigung des Bürgertums zu Erziehungsexperimenten. Friedrich Fröbels (1782–1852) Kindergärten gediehen allerdings lange Zeit eher im Schatten der etablierten kirchlichen und staatlichen Institutionen. Erst in den 1880er Jahren gewann die Reformpädagogik im Bürgertum eine wachsende Zahl von Anhängern. Getragen vom Optimismus eines naturwissenschaftlich begründeten Weltbildes äußerte sich diese Experimentierfreude in einer zunehmend säkularen, materialistischen Erziehungspraxis. Die Erziehung wurde von alten Glaubensgrundsätzen über die Unveränderlichkeit des Menschen befreit. Durch die Öffnung zur materialistischen Naturlehre legte sie sich neue Beschränkungen auf.

Zwischen dem christlichen Menschenbild und dem Positivismus der Materialisten vom Schlage Ludwig Büchners (1824–1899) lagen Welten. Das Bürgertum nahm den Gegensatz auf dem Wege der Popularisierung naturwissenschaftlicher Erkenntnisse in die tägliche Erziehungspraxis auf. Insofern waren die Wissensgrundlagen wie die Prinzipien bürgerlicher Erziehung um 1900 vielfältiger und widersprüchlicher geworden. Von einem einheitlichen Menschenbild konnte keine Rede mehr sein, so dass bereits vorhandene Differenzen über Erziehung, Schule und Unterricht verstärkt wurden. Eine weitere Vertiefung interner Trennlinien und die Ausprägung unterschiedlicher Sozialisationswege im Bürgertum waren die Folge. Im Zuge der polarisierten kulturkämpferischen Auseinandersetzung um die Grundlagen bürgerlicher Weltanschauung spaltete es sich in heterogene Teilgruppen kirchlich gebundener, freireligiöser und materialistisch orientierter Färbung auf. Zwischen dem Dogma des Schöpfungsaktes und der Evolutionstheorie war keine Vermittlung möglich. Selbst innerhalb der konfessionellen Milieus war die Verständigung auf der Basis gemeinsamer kultureller Praxis schwieriger geworden. Im traditionell kirchlichen Bürgertum wurden konventionelle Formen abendlicher Familienandacht bewahrt, während der Kulturprotestantismus Ludwig Büchners *Kraft und Stoff* (1855) als Bildungslektüre bevorzugte. Der weltanschauliche Harmonieverlust war beträchtlich, er spiegelte sich wieder im Kampf um die Schule und die Stellung des Staates zu Kirche und Religion.

Die Pädagogisierung der Kindheit wirkte sich auf die Binnenverhältnisse der bürgerlichen Familie aus. In den männlichen Autoritäts-

Leitbilder der Erziehung

raum brachen externe erziehungswissenschaftliche Grundsätze ein und tangierten die Intimität der Familie. In der Kindererziehung lag eine gesellschaftliche Verpflichtung, denn die Erziehung zum Bürger begann in der Familie. Die Neigung des Bürgertums wuchs, die Erziehung in die eigene Verantwortung zu nehmen, sie weder Kindermädchen noch Hauslehrern zu überlassen. Bürgerliche Tugenden wie Selbständigkeit im Denken und Handeln, strenge Pflichterfüllung, moralische Disziplin und sparsame Lebensführung als Leitlinien der Selbsterziehung wurden zuerst in der Familie vermittelt. Einer Individualisierung der Sozialbeziehungen, dem „Verfall" patriarchalischer Autorität, den Riehl

Familie als kulturelles Wertsystem

1854 beklagte, setzte die Familienerziehung Grenzen. Der Druck sozialer Konventionen, die das Bürgertum als kulturhegemoniale Schicht in der Familie vorlebte, relativierte die Generationsgegensätze. Über alle sozialen Unterschiede hinweg, die das Bürgertum im Rückblick heterogen erscheinen lassen, erwies sich das kulturelle Wertsystem Familie als besonders stabil.

Zu den Grundlagen bürgerlicher Sozialisation gehörte die Vermittlung von Religion. Die Religiosität des Bürgers ist von der Forschung unter dem Einfluss des Säkularisierungsparadigmas sehr unterschätzt worden. Weniger religiöse oder konfessionelle Glaubensinhalte, als allgemeine Merksätze einer christlichen Morallehre prägten die bürgerliche Erziehung. Wer konkrete Jenseitsvorstellungen aufgegeben hatte, konnte doch an die Unsterblichkeit der Seele glauben. Transzendentale Sinnbezüge linderten die Perspektive, dass mit dem physischen Ende des Menschen auch das Ergebnis eines lebenslangen Bildungsprozesses ausgelöscht wurde. Je mehr sich der Verstand von der Autorität der Offenbarung emanzipierte, desto mehr wurde Religion zur Angelegen-

Religiöse Erziehung

heit des Herzens. Der Glaube blieb ein zentraler Referenzpunkt bürgerlicher Erziehung zu einem Leben in sittlicher Gemeinschaft. „Bloß nach rein speculirender und kalt kritisierender Vernunft", so die Erkenntnis eines Göttinger Gelehrten um 1800, lasse sich kein Gemeinwesen begründen. Vom Aberglauben überlieferter Frömmigkeit gereinigt, bildete eine religiöse Erziehung die notwendige Voraussetzung einer vernunftgemäßen Bürgerexistenz. Zur bürgerlichen Kindheit gehörten deshalb das gemeinsame Bibellesen und Beten, das Singen und Memorieren dazu. Religion als Grundlage einer allgemein verbindlichen Bürgermoral, an diesem Erziehungsprinzip hielt das Bürgertum noch lange fest.

Für das gebildete Bürgertum bedeutete die Neuentdeckung der Religion im Lichte der Vernunft eine Art innere Konversion. Religion war nicht mehr Glaubenssache allein, sondern vor allem ein Appell an bürgerliches Moralverhalten. Sie hatte sich in praktischen Handlungen zu bewähren wie der Gründung von „Vereinen zum Wohlthun", Waisen- und „Rettungshäusern", Kranken- und Gefangenenhilfs-Vereinen oder Armenanstalten. In der Alltagspraxis übernahmen Frauen diese Aufgaben. Für die Pflege von öffentlicher Moral und Sitte war die Bürgerin zuständig, in den Kirchen- und Vereinsvorständen dominierten Männer. Die gemeinsame, im Familienkreis geübte Religiosität nahm neue Formen an. Der Besuch des Gottesdienstes wurde häufig durch einzelne Familienangehörige, sozusagen stellvertretend wahrgenommen. Der religiöse Kultus bezog sich stärker auf den familiären Lebenszusammenhang, auf die *rites de passage* von Taufe, Konfirmation/ Kommunion, Hochzeit und Tod. Außerhalb der großen kirchlichen Festtage waren es also weniger das kirchliche Gebot zur Frömmigkeit und zum Gottesdienst, als die Bedürfnisse und Rhythmen der bürgerlichen Familienfeiern, welche die religiöse Praxis bestimmten. Die aufgeklärte Bürgerreligion äußerte sich primär in der Liberalisierung und Individualisierung des Verhältnisses zur Autorität der Kirche. Das neue bürgerliche Selbstbewusstsein kam auch darin zum Ausdruck, dass sich der Einzelne persönlich seiner Religiosität vergewisserte, in Tagebüchern und anderen Selbstreflexionen der Ego-Literatur.

Formen bürgerlicher Religiosität

Ungeachtet der allgemeinen Tendenz zur Privatisierung der Religion existierten weiterhin beträchtliche Unterschiede im Verhältnis zur Kirche. Im aufgeklärt-protestantischen Milieu wurde das Kirchengebot der Beichte als ein der Freiheit des Menschen abträgliches Relikt kirchlicher Zwangsgewalt betrachtet. Inneres Erleben von Religion und die „stärkende und erhebende Lektüre" im Familienkreis waren etwas anderes als die Einhaltung der Kirchendisziplin. Diese Unterschiede zwischen extrovertierten Praktiken öffentlicher Religionsausübung und privater, im engeren Familien- und Gemeindekreis geübten Formen der Religiosität vertieften sich. Sie zogen eine sichtbare Trennlinie zwischen den sich im 19. Jahrhundert entwickelnden konfessionellen Milieus innerhalb des Bürgertums. Darin eine Tendenz zur Re-Konfessionalisierung zu sehen, wäre übertrieben, denn das bürgerliche Bestreben, kulturelle Differenzen im Sinne einer überkonfessionell christlichen Identität auszugleichen, war definitiv stärker. Das Überwinden der jahrhundertealten Konfessionsschranken war bürgerliches Programm geworden, der Toleranzgedanke hatte die Anschauungen zutiefst geprägt. Weit weniger leicht überbrücken ließen sich dagegen weltanschauliche Gegensätze zwischen den in die Kirchengemeinde eingebundenen Bürgern und den so genannten Indifferenten der kirchenfernen Milieus, zu denen auch die Repräsentanten der intellektuell geprägten protestantischen Sozialethik zu zählen sind.

2.2 Vergemeinschaftung durch Assoziation

Eine schmale Schicht gebildeter Bürger war des engen Korsetts ständischer Konventionen und kirchlicher Moralvorschriften überdrüssig geworden. Der aufgeklärte Wissens- und Moraldiskurs der führenden Literaten Europas hatte Wege aus der geistigen Ödnis traditionaler Sozialformen aufgezeigt. Dadurch war tiefer Glaubenszweifel gesät worden, den aufgeklärte Theologen durch vernunftkompatible „Versuch[e] eines Beweises der Christlichen Religion für Jedermann" (J. G. Toellner, 1772) aufzulösen suchten. Im schwierigen Prozess der Vermittlung zwischen Erkenntnis und Glauben traten protestantische Theologen als Autoritäten hervor. Zwischen der Aufklärungstheologie der „Lichtfreunde" und der Lebenswelt des Bürgertums knüpfte ein praktisches Christentum zahlreiche Verbindungen. Eine diesseitige Orientierung des Bürgers am Gemeinwohl, die sich durch gute Werke christlicher

Die geistige Emanzipation des Bürgers

Liebestätigkeit hervortat, entsprach der lutherischen Pflichtenlehre. Insofern die Reformtheologie großen Anteil hatte an der Auflösung des Deutungsmonopols der Amtskirche, unterstützte sie ihrerseits die geistige Emanzipation des Bürgertums. Anders als in Frankreich entwickelte sich aus der bürgerlichen Aufklärung kein kirchenfeindlicher Laizismus, sondern ein überkonfessionelles Moralchristentum. Eine Entkonfessionalisierung, die Differenzen entschärfte, nicht aufhob, war eine zentrale Voraussetzung zur Vergemeinschaftung des Bürgertums. Zumindest zeitweise schloss die in den Kommunen durch praktische Paritätsregeln institutionalisierte Bürgerreligion auch die jüdischen Glaubensgemeinschaften mit ein.

Fragen von Religion und Moral durch den Vernunftgebrauch zu klären, setzte ein lesefähiges Publikum voraus. In städtischen Konversations- und Lesezirkeln schlossen sich unter Führung der Berufs-

Bürgertum entwickelt Vereinskultur

gelehrten Gebildete und Interessierte aller Stände zusammen. Die Partizipationsmöglichkeiten an der sich rasch ausbreitenden Vereinskultur waren anfangs sozial begrenzt. Mangelnde Bildung schloss viele aus, andere bevorzugten die Vertrautheit ständischer Verkehrskreise. Erst mit den staatlichen Schulreformen des späten 18. Jahrhunderts konnte die elementare Bildung verbreitet und den Anforderungen der bürgerlichen Vereinskultur leichter Rechnung getragen werden. Regional ganz unterschiedlich blieben dabei die Möglichkeiten, sich den neuen Sozialformen anzuschließen. Die kulturelle Infrastruktur der Städte variierte je nach Größe und Sozialstruktur. In den Ackerbürgerstädten, der großen Mehrheit aller rechtlich zu den Städten zählenden Ansiedlungen, bedurfte es externer Anstöße, um korporative Widerstände gegen

Neuerungen zu überwinden. Auch in den Residenzen und weltoffenen Handelsstädten gingen Impulse meist von kleinen Gruppen aus, die sich bewusst gegen die ständischen Geselligkeitsformen organisierten.

So heterogen die freiwilligen Assoziationen des Bürgertums waren, im Kern repräsentierten sie einen Ausschnitt der jeweils angesehensten Berufs- und Statusgruppen der Stadt. Neben dem individuellen Ansehen der Person bestimmten Namen und Herkunft, Bildung und wirtschaftlicher Status den Teilnehmerkreis. Wichtiger als das Vermögen waren Selbständigkeit und beruflicher Erfolg. Ein reiches väterliches Erbe ermöglichte zwar einen bürgerlichen Lebensstil, begründete aber allein keine persönliche Reputation. Durch die Anerkennung beruflicher Leistungen öffneten sich die bald als „bürgerlich" bezeichneten Vereine gerade denjenigen, die sich als Neubürger in der Stadt erst einen Platz im Umkreis der alteingesessenen Familien hatten erkämpfen müssen. Nicht länger strikte Standesnormen, sondern selbstgesetzte Regeln prägten die sozialen Umgangsformen in den bürgerlichen Elitevereinen. Zu den neuen Praktiken zählten ein freies Auswahlverfahren der Mitglieder und die Selbstbestimmung der Vereinszwecke. Das Bildungsangebot war attraktiv, die Geselligkeitsformen des Vereinslebens vielfältig. Spezifische Kenntnisse und individuelle Begabungen, Gelehrsamkeit und Bildung, künstlerisches Talent galten als außerordentlich hoch zu schätzende Voraussetzungen, die ein Neumitglied zur Teilnahme an den allgemeinen Geselligkeitsveranstaltungen qualifizierten. Von gemeinbürgerlicher Gleichheit der Vereinsgenossen konnte nur bei den Kunstvereinen, den Schützengesellschaften, Sängern und Turnern die Rede sein. Auch in den Zeiten seiner größten Ausdehnung bildete das bürgerliche Vereinsgeflecht die städtische Sozialhierarchie ab, die ihrerseits der sozialen Gliederung der bürgerlichen Gesellschaft entsprach. Unabhängig von der städtischen Sozialstruktur dominierten in den Vereinsvorständen neben den Honoratioren und Etablierten überall die bürgerlichen Aufsteigergruppen. In der ersten Jahrhunderthälfte waren das vor allem Repräsentanten der freien Berufe und selbständige Kaufleute. In den 1860er Jahren traten Industrielle, Ingenieure und Repräsentanten jener Professionen hinzu, die Wissen und Bildung vermittelten: Professoren, Gymnasial- und Volksschullehrer, Journalisten, Museumsleiter und Volkshochschulpädagogen.

Großes Gewicht besaßen die privaten Abendgesellschaften des Bürgertums. In der gehobenen Geselligkeit wurde abschließend darüber befunden, wer im engeren Sinne zur bürgerlichen Gesellschaft gehörte. Beruf und öffentliche Ämter waren objektive Statusmerkmale, die Gästelisten der etablierten Familien aber konstituierten eine eigene

Neue Assoziationsformen

bürgerliche Hierarchie. In scharfem Kontrast zur befreienden, eher schlichten Vereinsgeselligkeit der Aufbruchsphase um 1800 waren die Abendgesellschaften von 1900 durch strenge Konvention gekennzeichnet. Mancher Gast mag es als strapaziöse Bewährungsprobe empfunden haben, auf tadellose Garderobe und Tischmanieren achten zu müssen. Eine Atmosphäre gezwungener Höflichkeit im angestrengt gebildeten Konversationston umgab die Gäste, die ihrerseits eine angemessene Bewirtung und ein gehobenes Kulturprogramm von ihren Gastgebern erwarteten.

Geselligkeit und Konvention   Im Zuge der Emanzipation des Bürgertums von ständischen Beschränkungen wurden neue soziale Konventionen etabliert. Ein Bürger sollte gebildet sein, über gute Umgangsformen und Geschmack verfügen, vor allem das neue Leistungsethos verinnerlicht haben. Das Privatleben des Bürgers ordnete sich immer stärker den Anforderungen der Erwerbsgesellschaft unter. Soziale Kontakte und Gesprächsgegenstände wurden entsprechend selektiert, Abendgesellschaften zu Arbeitsessen umgestaltet. Die aufwendige Privatgeselligkeit reproduzierte einen idealen Ordnungsrahmen, dessen Verbindlichkeit am Ausgang des bürgerlichen Jahrhunderts bereits fraglich geworden war. Familienblätter karikierten die Benimmregeln und anstrengenden Prozeduren bürgerlicher Geselligkeit, auf deren Beachtung Anstandsbücher pochten. Der kommerzielle Erfolg der Ratgeberliteratur deutet auf die nachlassende Kraft dieser bürgerlichen Konventionen hin, denen gleichwohl hohe Wertschätzung beigemessen wurde. Für die Einhaltung bürgerlicher Geselligkeitsregeln war die Frau als Gastgeberin und Kulturmittlerin verantwortlich. Sie achtete auf den sozialen Status der Familie, indem sie Weltläufigkeit, Kunstbegeisterung und Kultur vorführte. Ihre für die bürgerliche Selbstinszenierung unverzichtbaren Aktivitäten begründeten eine weibliche Identität, die nicht vom Manne geliehen war. Fontanes Kommerzienrätin Treibel repräsentiert die Eigenständigkeit einer Industriellen-Gattin, die sich „auch das Ideale" gönnte, und das „sogar unentwegt" (20, 37 ff.).

Soziale Konstituierung durch den Verein   Wurde die häusliche Privatgeselligkeit von Frauen bestimmt, so blieb das Vereinsleben eine Männergesellschaft. Die Attraktivität einer Vereinsmitgliedschaft rührte auch daher, dass sie den individuellen Status in der stadtbürgerlichen Gesellschaft anzeigte. In der Zusammensetzung der bürgerlichen Elitevereine bildeten sich Verschiebungen der städtischen Sozialhierarchie ab. Die Aufnahme von Katholiken oder Juden in die lokalen Elitevereine protestantisch geprägter Städte sind Ausdruck der sozialkulturellen Konstituierung des Bürgertums. Im Verein wurden auch Beamte in das Bürgertum integriert, sofern sie die

geltenden Sozialnormen akzeptierten. Staatsbeamte, Pfarrer oder Gelehrte signalisierten durch ihren Beitritt ein genuin bürgerliches Selbstverständnis. Nicht ohne Grund betrachtete die Amtskirche Vereins-
gründungen des katholischen Bürgertums als Zusammenschlüsse von
„Subjekten von verschiedenen religiösen und politischen Ansichten
und Grundsätzen", die einen Akt der Emanzipation von der Kirche dar-
stellten.

Seit der Mitte des Jahrhunderts spiegelte die Entwicklung des
Vereinswesens insgesamt nicht mehr die Einheit, sondern Differenzierungen innerhalb des Bürgertums wieder. Berufs- und Interessenverbände, konfessionelle wie politische Vereine waren Ausdruck der sozialen Heterogenität des Bürgertums in einer arbeitsteiligen Gesellschaft. Viele Bürger sahen in der Expansion des Vereinswesens Zeichen eines Zerfalls der bürgerlichen Gesellschaft in partikulare Zwecke. So trennten sich liberale Kulturprotestanten von der konservativen
Bewegung der Inneren Mission. In den streng kirchlichen Kreisen bei-
der Konfessionen lehnte man den Kontakt zu den säkularen Vereinen
ab und formierte sich in Kontrastgesellschaften wie dem Gustav-Adolf-
Verein in Norddeutschland oder ultramontanen Vereinigungen wie dem
Bonner Borromäusverein. Auf der Gegenseite organisierten sich frei-
kirchliche Gruppierungen wie die Deutsch-Katholiken und der Deutsche Protestantenverein, die in weltanschaulicher Nähe zum liberalen
Bürgertum standen. Die Lebenswelten der verschiedenen christlichen
Vereinsmitglieder drifteten merklich auseinander. Von *einer* Religion
des Bürgers war allenfalls im abstrakten Bekenntnis zur abendländisch-
christlichen Kulturgemeinschaft die Rede. Verschrieb sich der Kulturprotestantismus bürgerlichen Werten wie Toleranz, freier Schrift und
Rede, der Mitwirkung von Laien oder der Abschaffung des Zölibats,
stand bei den Pius-Vereinen und den protestantischen Kirchenfreunden
der Kampf gegen den liberalen Zeitgeist im Zentrum. Der bürgerliche
Verein, ursprünglich zur Vergemeinschaftung bürgerlicher Anliegen
gegründet, entwickelte sich zum Instrument organisierter Interessenartikulation.

Gemeinsamkeiten bestanden in der kulturellen Sphäre von Kunst
und Wissenschaft, wie eine zweite Vereinsgründungswelle belegt. Im
lokalen Handlungsraum wurden divergierende Interessen und weltanschauliche Gegensätze durch kulturelle Gemeinschaftsprojekte ver-
söhnt. Stadttheater, historische Museen, Kunstgalerien, Zoologische
Gärten und Bürgerparks, die auf der Basis von Aktienvereinigungen
und durch kollektive Bürgerstiftungen entstanden, bildeten die kulturelle Infrastruktur der Städte. Das bürgerliche Vereinsprinzip und die

Entfaltung und
Differenzierung des
Vereinswesens

Kulturelle
Vergemeinschaftung

bürgerliche Stiftung bewährten sich als genuin bürgerliche Instrumente
gemeinschaftlichen Handelns. In der Industriestadt Barmen im preußischen Wuppertal entstand 1846 der Naturwissenschaftliche Verein,
dem 1851 ein Historisch-wissenschaftlicher Leseverein, 1864 ein Ver-
schönerungsverein und 1866 der Kunstverein folgten. Zwischen den
Vereinen knüpften vielfältige personelle Verbindungen und Mehrfach-
mitgliedschaften ein funktionierendes Netzwerk bürgerlicher Selbstorganisation. Was im kulturellen Bereich gelang, sollte für die Kommunalpolitik insgesamt gelten. Immer wieder wurde mit der Formel „Politik gehört nicht aufs Rathaus!" die lokale Einheit des Bürgertums
beschworen, im Namen der Bürgerschaft eine illusionäre Trennlinie
zur Parteipolitik gezogen.

Mit der lokalen Konstituierung des Bürgertums war eine Öffnung
der neuen Assoziationsformen verbunden. Der Teilnehmerkreis der
bürgerlichen Organisationen erweiterte sich über die relativ eng um-
grenzte Rechtsgemeinschaft der Stadtbürger hinaus. Das städtische
Bürgerrecht konstituierte zwar den Kern jener privilegierten Familien,
die über politische Herrschafts- und genossenschaftliche Nutzungs-
rechte exklusiv verfügten. Insofern bezeichnete Stadtbürgertum als
Rechtsgemeinschaft in der Tat eine ältere Sozialformation, die mit der
emanzipatorischen Vorstellung einer bürgerlichen Gesellschaft nur partiell vereinbar war. Doch honorierten die Vereine durch die Aufnahme
von Neubürgern Anpassungsleistungen sozialer Aufsteiger. Die Aufnahme von Beisassen, jüdischen Glaubensgenossen und Neuzugezoge-
nen erweiterte die sozialen Grundlagen des Bürgertums. Sie signalisierte ein neues Verständnis von Bürgertum. Zugleich aber verteidigte
der Stadtbürger seine materiellen Interessen entschlossen gegen die
sozialen Folgen uneingeschränkter Freizügigkeit. Dies schloss große
Härten gegen verarmte Zuwanderer und Vaganten ein. Im Namen des
Gemeinwohls stellte das Bürgertum den Bestand des kommunalen
Eigentums und den Nahrungsschutz des städtischen Gewerbes über die
abstrakten Prinzipien bürgerlicher Freizügigkeit und Rechtsgleichheit.
Erst am Ende eines langen Prozesses sozialkultureller Angleichung
stand die Integration in den Bürgerverband.

Grenzen der Integration

2.3 Bürgerliche Karrierewege

Die Kerngruppe des aufstiegsorientierten, reformwilligen Bürgertums
stellte im 19. Jahrhundert fraglos der Handelsstand. Während im Hand-
werkermilieu die Zunftordnung von vorne herein Grenzen der Beweg-
lichkeit zog, hing in den Kaufmannsfamilien der geschäftliche Erfolg

in weit stärkerem Maße von Eigeninitiative und Risikobereitschaft ab. Oft glichen die Familie und durch Verwandtschaften begründete Geschäftspartnerschaften Rückschläge aus. Die sorgsame Kalkulation von Heiratsoptionen war eine Grundvoraussetzung für den Aufstieg des Bürgertums zur führenden Gesellschaftsschicht. Eine Befestigung des sozialen Status wurde durch die gezielte berufliche Platzierung der Kinder erreicht. In jeder Kaufmannsfamilie übernahm ein Sohn oder Schwiegersohn das Handelsgeschäft, während ein jüngerer Bruder oder Vetter eine selbständige Handelsfiliale gründete. Andere männliche Nachkommen schlugen gezielt akademische Karrierewege ein, die im Erfolgsfall die materielle Basis der Familie verbreiterten. Analysiert man die Berufsstruktur der mit dem Handelsbürgertum eng verwandten Familien, wird man neben Kaufleuten vor allem Juristen, in geringerer Anzahl auch Ärzte, Professoren oder Pastoren finden. Advokaten und Notare waren aufgrund ihrer im Handelsgeschäft unerlässlichen Fachkompetenz besonders geschätzte Ehepartner.

Die übliche kategorische Trennung wirtschafts- und bildungsbürgerlicher Lebenswelten verwischt also die sozialen Grundlagen der Konstituierung des Bürgertums. Vergleichsweise mittellose „Bildungsbürger" wie der junge Rechtsanwalt Friedrich Beneke mussten sich zweifelsohne anstrengen, um als adäquate Heiratskandidaten in einer etablierten Hamburger Kaufmannsfamilie Anerkennung zu finden. Doch genügten die Aussicht auf eine feste Anstellung und die Einführung in die Privat-Gesellschaften des Hamburger Bürgertums, um den Makel der Vermögenslosigkeit wett zu machen. Die Kapitalbasis wurde durch „Geldheiraten" der Töchter erweitert, und auch Beamtenehen waren willkommen, sofern sie die familiäre Reputation vermehrten und wichtige Verbindungen knüpfen halfen. Aufgrund beamtentypischer Abschließungsmentalität und etatistischer Neigungen beschränkten sich solche Heiraten im 19. Jahrhundert auf die haupt- und verwaltungsstädtischen Verkehrkreise. Das familiäre Management von Karrierechancen war nicht frei von internen Generationsspannungen und emotionalen Konflikten. Doch funktionierte es deshalb gut, weil sich bei zahlreicher Nachkommenschaft in den angesehenen Familien eine Vielfalt möglicher Arrangements ergab. So lassen sich homogene Heiratsmuster des Bürgertums mit deutlicher Abschließung zum Handwerkerstand und differenzierten Platzierungsstrategien rekonstruieren. Das Wirtschafts- und Bildungsbürgertum des 19. Jahrhunderts hatte „zum Verwechseln ähnliche Familiengeschichten" (R. Habermas).

Auch im weiteren Verlauf des beruflichen Aufstiegs und sozialen Statusgewinns zeigen sich große Übereinstimmungen. Die Familien-

Soziale Platzierung

Situation von Neubürgern

biographien von Neubürgern sind besonders aufschlussreich, da diese sich in einem fremden, mitunter abweisenden Milieu etablierter Strukturen behaupten mussten. Ob man den Aufstieg der Bassermanns in Süddeutschland verfolgt, eine Erfurter Bürgerfamilie oder einen Weinhändler in Bremen, stets zeigt sich das gleiche Muster einer für Aufsteiger offenen stadtbürgerlichen Gesellschaft. Soziale Mobilität war allerdings an scharf beobachtete Anpassungsleistungen und die strenge Einhaltung sozialer Konventionen gebunden. Im kleinstädtischen Milieu einer durch Handwerk und Kleinhandel geprägten Bürgergemeinde von etwa 5000 Einwohnern um die Mitte des Jahrhunderts glückten bürgerliche Erfolgskarrieren binnen einer Generation. Auch die exzeptionelle Biographie des zugewanderten jüdischen Kohlenhändlers Eduard Arnhold (1849–1925) aus Oberschlesien in der Hauptstadt Berlin um 1900 illustriert, dass selbst in einem Umfeld vergesellschafteter Macht- und Wirtschaftsinteressen die Erfolgskriterien der bürgerlichen Gesellschaft wirksam waren. Die Zugehörigkeit zur lokalen Gesellschaft der Bürger hing wesentlich von der Bereitschaft ab, sich mit dem Erwerb von Grund und Boden „ansässig" zu machen. Hatte man ein Haus bezogen, dann wurde nach erfolgter Prüfung der materiellen und moralischen Voraussetzungen das Bürgerrecht erteilt. Das Zuschwören war beileibe kein formaler, sondern ein symbolisch bedeutsamer Akt des Beitritts in die bürgerliche Rechtsgemeinschaft. Zeitgleich und zumeist angezeigt in der örtlichen Presse folgte die Geschäftsgründung oder Aufnahme eines bürgerlichen Berufes. Die häusliche, rechtliche und berufliche Niederlassung begründete die geistige und materielle Selbständigkeit, die für das Selbstverständnis des Bürgertums konstitutiv war.

Wie weit man durch diese ersten Schritte bereits in der städtischen Bürgergesellschaft akzeptiert war, lässt sich an der Integration in die semi-öffentliche Privatgeselligkeit ablesen. Blieben die sozialen Kontakte auf Teestunden im engeren Verwandtenkreis beschränkt, oder öffnete sich das Bürgerhaus der Stadt? Vieles hing vom beruflichen Status ab. Ein Verleger, der sich um 1800 in Jena oder Weimar niederließ, konnte mit lokalen Schriftstellern eine Lesegesellschaft gründen, ein Weinhändler mit dem Besuch städtischer Honoratioren im privaten Club seiner Gastwirtschaft rechnen. Verbindungen zu den alteingesessenen Familien waren besonders wichtig. In den privaten Gesellschaften wurde Bildung und Urteilsfähigkeit erwartet, ein geübter Konversationston, und als Höhepunkte bürgerlicher Kultur waren Hauskonzerte, Rezitationen und andere Amateuraufführungen gefragt. Nicht wenige Neubürger scheiterten an diesen sozialen Initiationsriten in die bürger-

Sozialisation durch Anpassung

liche Welt. Manche lehnten diese Form bürgerlicher Geselligkeit ab und blieben deshalb bestenfalls geachtete Außenseiter. Die nächste, entscheidende Schwelle der Sozialisation in das lokale Bürgertum bildete der Eintritt in einen bürgerlichen Verein. Einmal aufgenommen, entfaltete sich der ganze Raum sozialer und kultureller Aktivitäten, den das Netzwerk der lokalen Vereinsgeselligkeit organisierte. An den sozialkulturellen Knotenpunkten der stadtbürgerlichen Gesellschaft ballten sich Macht und Einfluss. Hier wurden Wirtschaftsbeziehungen angebahnt, guter Kredit gewährt und Aufträge abgewickelt, die neue Generation der Bürgersöhne und -töchter gesellschaftlich eingeführt, der soziale Status jedes Einzelnen bestimmt, das neue in das angesessene Bürgertum durch private Allianzen integriert.

Schuf die Integration in das soziale Netzwerk die Voraussetzung, so begründete erst die individuelle Leistung das spezifische Prestige des Bürgers. Der Leistungsanspruch wurde so strikt eingefordert, dass fallierte Kaufleute zwar nicht den Namen, wohl aber den Zugang zur bürgerlichen Gesellschaft verloren. Wirtschaftlicher Niedergang minderte das soziale Kapital, bis hin zum Entzug der bürgerlichen Ehrenrechte. Umgekehrt war beruflicher Erfolg durch adäquate Verhaltensweisen zu bestätigen, wurden Wohltätigkeit, Mäzenatentum, kommunalpolitisches Engagement und eine repräsentative Lebensführung erwartet. Neben den Geselligkeitsvereinen mit den sprechenden Namen „Ressource", „Erholung" oder „Harmonie", in denen sich die gehobene städtische Gesellschaft traf, waren Bildungs- und Weltanschauungsvereine wichtig. Hohe Anerkennung erwarb man sich als Mitglied eines Arbeiterbildungsvereins, durch ehrenamtliches Engagement als Diakon der Armenpflege oder Vorstand einer Stiftungssparkasse.

Soziale und kulturelle Aktivitäten qualifizierten für Ämter und Mandate in der Stadtverwaltung. Durch die Platzierung juristisch gebildeter Söhne boten sich Neubürgern Chancen, den Einfluss der Familie dauerhaft abzusichern. Das Band zwischen den bürgerlichen Familien und „ihrer" Stadt wurde durch gezielte Personalpolitik noch enger geknüpft. Um die Ämter der städtischen Selbstverwaltung lagerte sich ein engmaschiges Honoratioren-Netzwerk, dessen Exponenten die Kommune als lokale Machtbasis und Experimentierfeld bürgerlicher Politik nutzten. Erfahrene Kommunalpolitiker wurden für die Landtage, das 1848er Nationalparlament und für den Reichstag nominiert. Die „Männer von Besitz und Bildung" (Heinrich Best) mobilisierten den Erfahrungsschatz ihres lokalen Herkunftsmilieus für nationale Politikerkarrieren. Eine erfolgreiche bürgerliche Karriere wurde durch Ehrenbürgerschaften und durch staatliche Ordensverleihungen für „ge-

Kommunales Engagement

meinnützige Betätigung im Staat und in der Gemeinde" honoriert. Nobilitierungen zielten weniger auf Standeserhöhung und Ranggleichheit
mit dem Adel, sie bestätigten in erster Linie den individuellen Lebens-
erfolg. Nur wenige entfernten sich vom städtischen Herkunftsmilieu
wie der Erfurter Unternehmersohn Robert Lucius (1835–1914), der
nach der Erhebung in den Freiherrenstand unter Annahme des Namens-
zusatzes „von Ballhausen" sich auf das ererbte Rittergut zurückzog.
Anders als in diesem Sonderfall großbürgerlicher Aristokratisierung
war es für die meisten Bürger nur selbstverständlich, staatliche Ehrun-
gen als „vaterländische" Bestätigung eines im bürgerlichen Sinne erfolgreichen Lebens anzunehmen.

Bürgerlichen Erfolgskarrieren waren klare Grenzen gesetzt. Ver-
mögenslosen Zuwanderern ohne soziale Verbindungen zum Stadtbürgertum wurde der Bürgerrechtsstatus meistens verwehrt. Zu groß war
das Risiko, sie der städtischen Armenpflege überantworten zu müssen.
Handwerksgesellen hatten bis zur endgültigen Einführung der Gewer-
befreiheit Mitte der 1860er Jahre unter dem diskriminierenden Zunft-
zwang zu leiden. Sie wurden ebenso an den Rand der stadtbürgerlichen
Gesellschaft gedrängt wie jüdische Einwohner, die allenfalls auf staat-

Jüdisches Bürgertum liche Verleihung des Bürgerrechts hoffen konnten. Selbst erfolgreichen, gebildeten jüdischen Bürgern blieb noch lange Zeit der Zugang
zu höheren Ämtern der städtischen Verwaltung verschlossen. Juden
mussten in der Stadt, wie zuvor schon Angehörige christlicher Minderheiten, besondere Leistungen erbringen, um als Bürger im vollen Wort-
sinne zu gelten. Ihre „bürgerliche Verbesserung" zu verlangen, meinte
schlicht Selbst-Assimilation unter partieller Preisgabe jüdischer Identität. Akademische Bildung, wirtschaftlicher Erfolg und die Konversion
zum christlichen Glauben erleichterten Juden die Emanzipation. Ihren
Höhepunkt erreichte die Akkulturation im Kaiserreich, als rechtlich
ihre formale Gleichstellung abgeschlossen war. Zwischen 1880 und
1919 konvertierten mehr jüdische Bürger als jemals zuvor, und zahlreiche Mischehen verstärkten die Entfremdung vom jüdischen Herkunftsmilieu. Mit der Zunahme völkisch-antisemitischer Tendenzen in Europa kehrte sich am Ende des Jahrhunderts der Integrationsprozess

Bürgerlicher langsam um. Unter dem Ausgrenzungsdruck verbreitete sich selbst im
Antisemitismus liberalen jüdischen Bürgertum die Neigung zur Rückbesinnung auf
Tradition und Herkunft. Liberal gesinnte jüdische Bürger wie Walter
Rathenau (1867–1922) mussten sich als Wanderer zwischen zwei Welten vorkommen. Sie prägten eine eigene, deutsch-jüdische Identität
aus, mit ihrem ambivalenten Streben nach Anerkennung zwischen gesellschaftlicher Integration und Verwurzelung in der jüdischen Ge-

meinde. In der antisemitischen Außensicht wurden stigmatisierende Stereotype gepflegt vom jüdisch-kapitalistischen Profiteur, der Ursache „ungesunder" gesellschaftlicher Entwicklungen sei. In der Weltsicht des Historikers Heinrich von Treitschke (1834–1896) stellte das jüdische Bürgertum nicht mal einen Sozialtypus dar, sondern eine Ethnizität und als solche „unser Unglück". Nicht zuletzt durch solche Äußerungen aus berufenem Munde wurde der Antisemitismus bürgerlich.

2.4 Bürgerliche Werte

Der neuhumanistische Bildungsbegriff appellierte an das selbsttätige Subjekt. Bildungsziel war die harmonische Entwicklung aller geistigen Anlagen und körperlichen Fähigkeiten, das Endprodukt der allseits gebildete Bürger. Der Prozess der freien Selbsterziehung war auf Höherentwicklung, „Veredelung" bis zur Perfektion angelegt. Er war niemals abgeschlossen und verlangte dem strebenden Individuum stets neue Anstrengungen ab. Bildung, die Erkenntnis und Besitz des „Wahren, Guten, Schönen" versprach, hatte appellativen, verpflichtenden Charakter. Sich vom „Privatstand der gesitteten Bürger" (Johann Basedow) zum universalen Abbild des Menschen fortzubilden, war das Projekt der bürgerlichen Aufklärung. In ihrem emphatischen Verständnis wurde Bildung zum zentralen Merkmal bürgerlicher Identität. Als normativer Zwang erzeugte das Bildungsgebot soziale Abstufungen und Ausgrenzungen. Die Unterscheidung zwischen Bürger und Pöbel markierte die Grenzen bürgerlicher Integration durch Bildung. Zu den essentiellen Voraussetzungen eines gebildeten Bürgers gehörte die Beherrschung der deutschen Sprache, die akzent- und dialektfrei zu halten war. Im jüdischen Bürgertum war die Aufforderung „Sprecht reines Deutsch" Erziehungsgebot, Heinrich Heine (1797–1856) galt als stolzes Vorbild gelungener Akkulturation. Die systematische Entfremdung der Kinder vom Jiddischen wurde zur Voraussetzung der Verbürgerlichung, der Anpassungszwang auch bei der Verdeutschung der Vornamen verinnerlicht. Im Bürgertum herrschten Sprachkonventionen über Art und Inhalt der Konversation, die auf privaten Abendgesellschaften zu pflegen war. Nicht minder wichtig war die Briefliteratur, die im Familienkreis eingeübte Kultur des Schönschreibens und der sprachlich korrekten Ausdrucksweise. Das geübte Schreiben und Sprechen erleichterte die Lektüre, die anfangs noch gemeinsam in Lesegesellschaften praktiziert wurde. Das Lesen hatte im 19. Jahrhundert eine zentrale Funktion als Mittel bürgerlicher Kommunikation und Ausweis von Bildung. Der Besitz repräsentativer Bibliotheken unter-

Seitenrand: Bildung

Seitenrand: Bildungslektüre

strich die Zugehörigkeit zum Bürgertum. Es herrschten präzise Vorstellungen von einer angemessenen Bildungslektüre, deren Spektrum die
Klassikerreihen bei Cotta oder Reclam absteckten. Doch zweifelsohne
reichten die Bedürfnisse weiter: Teilhabe am expansiven Wissen der
Zeit, besonders der Naturwissenschaften; Orientierung und Lebenshilfe
durch Ratgeber für Erziehung und Umgangsformen; Welterklärung und
Sinnstiftung; die Möglichkeit, durch Lektüre den Alltagszwängen zu
entrinnen. Ein Repertoire viel gelesener Romane und Kinderbücher,
von Familienzeitschriften und Klassikern der „Hochliteratur" lässt
Konturen eines bürgerlichen Bildungshorizontes erkennen. Der Litera-
turkanon enthielt auch Werke, die in den Selbstzeugnissen des Bürgertums schweigend übergangen werden, weil sie als trivial galten. Abon-
niert wurden Rundschauzeitschriften, deren Lektüre gehobene Bildung
anzeigte. Das Aufkommen von Volksbibliotheken, Vereinen gegen
„Schmutz und Schundliteratur" und der Kulturwacht der 1893 gegründeten „Jugendschriften-Warte" belegen die Diskrepanz zwischen Normativität und Wirklichkeit bürgerlicher Bildungslektüre. Erfolgreichs-
tes Produkt der Unterhaltungskultur war die Gartenlaube, die in den
1870er Jahren etwa zwei Millionen Leser hatte. Sie bot eine Mischung
aus Fiktion und Fakten, Belehrung und Populärwissenschaft, mit The-
men zur Arbeits- und Wohnwelt, zu Kultur, Sport und Haushaltswirt-
schaft. Unverkennbar ist das programmatische Bestreben, die bürgerliche Familienideologie zu stützen. Die Gartenlaube vermittelte die Fiktion einer gemeinsamen bürgerlichen Lebenswelt, hinter der die reale
Differenzierung der arbeitsteiligen Gesellschaft zurücktrat.

Kunst und   Eine beeindruckende Vielfalt von Kultur- und Bildungsanstalten
Wissenschaft   belegt die bürgerliche Wertschätzung für Kunst und Wissenschaft. In
nahezu jeder Kleinstadt entstanden Theater, Orchester, Kunstgalerien,
Historische und Naturkundliche Museen, die meist aus bürgerlichen
(Aktien-)Vereinen hervorgingen. Künstler und Publikum, professio-
nelle Verwalter und Vermittler trugen diese Initiativen anfangs gemeinsam, bevor städtische oder staatliche Kulturträger an ihre Stelle traten.
Das Verhältnis des Bürgertums zu Kunst und Wissenschaft beruhte auf
aktiver Teilhabe, Selbststudium und Dilettantismus. Die ästhetische
Bildung des Bürgers begann in der Kinderstube. Das häusliche Puppen-
theater gab Bürgerkindern Gelegenheit, mit dem zeitgenössischen
Theater vertraut zu werden. Ein Musikinstrument zu spielen für Fami-
lienaufführungen und auf Hauskonzerten vor Gästen waren Höhepunkte bürgerlicher Selbstinszenierung. Das Klavier im Haushalt
führte dem Besucher die Kultur des bürgerlichen Besitzers vor Augen.
Als Möbelstück war das Klavier um 1900 Standardeinrichtung einer

gehobenen bürgerlichen Wohnung. Das Einüben schwieriger Werke entsprach den externen Zwängen der Arbeitswelt, in der man täglich ein Pensum zu absolvieren hatte. Nicht zuletzt aber diente das Klavier der bürgerlichen Mädchenerziehung. Die Musikstunden der höheren Töchter waren teuer und somit ein Beleg für Wohlhabenheit, Bildung und Geschmack. Im Kampf um Erwerbschancen gewann mehr und mehr der Besitz von Bildungswissen an Wert. Bildung wurde durch Prüfungen und akademische Qualifikationen nachgewiesen. Gymnasiallehrer, denen die staatliche Seminarausbildung die formale Berechtigung zum Unterricht an höheren Schulen bescheinigte, beanspruchten eine geistige Führungsrolle, die sie auf eine gesellschaftliche Stufe stellte mit dem wilhelminischen Besitzbürgertum. Hochschul- und höhere Schullehrer bildeten den „Kern der Kultur der Nation", wie ein Münchner Professor formulierte. Ihr Lehramt war Berufung zur Schulung der Kulturnation.

Die Aufwertung der Lehrtätigkeit berührte sich mit dem bürgerlichen Arbeits- und Leistungsethos. Bildung wurde weniger durch Muße als durch harte Arbeit erworben. „Arbeitsamkeit" bildete für Johann Basedow 1768 die entscheidende Voraussetzung zur Verbesserung des Menschen, ein Jahrhundert später war sie Selbstzweck und Inbegriff bürgerlicher Lebensweise geworden. Der Begriff „Bildungsbürgertum", der erst gegen 1900 in den Sprachgebrauch sickerte, hatte einen neuen Sinn bekommen. Der Habitus des akademischen Bildungsbürgers glich der Selbststilisierung des Unternehmers, der sich für das Unternehmen hingab. Beides war Ausdruck eines bürgerlichen Arbeitsethos, das sich gegen den vermeintlichen Müßiggang adliger Lebensweise und die entfremdete Lohnarbeit des Proletariats abgrenzte. Der bürgerliche Arbeitsalltag bedurfte einer rationalen Zeiteinteilung, er folgte einem festen Rhythmus akribischer Pflichterfüllung. Auch die Freizeit des Bürgers war genau geplant. Sie hatte der Bildung zu dienen, durch Reisen, Theater- und Museumsbesuche, dem Wissenserwerb und der beruflichen Fortbildung.

Der Besitz von Bildung war abhängig von einer bürgerlichen Erziehung. Leistungskontrollen bei der Überwachung der Schularbeiten und der Lernfortschritte sicherten den Bildungstransfer in der bürgerlichen Familie. Hohe Erwartungen und Hoffnungen lasteten auf den Zöglingen. Sie lassen den bürgerlichen Wunsch erkennen, die eigene Berufskarriere durch die junge Generation möglichst übertroffen zu sehen. Die Erziehung zu Leistungsbereitschaft, Disziplin und rationaler Lebensplanung erzeugte „Versager" in den Reihen des Bürgertums. Ihnen blieb im besten Fall der Ausweg einer Künstlerexistenz, schlimms-

Arbeits- und
Leistungsethos

tenfalls nur die Rolle des missratenen Zöglings im Netzwerk verwandtschaftlicher Solidarität. Die Macht der bürgerlichen Erziehung unter dem Diktat von Leistung und Pflichterfüllung erstreckte sich auf die Berufswahl und Vorschriften über den sozialen Umgang. Mit dem Rückgang der Kinderzahl seit den 1880er Jahren verstärkte sich der Integrationsdruck des bürgerlichen Wertesystems noch. Hinzu traten vulgäreugenische Vorstellungen, die eigene Veranlagung zu Intelligenz und Leistung auf den Nachwuchs übertragen zu können. Auch für die Ausbildung der Töchter galt die Devise, dass Selbständigkeit, Arbeitsdisziplin und Willenskraft ein gutes Fortkommen in der Welt ermöglichten: ein Leistungsethos, das zum Selbstzweck geworden war und sich unduldsam gegenüber Normabweichungen zeigte.

2.5 Bürgerliche Kulturhegemonie

Im Kaiserreich hatte das Bürgertum eine soziale und kulturelle Machtstellung erreicht, die sich im politischen System noch nicht adäquat niederschlug. Doch war der Obrigkeitsstaat ein bürgerlicher Rechtsstaat geworden, der persönliche und kollektive Freiheitsrechte garantierte. Die gesellschaftlichen Verhältnisse entsprachen weitgehend bürgerlichen Vorstellungen. Die Geselligkeits-, Organisations- und Handlungsformen des Bürgertums wie Vereine oder Stiftungen gestalteten das öffentliche Leben. Bürgerliche Werte setzten sich durch, wurden als universelle Werte sogar von Gegnern akzeptiert. Selbstbewusst identifizierte sich das Bürgertum als „allgemeiner Stand", kulturtragende Klasse und gleichsam „natürliche", zur Herrschaft befähigte Elite. Ein Hang zur Selbstdarstellung und Gönnerhaftigkeit war unverkennbar, ein Gestus wohlhabender Freigebigkeit, der den auf Wohltätigkeit Angewiesenen als herrschaftliches Gebaren einer Geldaristokratie begeg-

Die gesellschaftliche Macht bürgerlicher Kultur

nete. Eine Infrastruktur bürgerlicher Macht, Symbole seiner sozialen Übermacht und kulturellen Hegemonie entstanden in den Kommunen, sichtbar in der öffentlichen Architektur der wilhelminischen Opern, den städtischen Parkanlagen, Kur- und Badeorten und am Ende auch an Hospitälern und Friedhöfen. Der Aufstieg des Bürgertums manifestierte sich im Kultur- und Bildungsprogramm der Museen und Volksbildungsanstalten ebenso wie in den Privathäusern und Wohnungen des Bürgertums. Mäzenatentum und Wissenschaftspatronage waren typischer Ausdruck bürgerlicher Kulturhegemonie. Beides eröffnete Außenseitern und Emporkömmlingen Aufstiegschancen. Jüdische Wirtschaftsbürger gelangten bis in den Machtkern der wilhelminischen Elite. Mit dem Berliner Steinkohlenhändler Eduard Arnhold wurde erstmals ein ungetaufter Jude ins preußische Herrenhaus berufen. Als wichtigster Geldgeber der Kaiser-Wilhelm-Gesellschaft und herausragender Kunstmäzen war sich Arnhold stets des ökonomischen Wertes kulturellen Handelns bewusst.

Auch die ästhetischen Formen öffentlicher Selbstinszenierung in Kleidung, Moden und sozialen Konventionen waren eindeutig bürgerlich normiert. Die Kleiderordnung der bürgerlichen Gesellschaft tendierte zur standardisierten Schlichtheit, die individuellen Extravaganzen Raum ließ. Dieser äußerlich-formalen Egalität widersprach die reale Verengung der Zugangschancen zu bestimmten Vereinen, Restaurants, Gesellschaften und Kulturinstitutionen. Der exklusive Kreis der Opernfreunde beschrieb die soziale Realität einer bürgerlichen Klassengesellschaft, die Besitz und Bildung prämierte: „Platz da" für die Tüchtigen! Die bürgerliche Elite des Kaiserreiches neigte zur sozialen Abschließung, in den Clubs und Salons der Hauptstadt wurde auf Rang und Namen Wert gelegt. Neben Beamten, Offizieren und den Berliner Bankiers, Großkaufleuten und Unternehmern verkehrten in der höheren Gesellschaft auch Künstler und Gelehrte, sofern sie als bedeutend galten. Entscheidend waren „Rang und Vermögen", als Funktionen der beruflichen Position und des individuellen Erfolgs. Zu imponieren und „mit anderen Ständen in der Repräsentation zu rivalisieren", galt vielen als eigentliches Anliegen dieser Gesellschaften. Darin schwang Kulturkritik an den Parvenüs des Industriellen Zeitalters mit, deren öffentliches Erscheinungsbild sich vom einfachen Stil der Kaufleute alten Schlages abhob. Den Klischees von der Großmannsucht des wilhelminischen Bürgertums widersprach eine häufig geradezu asketische Lebensführung von Unternehmern, nicht zu reden vom Einzelgängertum und ungeselligen Arbeitsfanatismus eines Alfred Krupp (1812–1887). Das Bild des Großbürgertums ist stark von Berliner Eindrücken geprägt worden. In der Hauptstadt gehörte das Repräsentieren und Renommieren zur Pflege der Geschäftsbeziehungen mit den hohen Staatsbeamten und Militärs. Am südlichen Ende des Tiergartenviertels entstanden Ende der 1860er Jahre große Stadtvillen, in denen sich Großbankiers und vermögende Industrielle niederließen. Die Villenkolonien der Gründerzeit und die innerstädtische Segregation waren kennzeichnend für die soziale Absonderung der bürgerlichen Eliten in suburbanen Randlagen. Doch ungeachtet des sozialen Phänomens der „Westdrift" bevorzugten die meisten Bürger eine Stadtwohnung inmitten der Urbanität der Metropole.

Die fortdauernde Bindung des Bürgertums an die Stadt war eine Folge der bürgerlichen Präferenz moderner Lebensformen. Der Besuch

Die bürgerliche Gesellschaft

„Großbürgertum"

der Stätten der Hochkultur, der Welt der Opern, Theater, Konzerte und Museen hatte etwas Zeremonielles. Der Kult um die Wagner-Oper begann mit der Planung der richtigen Garderobe. Man traf sich in „Kenner-Gemeinden" (G.-F. Budde), bereitete sich auf den großen Augenblick vor und kehrte am Ende beglückt, zum Wahren und Schönen bekehrt nach Hause zurück. Die Bayreuther Festspiele entwickelten sich zum bildungsbürgerlichen Mekka, das der kunstgläubige Bürger einmal im Leben gesehen haben musste. Sich mit der Aura des Ästhetischen zu umgeben, war reinster Ausdruck von Bürgerlichkeit geworden. Der Kunstgenuss wurde hart erarbeitet, man musste Kenntnisse haben, um „die schönste Blüte der Cultur, die Kunst" richtig zu erleben. Darin unterschied sich die schwerfällige Rezeptionskultur der Jahrhundertwende von der unbefangeneren Partizipation der 1840er Jahre. Ein nationaler Klassikerkanon konzertanter Aufführungen und Opern entstand, von Mozarts „Zauberflöte" und „Don Giovanni" bis zum „Freischütz" Carl Maria von Webers, der den programmatisch verpflichtenden Charakter bürgerlicher Kunstaneignung unterstreicht.

Bürgertum und Moderne

Neue Tendenzen hatten es schwer, zumal in der Provinz jenseits der Kulturmetropolen Berlin, München oder Dresden. Die naturalistischen Dramen fanden nur langsam Anklang und in der bildenden Kunst war die Unlust, sich neuen Sehgewohnheiten und Kunstformen zu öffnen, besonders ausgeprägt. Die bekannten Sammlungen impressionistischer Malerei waren keineswegs repräsentativer Ausdruck bürgerlichen Kunstgeschmacks. Ein Blick in ein bürgerliches Wohnzimmer belehrte über die Präferenz für die „alten Meister". Im bürgerlichen Privatbesitz dominierte die Kunst vergangener Epochen, neben Landschaftsbildern waren Selbstporträts lokaler Unternehmerfamilien besonders gefragt. Bürgerliche Sammler richteten ihre repräsentativen Räume wie Museen ein. Alte Meister signalisierten Kunstgeschmack, zeugten in mitunter aufdringlicher Weise von der ästhetischen Bildung des Besitzers: eine Zeichensprache der Konvention, die weniger Reichtum als „Kultur" vermitteln sollte. Kunst adelte den Besitzer, markierte den sozialen Rang kulturell. Es war wesentlich riskanter, Kapital in nicht etablierte Künstler und zeitgenössische Kunst zu investieren, weil die Anerkennung auf sich warten ließ. Diese Form des Mäzenatentums war selten in einer Ära, in der sich bürgerliche Kultur an normativen Vereinbarungen festmachte und der Kunstbesitz als Ausweis von Kunstgesinnung galt. Gleichwohl waren es Bürger der wilhelminischen Oberschicht, die der Moderne ganz bewusst zum Durchbruch verhalfen. Das Bürgertum insgesamt aber entdeckte die Moderne mit Verzögerung. Abgesehen von den halbprofessionellen Kunst-Spekulanten blieb man skeptisch und wartete, bis die Urteile der Fachwelt feststanden. Die Rezeption moderner Kunst war ein Prozess der Aneignung unter Anleitung derer, die sich öffentliche Anerkennung als Kunstsachverständige erworben hatten. Kunstgeschichtliche Führer und Kunstvereine halfen dabei, Kunstverstand zu entwickeln. Das zunehmend mühsame Bildungserlebnis blieb ein wesentlicher Bestandteil der Freizeitgestaltung. Es war kein Streben, kein Teil des bürgerlichen Lebens, sondern gesellschaftliche Notwendigkeit einer sich als kulturtragend gerierenden Elite.

3. „Zerfall" und „Wiedergeburt"?
Bürgertum und Moderne

3.1 Neue Lebensformen

Vom frühbürgerlichen Ideal freier Assoziation war in den Lebenswelten der Bürgerfamilien um 1900 wenig zu finden. Die Verkehrskreise wurden sozial selektiert, nach Stellung, Beruf, Einkommen und Erziehungsidealen. Die Eltern einer 1881 geborenen Professorentochter achteten darauf, dass die Spielkameraden der Kinder „gutes Deutsch" sprachen und dass sie Professoren, Beamte und Offiziere zu Vätern hatten. Die Sozialnormen von Bürgerlichkeit produzierten Zwangsgemeinschaften, deren Attraktivität auch deshalb sank, weil sich neue ungebundene Formen der Unterhaltung und Kommunikation anboten. Der Ausbruch aus der überlieferten Bürgerlichkeit war ein Generationsphänomen, das in der Entdeckung der Jugend als einer der bürgerlichen Lebenswelt kulturell entfremdeten Altersgruppe adäquaten Ausdruck fand. In der Großstadt wurden soziale Durchmischungen zwischen Jugendbewegung Bürger- und Arbeiterkindern auf den Straßenspielplätzen dort die Regel, wo Mietshäuser die Struktur der Wohnquartiere prägten. Die Suche nach klassenloser Verbundenheit unter Jugendlichen, die der Wunsch nach einem Ausbruch aus den engen Wänden bürgerlicher Konventionen vereinte, bildete den Auftakt einer heterogenen Erneuerungsbewegung. Sie entstand im Herzen der Großstädte, deren ungeregelte Urbanität sozialkonservative Kulturkritik für den sittlichen Verfall bürgerlicher Werte verantwortlich machte. Die Exponenten einer kulturell definierten „Jugendbewegung" waren Söhne und Töchter aus bürgerlichen Familien.

Der soziale Wandel taucht in der Eigenwahrnehmung bürgerlicher Autobiographien als „Entbürgerlichung" auf. Seit der Jahrhundertwende

1900 trat eine neue Sozialkategorie zu den bis dahin gängigen Selbstbeschreibungen hinzu: In der Jugendbewegung grenzte man sich
umgangssprachlich und literarisch als neue „Generation" von der Kultur
der bürgerlichen Epoche ab. Die neuen Formen der Vergemeinschaftung
waren allerdings alles andere als klassenlos. In Schule und Berufsausbildung setzten soziale Selektionsvorgänge ein, die in der Straßenkindheit der Großstadt verschwunden schienen. So separierte sich die
bürgerliche Jugendbewegung ebenso wie die bürgerlichen Sportvereine
von den Organisationen der Arbeiterschaft. Auch in der Generation der
„Wandervögel" blieben Abwehrreflexe gegen fremde Sozialmilieus
wach. Man wappnete sich im Bürgertum gegen soziale Kontakte zur
Arbeiterschaft wie vor einer Infektion. Mangelnde Disziplin und
Selbstkontrolle, Ungehorsam „gegen die ganze Gesellschaft" warfen
bürgerliche Sozialreformer 1895 der „modernen Arbeiterjugend" vor.
Die fehlende Erziehung und Bildung, die ein bürgerliches Zuhause vermittelte, und die Verführungen der Großstadt galten als Keim sozialer
Verwahrlosung und politischen Aufruhrs. In der zunehmenden sozialen
Distanz bürgerlicher Bildungsschichten gegenüber dem vermeintlichen
Müßiggang der Großstadtjugend äußerte sich die bürgerliche Angst vor
Autoritätsverlust. Freizeit, das Produkt rationaler Arbeitsteilung und industrieller Produktivität, wurde vom Bürgertum als Gefahr wahrgenommen. Angesichts der dynamischen Entwicklung der Turn- und Sportvereine, der Fußballclubs und Radfahrervereine war an eine „allgemeine
und einheitliche Organisation der Jugendpflege" nicht zu denken. Die Erziehung der Jugend war nicht mehr allein Aufgabe der bürgerlichen
Familie, sie war Teil staatlicher Jugendpflege geworden. Im übergeordneten Ziel einer „vaterländischen" Erziehung stimmten die Bildungsvorstellungen von Bürgertum und Staat überein.

Bürgertum und Großstadtjugend

Um die Jahrhundertwende machte sich im Bürgertum eine selbstkritische Grundhaltung zur eigenen Lebensweise bemerkbar. Vor allem
den Lebensreformern schien die bürgerliche Welt zu sehr von äußeren,
materiellen Erfolgskriterien geleitet. In der rationalen Ordnung der Industriegesellschaft waren die Beziehungen zur „natürlichen Umwelt"
verloren gegangen. Der Mensch sei seiner Natur entfremdet, das moderne Leben falsch geordnet, von seelenlosen Sachzwängen bestimmt.
Kritisiert wurden die Naturentfremdung und der materialistische Geist
der Epoche. Bedeutende Wissenschaftler teilten diese Kritik der
Moderne. Georg Simmel (1858–1918) konstatierte eine Auflösung der
Persönlichkeit, die sich ihrer Fähigkeiten, Rechte und Positionen „entäußere" und diese als Tauschwerte einer Geldwirtschaft zur Verfügung
stelle. Werner Sombart beklagte die Verflachung des „Geistesleben".

Kulturkritik und Lebensreform

Im modernen Kapitalismus werde der „natürliche Mensch" durch den künstlichen Menschen ersetzt, der die Stimmen der Singvögel nicht mehr erkenne: „Ein Geschlecht mit Taschenuhren, Regenschirmen, Gummischuhen und elektrischem Licht: ein künstliches Geschlecht." Der „Hypertrophie der objektiven Kultur" (Max Weber) begegnete das Bürgertum mit dem Versuch, seine Lebensweise zu reformieren. Es formierten sich organisierte Fluchtbewegungen, die sich auf den ersten Blick als Anti-Modernismen zu erkennen gaben: Großstadtkritik, Heimatschutz, Landkommunen, „Zurück-zur-Natur"-Bewegung. Doch kam im Anti-Urbanismus der Lebensreformer keine grundsätzliche Zivilisationskritik, als vielmehr die Sehnsucht nach Gemeinschaft zum Ausdruck. Bei aller Vielfalt einte die Bewegungen der Wunsch nach „Natürlichkeit, Wahrhaftigkeit und Echtheit" der neuen Formen des Zusammenlebens. Ein naturverbundenes Leben führten die Wandervögel indes nicht jenseits, sondern abseits der Großstadtzivilisation. Die autonome Stadt der Gartenstadtbewegung und die Idee des Gemeineigentums wurzelten in der genossenschaftlichen Tradition des neuzeitlichen Kommunalismus. Und auch die verschiedenen Projekte zur Reform von Ernährung und Gesundheit hatten ihren Platz mitten in der bürgerlichen Moderne. Zuversicht in Veränderung und Fortschritt, nicht der Blick in die Vergangenheit begründete die Heilsgewissheit der Lebensreformer. Als neue kulturelle Elite, die das Leben entschieden bejahte, wollte sie ihre Weltanschauung modellhaft vorleben und dadurch klare Handlungsanleitungen geben für eine bessere Zukunft. Kultur und Leben, diese Schlüsselbegriffe der Moderne erhielten einen neuen Sinn: Das Leben war Auftrag zur Selbstreform, die das Individuum von der Dekadenz der Moderne erlösen und zur wahren Kultur erheben würde.

Das Sektenhafte und Esoterische prägte den Charakter der bürgerlichen Reformbewegungen. Anders als der Bildungsgedanke der Aufklärung setzten ihre Konzepte nicht bei den geistigen Anlagen, sondern beim Körper und den lebenspraktischen Aufgaben an. „Kraft und Schönheit" verhieß der Titel der Zeitschrift des Vereins für Körperkultur allen, die ihr Leben in den Dienst der Gesundheit und Hygiene stellten. Eine neue Einheit zwischen Mensch und Natur wurde gesucht, die den Zivilisationsbürger auf den Weg zu seinem Wesen zurückführte. An diesem archimedischen Punkt trafen sich die lebensreformerischen Utopien von Naturheilkundlern, Vegetariern und Abstinenzlern, von Schwimm- und Wandergruppen, der Freikörper-Bewegung und Siedler der Landkommunen und Gartenstadtkolonien, die sich bei der Landarbeit halbnackt jeder Witterung aussetzten. Indem sie sich der Klei-

Leitwerte
Gesundheit und
Natürlichkeit

dung entledigten, streiften die Reformer bürgerliche Zwänge ab. Der neue Mensch war nicht mehr in erster Linie das Produkt seines Verstandes und der Selbsterziehung. Er suchte sein Vorbild in den Regelsystemen und Proportionen seiner „natürlichen" Umwelt. Die Vitalität der zahlenmäßig kleinen und verstreuten Reformgemeinden wurzelte in dieser Umdefinition der Bestimmungsfaktoren menschlicher Entwicklung. Statt des Vernunftmenschen erhoben die Lebensreformer die Natur, „das Leben", zur zentralen Autorität. Das Individuum hatte von ihr den Auftrag, sich selbst zu reformieren und neu zu erfinden. In dieser Wende näherten sich die Lebensreformer der vernunftkritischen Subjekt- und Willensphilosophie Nietzsches wie der Erneuerungsbewegung der modernen Kunst. In ihrer biologistischen Prägung produzierten sie eine neue Moral, einen Entwurf vom Neuen Menschen, der in Verbindung mit den völkischen Ideologien der Jahrhundertwende zerstörerische Energien im Bürgertum weckte.

Sehnsucht nach Harmonie

Im Mittelpunkt stand jedoch der idealistische Versöhnungsgedanke als ein typisch bürgerliches Projekt. Von den sozialen Gegensätzen der modernen Gesellschaft zutiefst beunruhigt, suchten die Lebensreformer nach „ganzheitlichen" Lösungen. Körper, Geist und Seele bildeten eine Einheit in der Naturheilkunde, Mensch und Natur bei den Vegetariern, Kopf und Hand bei den Gartenstadtkolonisten, Stadt und Land bei den Kommune-Siedlern. Auch bei den modernen Sezessionisten, beim Deutschen Werkbund und Bauhaus war der Gedanke einer Harmonie der Künste, von Kunst und Alltag, Kunst und Industrie leitend. In weltanschaulichen Großprojekten wie der Friedrichshagener Neuen Gemeinschaft von 1902 und der zeitgleichen Darmstädter Künstlerkolonie schlossen sich Schriftsteller, Maler und bildende Künstler mit Bürgern zum Zwecke der Bildung einer neuen Kommunität zusammen, die das Leben als Gesamtkunstwerk betrachtete. Als „Wiedereroberung harmonischer Kultur" umschrieb der Architekt Fritz Schumacher den Gründungsauftrag des 1907 gegründeten Werkbundes. Der Erneuerungsanspruch zielte auf das Wesen der Kunst, so wie die Lebensreformer nach der Natur des Menschen strebten: ein Akt der Befreiung von den Bindungen der Tradition, auf der Suche nach einer höheren Daseinsform, nach dem „Geistigen in der Kunst" (Wassily Kandinsky). Insgesamt enthielten alle programmatischen Entwürfe ein eindeutiges Bekenntnis zur Moderne, wobei Lebensreform und Avantgarde auf einer höheren „Kulturstufe" den allseits verachteten „Materialismus" der bürgerlichen Epoche hinter sich lassen wollten. Zutiefst bürgerlich war dabei die unverhohlene Sehnsucht nach der großen „Kultursynthese", nach einer „Wiedergeburt der Gesellschaft aus der

Vereinigung aller artistischen Mittel und Mächte", wie es ein dadaistischer Künstler formulierte. Ein Gesamtkunstwerk zu schaffen, dieser utopische, quasi sakrale Versöhnungsgedanke war noch in den Bühnenprojekten der Nachkriegszeit als Erbe des künstlerischen Aufbruchs und der Lebensreformbewegung der Jahrhundertwende präsent.

Der Durchbruch der bürgerlichen Moderne in den 1920er Jahren ist auch ein Erfolg der Reformbewegungen der Jahrhundertwende. Manche Reformprojekte entwickelten sich zu Markenartikeln, andere Neuerungen wie die Licht- und Luft-Bäder oder die Wanderungen der Naturfreunde wurden Bestandteil der modernen Freizeitkultur und des Massentourismus. Zulauf erhielten die Reformvereine vor allem aus dem neuen Mittelstand der technischen und kaufmännischen Angestellten und von Frauen. Dem 1901 gegründeten Verein für Körperkultur waren mittlerweile prominente Lebensreformer der Gründergeneration beigetreten. Die Ehrenmitgliedschaft von Generalstabschef Helmuth von Moltke (1848–1916) bewies, dass der Verein gesellschaftsfähig geworden war. Den verschiedenen Erneuerungsprojekten wohnte eine große Reformkraft inne, die sich im 20. Jahrhundert in kommerzialisierten Formen äußerst dynamisch zu entfalten begann. Ein Beispiel für den Einfluss der Reformbewegung auf den bürgerlichen Alltag lieferte die Produktkultur der 1920er/1930er Jahre. In den Maschinenmöbeln der Dresdner Werkstätten für Handwerkskunst wie in den von Peter Behrens (1868–1940) entworfenen Haushaltsgeräten der AEG war das Programm der Kultivierung des Lebens durch Kunst programmatisch enthalten. Die „Wende zum Ästhetischen" (Gert Selle), zur Ästhetisierung der Alltagswelt vollzog sich im Konsum, der immer stärker die Lebenswelt des Bürgertums zu bestimmen begann.

Erfolg der Lebensreformer

3.2 Kulturbruch: Kriegs- und Inflationstrauma

Das Verhältnis des Bürgertums zur Moderne war von Ambivalenzen gekennzeichnet. Erschüttert durch Krieg, Niederlage und Revolution, verlor das Bürgertum die politische Vorherrschaft. Dramatisch waren die materiellen Inflationsverluste, die es seit 1914 erlitt. Besonders hart getroffen wurde der bürgerliche Mittelstand, der über keine oder allenfalls geringe Vermögenswerte verfügte. Kleinrentner und Sparer, Freiberufler und Angestellte, aber auch Beamte, die materielle Einbußen weder durch Lohnverhandlungen noch durch betriebliche Begünstigungen kompensieren konnten, zählten zu den Verlierern. Im höheren Dienst der akademisch gebildeten Beamtenschaft wurde die Inflation zur Katastrophenerfahrung, als sie sich 1923/24 mit einem Personalab-

Niedergangserfahrungen

bau großen Ausmaßes verband. Verwaltungsbeamte und Richter, Universitätsprofessoren und Gymnasiallehrer hatten im Kaiserreich Privilegien und hohes Ansehen genossen. Nach Einkommen, Lebensführung und sozialem Status fühlten sie sich der wohlhabenden Oberschicht zugehörig. Ihre bürgerliche Herkunft und akademische Bildung hatten ihnen günstige Lebenschancen eröffnet. Der materielle Einbruch, der die soziale Exklusivität der höheren Beamtenschaft zwischen 1914 und 1923 nahezu zerstörte, lässt sich auf einen Kaufkraftverlust von gut zwei Drittel gegenüber dem Vorkriegsniveau beziffern: eine reale Abstiegserfahrung, die das Vertrauen in den Staat langfristig untergrub. Bei den Beziehern von Renten, Kapitaleinkünften und Staatsbesoldungen schienen die Außen-Konturen zur Arbeiterschaft zu zerfließen, die von der gewachsenen Verhandlungsmacht der Gewerkschaften profitierte. Weder die Klassen-, noch die Milieugrenzen waren die alten geblieben. Man lebte in einer verkehrten Welt, in der ein Facharbeiter mehr verdiente als ein hoher Staatsbeamter.

Krise des Bildungsbürgertums

Mit der „Not der geistigen Arbeiter", die Alfred Weber (1868–1958) 1923 beklagte, war weniger ein Dasein in Armut als die Aufhebung der bürgerlichen Vorrangstellung gemeint. Die „Klassengesellschaft im Krieg" (J. Kocka) hatte sich der Wahrnehmung des Bürgertums nach ganz eindeutig zum Nachteil der bildungsbürgerlichen Eliten verändert. War das Wirtschaftsbürgertum seit Jahrzehnten an die Unwägbarkeit konjunktureller Wechsellagen gewöhnt, so sah sich der selbst ernannte „Stand des Staates" der höheren Beamtenschaft um seinen Anspruch auf standesgemäße Alimentation und die Anerkennung seiner am Gemeinwohl orientierten Loyalität gebracht. Aus einem privilegierten Stand war eine quasi marktabhängige, teilweise noch durch Sonderrechte begünstigte Gruppe staatlicher Arbeitnehmer geworden. Wie in allen anderen bürgerlichen Sozialgruppen verstärkte die Niedergangserfahrung auch in der Beamtenschaft die Tendenz zur partikularen Interessenpolitik. Der Prozess der Fragmentierung des Bürgertums wie der Weimarer Gesellschaft insgesamt schritt voran. Das gemeinbürgerliche Identitätsgefühl zerfaserte, der kulturelle Führungsanspruch wich zunehmender Verunsicherung. Bürgerliches Selbstbewusstsein stützte sich auf die organisierte Interessenwahrnehmung einzelner Professionen oder auf die verbliebenen Vermögenswerte.

Demographischer Wandel

Das Bürgertum reagierte auf die Verdüsterung der Zukunftsperspektiven mit rationaler Familienplanung. Im vorsorgenden Wohlfahrtsstaat waren Kinder keine soziale Rückversicherung mehr. Ihre Anwesenheit verteuerte die Lebenshaltung, und sie reduzierte die Erwerbsfähigkeit der Ehepartner. Der Rückgang der Geburten auf den statistischen Durchschnittswert von 1,92 Kindern pro Ehe war in den aufstiegsorientierten Angestelltenschichten und in der höheren Beamtenschaft besonders signifikant. Ursächlich war nicht allein die Krisenerfahrung, sondern ein lang anhaltender Verhaltenswandel. Bereits im Kaiserreich hatte sich der Trend zur kinderlosen Ehe und zur Einkindfamilie in den Generationen der nach 1865 Geborenen verstärkt. In der Beamtenschaft war die Geburtenbeschränkung besonders früh zu beobachten. In den 1920er Jahren folgten die Angestellten (1,5 bis 1,6 Kinder) und die Arbeiterschaft (2,1 bis 2,4), während sich der demografische Wandel in der Landbevölkerung (2,7 bis 3,2) deutlich langsamer vollzog. Um 1930 bestand die bürgerliche „Normalfamilie" aus vier Personen. Erleichtert wurde die Familienplanung durch den signifikanten Rückgang der Säuglingssterblichkeit, die zwischen 1926 und 1930 mit 11,8 Promille einen historischen Tiefstand erreichte. Im selben Zeitraum stieg die durchschnittliche Lebenserwartung auf 57 Jahre. Der Gewinn an Lebenszeit und die wohlfahrtsstaatliche Daseinsfürsorge förderten die Rationalisierung der Lebensplanung. In wirtschaftlichen Krisenzeiten wirkte die stets präsente Drohung der Erwerbslosigkeit steuernd, doch mit zunehmender Absicherung der Lebensrisiken wurde der Wunsch nach Teilhabe an der Konsumgesellschaft wichtiger. Die staatlichen Sozialtransferleistungen hatten 1929 20% der Staatsausgaben erreicht.

Die ohnedies seltene bürgerliche „Großfamilie" mit großer Kinderzahl, im Haushalt lebenden und mitversorgten Familienangehörigen, Gouvernanten und Dienstpersonal existierte nur noch in der Erinnerung an die Vorkriegszeit. Auch in Unternehmerfamilien ordneten sich die Familienverhältnisse der individuellen Lebensplanung und den Konsumwünschen unter. Ungeachtet aller Individualisierungstendenzen blieb aber die Institution der Ehegemeinschaft und die bürgerliche Familie als normative Lebensform erhalten. Untersuchungen zur „Krise der Familie", die von den Kirchen, Sozialverbänden und Sozialwissenschaften angestoßen wurden, bestätigten die Konstanz des bürgerlichen Leitbildes. Der sexuelle Verhaltenswandel, die wachsende Selbständigkeit junger Frauen und die Kameradschafsehe auf Zeit wurden scharf verurteilt. Gleichzeitig wurde die pronatalistische Gesetzgebung durch die Duldung der Sexualberatungsstellen unterlaufen, deren Ärzte ihrer überwiegend weiblichen bürgerlichen Klientel ehehygienische Ratschläge erteilten und den Schwangerschaftsabbruch arrangierten. Im Moraldiskurs über das ausgeprägt rationale Sexualverhalten bürgerlicher Mittelschichten wurden Untergangsängste vor einem bevorstehenden „Volkstod" oder „Rasse-Selbstmord" laut. Die

Rationale Familienplanung

von der staatlichen Gesundheitspolitik praktizierte negative Eugenik
schlug sich im bürgerlichen Bewusstsein nieder. Die Qualität des Nachwuchses, die „Erbgesundheit" der bürgerlichen Familie wurde zum Gegenstand der Debatte über Heiratsverhalten, Sexualität und Geburten-
planung. Das Bürgertum nahm lebhaft Anteil am eugenischen Diskurs
der Menschenökonomie, der um freiwillige Sterilisationen und Abtrei-
bungen „erbkranken" Nachwuchses kreiste.

Kontinuität der traditionellen Geschlechterordnung

Bevölkerungspolitisch-eugenische Motive wurden im Wesentlichen aber von individualistischen Überlegungen überdeckt. Vom
Wunsch bürgerlicher Frauen nach sexueller Selbstbestimmung und der
beruflichen Lebensplanung gingen starke Veränderungsimpulse aus.
Die staatlicherseits erleichterte Geburtenkontrolle in den 1920er Jahren
trug dieser Entwicklung Rechnung. Andererseits hielt die große Mehrheit bürgerlicher Frauen an der patriarchalischen Familienordnung mit
ihren traditionellen Rollenzuweisungen fest. Selbst engagierte Frauen-
rechtlerinnen verteidigten in einer Zeit ökonomischer Krisen Familie
und Mutterschaft als Quelle individuellen Glücks und gesellschaftlicher Respektabilität. Die pro-natalistische Familienpolitik der Weimarer Republik trug mit Steuererleichterungen, Kinderbeihilfen und Mut-
terschutzgesetzen dazu bei, dass alte Rollenmuster neu aktiviert wurden. Der Trend zur Frauenerwerbstätigkeit schwächte sich dadurch ab.
Im höheren Verwaltungsdienst, in Justiz und Wissenschaft, wie insgesamt in den akademischen Berufen stagnierte der Frauenanteil um 1930
bei etwa 5%, während sich die Zahl der Studentinnen auf 18% erhöhte.
Ungeachtet der Öffnung der Universitäten für Frauen aus dem Bürgertum blieb weibliche Erwerbsarbeit weiterhin moralisch diskreditiert.
Frauen-Berufsarbeit galt in Zeiten hoher Erwerbslosigkeit als dem Fa-
milienzusammenhalt abträgliches „Doppelverdienertum". Allen Eman-
zipationsregungen zum Trotz betrachtete das Bürgertum weibliche Erwerbstätigkeit nach wie vor vom patriarchalischen Standpunkt aus. Dabei wurde allerdings weniger sozialmoralisch-harmonisierend mit der
Komplementarität der Geschlechtscharaktere argumentiert, als von der
Minderung männlicher Erwerbschancen gesprochen.

Traditionale weibliche Geschlechterrollen erfreuten sich unverändert hoher Wertschätzung, Hausarbeit und Mutterschaft galten als
„Dienst am Volk". Der Nationalsozialismus bestätigte lediglich vorhandene Einstellungen, wenn er das „Abkindern" von Ehedarlehen
finanziell begünstigte und die Mutterschaft symbolisch aufwertete. Der
Schutz der Familie war ein Element gesellschaftspolitischer Kontinuität durch Diktatur und Krieg hindurch. Bis in die 1960er Jahre blieb der
Vorrang männlicher Erwerbstätigkeit in der bürgerlichen Familie ge-

wahrt. Auf die Lebensformen hatte die staatliche Geburtenförderung allerdings kaum Einfluss. Durch die anhaltend rückläufige Kinderzahl veränderte sich die Binnenstruktur der bürgerlichen Familie. Mit steigendem Heiratsalter entschieden sich erwerbstätige Frauen für eine „Kinderpause", die um das 25. Lebensjahr begann. Eine Rückkehr ins Berufsleben, selbst eine kontinuierliche Fortsetzung der Erwerbstätigkeit war zumindest in den Städten möglich geworden. Doch war diese Entscheidung eher von ökonomischen Zwängen als vom Wunsch nach Emanzipation geleitet. In den bürgerlichen Angestelltenhaushalten lag der Anteil erwerbstätiger verheirateter Frauen deutlich niedriger als in Arbeiterfamilien. Erst in den 1960er Jahren bewegte sich die Frauenerwerbsquote auf 40% zu. Weibliche Berufstätigkeit wurde dabei als Familienarbeit, weniger als individuelle Tätigkeit wahrgenommen.

3.3 Bürgerliche Milieus und Neuer Mittelstand

Revolution und Inflation hatten tiefe Verunsicherung bewirkt. Das Vertrauen in die bürgerlichen Parteien nahm ab, in den Kommunen regte sich Widerwillen gegen soziale Kompromisse. Versuche, das Honoratiorenmilieu in hegemonialer Geschlossenheit zu erhalten, beschleunigten die Auflösung der lokalen Einheit des Bürgertums. Ansehen und Autorität bürgerlicher Politik in den Kommunen sanken, sie wurde verstärkt als Resultat partikularer Interessen wahrgenommen. Konkurrierende Interessen in Gewerbe und Einzelhandel, Machtkämpfe zwischen Arbeitgeber- und Angestelltenorganisationen, Gegensätze zwischen Produzenten und Konsumenten, divergierende Erwartungen von Rentnern, Hauseigentümern und Mietern ließen sich unter der Gemeinwohlformel kaum mehr ausgleichen. Das bürgerliche Vereinsnetz wurde neu strukturiert. Zulauf verzeichneten weltanschauliche, nationalistische Verbände, die den sozialen Zerklüftungen mit der Vision einer Volksgemeinschaft den Kampf ansagten. Schützen und Turner, Kriegervereine und selbst Sport- und Kulturvereine gerieten in den Sog der Politisierung. In Abspaltungen und Neugründungen vollzog das lokale Vereinsnetz die politische Lagerbildung nach. Kampfrhetorik, Wehrhaftigkeit und Männlichkeitsgebaren gaben der nationalkonservativen Formierung der Männerturnvereine Ausdruck. Der kommunale Interessenausgleich mit dem Klassengegner nach dem Muster der Weimarer Koalition trat hinter bürgerlich-konservativen Blockbildungen zurück. Das Bürgertum wurde in nationalen Sammlungsbewegungen integriert. *(Bürgerliche Sammlung)*

Eine vergleichsweise stark integrierte Teilkultur, eine „katholische Teilgesellschaft" (S. Weichlein), bildete das katholische Sozialmilieu. *(Das katholische Sozialmilieu)*

Die Organisationseliten waren stadtbürgerlich sozialisiert, darin glichen sie anderen bürgerlichen Milieumanagern. Allerdings war das katholische Bürgertum in besonderer Weise durch das bürgerliche Familienideal geprägt und eng an die Kirche gebunden. Konkurrierende Freizeitveranstaltungen setzten die Integrationskraft des Milieus zunehmend unter Druck und schwächten den Einfluss der Zentrumspartei im Milieu. Durch Anpassung an die moderne Massenkultur, mit der Gründung eigener, katholischer Kultur- und Sportvereine konnte der Milieuzerfall aber aufgehalten werden. Es hat den Anschein, dass die mentalen Reserven gegen den Nationalsozialismus den Milieuzusammenhalt neu belebten. Die Massenmobilisierung bei den Osterkommunionen nach 1933 in katholischen Gemeinden und Landkreisen ist ein Indiz hierfür. In einer neuen Kulturkampfsituation fegte die radikale Gleichschaltung über das katholische „Mustermilieu" gleichsam hinweg. Zumindest konnte der Vereinskatholizismus einen bürgerlichen Kern bewahren, an den Adenauers Neuordnung später anknüpfte.

National-protestantismus   Im Vergleich hierzu war das liberale bürgerliche Milieu bereits vor dem Machtantritt der NSDAP substanziell ausgezehrt. Wo die Bindungskräfte durch die zunehmende Individualisierung schwach geworden waren, konnte eine radikale Integrationsideologie in Krisenzeiten leichter Fuß fassen. Soziale Gegensätze wurden im Gesinnungsnationalismus aufgehoben, der tristen Realität der bürgerlichen Gesellschaft die Volksgemeinschaft entgegengesetzt. Besonders empfänglich für die neue, antiliberale Ideologie zeigte sich das nationalprotestantische *Juste Milieu*. Hier wurde der Sieg der antibürgerlichen Partei 1933 von den kommunalen Eliten und Milieumanagern euphorisch begrüßt. In Schleswig-Holstein traten 27% der protestantischen Pfarrer der NSDAP bereits vor der Machtübernahme bei (M. Greschat).

Bürgertum und Nationalsozialismus   Der Identität stiftende Sammlungsbegriff Bürgertum wurde im gesellschaftlichen Verteilungskampf der Zwischenkriegszeit semantisch aufgeladen und zum Klassenbegriff umgedeutet. In den keineswegs als beschauliche Phase der Ruhe erlebten mittleren 1920er Jahren war die Bereitschaft des Bürgertums gewachsen, in unsicherer sozialer Lage bedrohte Positionen in militanter Vorwärtsstrategie zu verteidigen. An der kommunalen Machtbasis erfolgte keine Kapitulation des Bürgertums. Vielmehr trafen die lokalen Eliten eine bewusste Bündnisoption für eine Bewegung, die den Untergang des Bürgertums in einer sozial egalitären, rassisch definierten Volksgemeinschaft betrieb. Dies bedeutete die Aufgabe des kulturellen Führungsanspruchs des Bürgertums zugunsten einer autoritär geführten Massenbewegung, die Ordnung und materielle Existenzsicherung versprach. Die sozialharmoni-

sche Verheißung einer völkischen Neuordnung, für deren Vollzug die
NSDAP am radikalsten eintrat, fiel im kleinstädtisch-bürgerlichen Milieu frühzeitig auf fruchtbaren Boden. In Thüringen, Hessen und Sachsen, in Vorpommern und im Schwarzwald etablierten sich National-
sozialisten bürgerlicher Herkunft in den Kommunalparlamenten, noch
bevor die Partei erste große Erfolge bei Landtags- und Reichstags-
wahlen erzielte. In ehemaligen Residenzstädten mit einem fest verwur-
zelten, vom Hof und Beamtenstaat abhängigen Bürgertum trat diese
Tendenz besonders frühzeitig in Erscheinung. Das Parteiensystem spiegelte die Auflösung der bürgerlichen Milieus deutlich wider: dem suk-
zessiven Abstieg der liberalen Parteien korrespondierte die Radikalisierung des bürgerlich-konservativen Lagers nach 1925 und schließlich
der Aufstieg der NSDAP. In den Kommunen hielten bürgerliche Akti-
onsbündnisse der Fliehkraft divergenter Interessen nicht mehr stand.
Die Abwendung des mittleren Bürgertums vom Liberalismus, der ra-
pide Schwund noch ungefestigter demokratischer Überzeugungen war
im alten Handwerk und Kleinhandel mit Händen zu greifen. Furcht vor
einer Revolution und die Unterlegenheit gegenüber der marktbeherr-
schenden Macht des großindustriell-gewerkschaftlichen Korporatis-
mus lösten Panikgefühle aus. Radikale Interessenartikulation bis hin zu
Pöbelaktionen wie dem Scheunenviertelpogrom in Berlin 1923 war
Ausdruck sozialer Frustration.

Radikalisierung der Mitte

Der Begriff der Massenkultur, bis zum Ende des 19. Jahrhunderts
noch ein auf den soziologischen Sprachgebrauch begrenzter Terminus,
wurde zum Synonym für schleichenden Machtverlust und kulturelle
Entfremdung. Aus bürgerlicher Sicht beschrieb er die krisenhaft kumu-
lierenden Fehlentwicklungen der Moderne: soziale Nivellierung, Angleichung der Lebensverhältnisse, der Untergang des Individuums in
der anonymen Masse; ein Urbanismus, der Gemeinschaft, Bindungen
und überschaubare Ordnungen zerstörte, existentiellen Stress und emo-
tionales Chaos erzeugte; das Aufgehen von Bildung in Konsum und
Unterhaltung; die öffentliche Missachtung bürgerlicher Verhaltensnormen; Nonkonformismus und „Amerikanismus". Bildungsbürger wie
Helmuth Plessner (1892–1985) sahen in der aus Amerika nach Europa
schwappenden Flutwelle des „Amerikanismus" eine vermeintlich deutsche Hochkultur versinken, die sich gegenüber einer „seelenlosen",
rein technisch-materialistischen Zivilisation durch geistige Werte aus-
gezeichnet hatte. Für Werner Sombart, die Personifikation großbürgerlicher Gelehrsamkeit, war die niveaulose Masse kulturelles Produkt des
demokratischen Wahlrechts. Die „Masse" war als Gegenstück der Bürgergesellschaft ein veritables Schreckgespenst. Der Bürger verlor kul-

Angst vor der Masse

turelle Kompetenz und sah sich zum Objekt „fremder" Einflüsse herabsinken. Die Massenproduktion von Konsumgütern führte zur Standardisierung von Kleidungsstilen und Wohnverhältnissen; die Rationalisierung von Arbeitszeit und Arbeitswelt erreichte den Alltag: im rhythmisch fließenden Berufsverkehr, den einheitlichen Öffnungszeiten der Einzelhandelsläden, der strengen Trennung zwischen Familie und Beruf, zwischen Arbeit und Freizeit gingen Selbstbestimmung und Muße unter.

Das moderne Angestelltenleben

Freizeit wurde zum Komplementärerlebnis, das auf die Arbeitszeit bezogen blieb: der Wochenendausflug in den Wald diente der Rekreation, die Natur mutierte zum Naherholungsgebiet. Die beklagte Einbuße an Verfügungs- und Bestimmungsmacht über Sein und Zeit hob Grenzen auf zwischen Arbeitern und Bürgern. Die Angestelltenmassen, die aus den Büros eilten, unterschieden sich kaum von den *blue-collar-workers*, die beim Ertönen der Werksirenen aus den Fabriktoren strömten. Der Alltag des Angestellten war Inbegriff einer konsumorientierten, rationalen Planung einzelner Verrichtungen in unablässig sich reproduzierenden Tagesabläufen. Der kaufmännische Angestellte und die Stenotypistin prägten als Sozialtypen den neuen Mittelstand der 1920er Jahre. Ihr Anteil an der Erwerbsbevölkerung stieg von 1,9% (1882), über 5,2% (1907) auf 10,9% (1925; mit Beamten: 17) und 12,5% (1933; mit Beamten: 17,1) gegenüber dem Anteil der Selbständigen, der prozentual von 25,7 (1882) auf 16,3% (1933) abnahm. Die Zahl der weiblichen Angestellten wuchs um 50% schneller als die der männlichen Kollegen. Typische Frauenberufe mit geringem Sozialprestige und niedriger Entlohnung zwar, doch auch dem „Fräulein vom Amt" ermöglichte die Erwerbsarbeit eine bescheidene Unabhängigkeit. Der Arbeitsalltag in den Schreibbüros war monoton, intensiv und ermüdend. In Berichten an den Verband der weiblichen Handels- und Büroangestellten klagten Frauen über Nervenanspannung und die „einseitige Ausbildung des Maschinenschreibens". Sich dem Diktat der Büromaschinen zu beugen galt als Einschränkung persönlicher Freiheit. Selten strebten Frauen mit bürgerlichem Hintergrund eine dauerhafte Erwerbstätigkeit an, beendeten sie vielmehr meist nach wenigen Jahren mit der Eheschließung.

3.4 Klassische Moderne

Jenseits der in Teilverrichtungen gegliederten Tagesabläufe der Masse der Gehaltsempfänger verblieben Resträume bürgerlicher Elitenkultur als einer sich vom Massengeschmack absondernden Kultur des guten

Geschmacks (P. Bourdieu). Bürgerlichkeit zeigte sich in hohen Auf-
wendungen im Bereich der klassischen bürgerlichen Konzert- und
Museumskultur. In Zeiten wirtschaftlicher Not wurde mäzenatisches
Handeln zu einem exklusiven Statusmerkmal bürgerlicher Eliten. Während die bürgerlichen Kunstvereine stark rückläufige Mitgliederzahlen
mit Verlusten von fast 50% bis 1938 beklagten, leisteten sich großbürgerliche Kreise um den Berliner Museumsleiter Ludwig Justi
(1876–1957) ihre eigene Galerie der Moderne. Der 1929 am Vorabend
der Weltwirtschaftskrise gegründete „Verein der Freunde der Nationalgalerie" war eine bürgerliche Institution neuen Typs. Er versammelte
einen nationalbürgerlichen Kreis aus Industriellen, Bankiers und Aka-
demikern mit einem hohen Anteil jüdischer Mäzene, die durch gezielte
Sammlungen moderner Künstler ästhetische Wertmaßstäbe und zugleich politische Zeichen setzten. In guter Gesellschaft grenzte man
sich von den Kunst-Völkischen ebenso ab wie von einem programmatischen Internationalismus. In keinem anderen Kulturprojekt von ver-
gleichbarem Rang kam der Beitrag der bürgerlichen Eliten zur Moderne klarer zum Vorschein. Nach wie vor handelte man organisiert und
selbständig, griff gestaltend in die Kunstentwicklung ein. Doch hatte
sich der Kreis der Modernisten weiter verengt, gaben nun Mäzene großen Stils den Ton an. Man stiftete, um sich vom Massengeschmack zu
distanzieren und eigene „nationale" Akzente zu setzen. Ohne für die
Moderne repräsentativ zu sein, erhob die Sammlung mit Recht den
Anspruch, auf der Höhe der zeitgenössischen Kunstentwicklung zu stehen. Darin lag auch der Sinn bürgerlicher Kunstpolitik seit dem Kaiserreich, nämlich Hochkultur vom Massengeschmack definitorisch zu unterscheiden und sich dabei durch die Musealisierung der Avantgarde als
Träger der Moderne zu profilieren.

Im Unterschied dazu verloren Kunst und Bildung in den bürgerlichen Angestelltenschichten als kulturelles Unterscheidungsmerkmal
an Substanz, da die ästhetischen Definitionsgrundlagen weich geworden waren. Die Öffnung der Mittelschichten zur Populärkultur wurde
von Bildungsbürgern sogleich mit dem Verdikt des „Amerikanismus"
belegt, in völkischen Kreisen als „Negerkultur" verunglimpft. Tatsächlich sollte sich die Hinwendung zu den neuen Ausdrucksformen als
prägend für die Kultur des Bürgertums und damit für den modernen Lebensstil überhaupt erweisen. Formen leichter, erlebnisorientierter Unterhaltung und intensiven Konsums von Geld und Freizeit überwogen
den reflexiven und kontemplativen Kunstgenuss. Immer mehr erschien
der Lebensstil der Mittelschichten als modern und innovativ, bestimmte
er Moden und Verhaltensweisen. Technikkonsum und die Akzeptanz

Distinktion durch Kulturkonsum

neuer Seh- und Hörgewohnheiten waren Ausdruck von Aufstiegsorientierung und Modernität.

Exponent neuer Lebensformen war neben den Angestelltenschichten die bürgerliche Großstadtjugend. Sie verfügte durch die Ausdehnung der Freizeit über ungeahnte Gestaltungsspielräume. Das Verhältnis des Bürgertums zur Großstadtjugend pendelte zwischen der Sorge vor Kontrollverlust und dem Versuch, sich selbst im Bild einer tatkräftigen, „gesunden" Jugend neu zu entwerfen. Unter dem Eindruck eugenischer Zukunftsvisionen verschob sich das alte neuhumanistische Erziehungsideal merklich zur widerstandsfähigen und „lebenstüchtigen" Erfolgsnatur. Solche Umdeutungen, die durch die literarische Verarbeitung der „Stahlgewitter" des Weltkrieges intellektuelle Weihen erhielten, waren keineswegs identisch mit den Vorstellungen selbstbestimmter Lebensformen, wie sie der bürgerlichen Jugendbewegung der 1920er Jahre in Abgrenzung zum hohlen Materialismus der Vätergeneration vorschwebten. Über die ausschweifenden Jugend-Diskurse hinweg blieb im Bürgertum das Bestreben vordringlich, die neue Freizeit sozial und kulturell zu kontrollieren. Anders als der „halbstarke" Proletarier durfte der bürgerliche Großstadtjugendliche keinesfalls sich selbst überlassen bleiben. Bürgerliche Erziehung setzte in der Praxis nach wie vor auf elterliche und staatliche Autorität, auf Schulerziehung, Fortbildung und „körperliche Ertüchtigung" in Vereinen, auf eine restriktive Sexualmoral und den traditionellen bürgerlichen Bildungskanon. Der Versuch zwischen „Jugend gefährdendem Schund" und etablierter Kultur rechtlich eindeutige Grenzen zu ziehen, war Ausdruck bürgerlicher Unsicherheit über eine sich zunehmend selbst bestimmende Jugend.

Freizeitkultur der Jugend   Fürsorglichem Paternalismus stand die Tendenz zur außerfamiliären Organisation Jugendlicher entgegen. Statistisch verzeichneten die deutschen Jugendverbände 1926 einen Organisationsgrad von nahezu 50%, wobei die Sportvereine mit 1,6 und die Kirchen mit 1,2 Millionen Mitgliedern von 4,3 Millionen organisierten Jugendlichen die klassischen Jugendbünde bei weitem überflügelten. Tendenziell nahm dabei der Anteil jener zu, die den „Ballast des Seelischen" und Weltanschaulichen abstreifen und sich der Körperkultur zuwenden wollten. Auch die Integration der bürgerlichen Jugend in die Hitlerjugend vollzog sich, allen Widerständen einzelner Jugendverbände zum Trotz, angesichts entwickelter Strukturen der Gemeinschaftsbildung reibungslos.

Neues Bauen   Ein Fluchtpunkt bürgerlicher Lebenswelt war der private Raum, der sich den Prozessen der Rationalisierung und Standardisierung entzog. In Rücksicht auf die Verknappung und Verteuerung von Bauland in den Städten hatten die Architekten der Moderne auch der Privatwohnung neue Zwecksetzungen zu geben versucht. Raumgewinnung durch sparsame Sachlichkeit, ornamentlose Form und funktionale Gliederung der Wohnelemente lautete das Konzept. Alles hatte auf seine wahre Bestimmung, auf das Wesentliche zurückzuschrumpfen. In seiner programmatischen Schrift „Die neue Wohnung" von 1921 appellierte Bruno Taut (1880–1938) an die Bedürfnisse der modernen Frau, der „eigentlichen Schöpferin des Heimes". Sie sollte von der Versklavung durch Hausarbeit befreit werden, indem die Gestaltung ihrer häuslichen Umgebung praktischen Erfordernissen folgte. Taut sagte dabei auch dem bürgerlichen „Fetischismus mit den Gegenständen" den Kampf an, der „Tyrannei des Leblosen" aus „Krimskrams" und „Warenhausschund", den das Bürgertum in der Epoche der Kunstindustrie angehäuft hatte. Die Plüschpracht sollte größter Einfachheit weichen im Sinne einer wissenschaftlich begründeten, „rationellen Haushaltsführung". Indem das Heim von der Herrschaft des Materiellen befreit würde, stelle man den Menschen in den Mittelpunkt. Dies war der emanzipatorische Kerngedanke des Neuen Bauens und Wohnens, der in engstem Zusammenhang mit der Bewegung zur Lebensreform stand. Insofern es auf sozialtechnische Lösungen setzte und sich mit der industriellen Produktionsweise verband, blieb das Neue Bauen der Ästhetik der Form verhaftet. Die Produktkultur der reinen Funktionalität unterwarf den neuen Menschen einem externen Zwang zur Rationalisierung aller humanen Verrichtungen. Zutiefst bürgerlich war dabei das Grundvertrauen in die erzieherische Qualität von Mustersiedlungen und Standardwohnungen.

Die Großutopien des sozialen Massenwohnungsbaus vermochten es indes nicht, den bürgerlichen Hang zum Eigenheim und territorialen Wohnverhalten auszuschalten. Statt dessen setzten sich traditionelle Vorstellungen bei der Zivilisierung der Arbeiterschaft durch Schaffung von Wohneigentum in den 1950er Jahren allgemein durch. Die oft karikierte Regression der Kleinfamilie in das ideale, verschönerte Heim muss vor dem Hintergrund der traumatischen Erfahrung der Zerstörung und Enteignung von Wohnraum im Krieg, gefolgt von der massenhaften Wohnungsnot der Nachkriegszeit gesehen werden. In scharfem Kontrast hierzu standen die Gemeinschaftssiedlungen des Wohnungsbaus der 1960/70er Jahre als unwirtliche Zeugnisse eines utopischen Projekts klassenübergreifender Gemeinschaftsbildung. Die ersten Siedlungen des sozialen Wohnungsbaus in den 1920er Jahren waren noch auf Durchlässigkeit angelegt, auf das Einströmen von Luft, Licht und Wärme, auf soziale Öffnung zur Nachbarschaft in der Siedlungsgemeinschaft. Obgleich aus Kleinwohnungen bestehend, blieben die zwischen 1926 und 1930 errichteten Siedlungen für die eigentliche Zielgruppe zu teuer. In der Waldsiedlung „Onkel Toms Hütte" in Berlin-Zehlendorf bezogen in erster Linie höhere Angestellte, Beamte, auch Ärzte, Schriftsteller oder Künstler die Kleinhäuser und Wohnungen. Es handelte sich um Bürger, die mit dem Einzug in „Onkel Tauts Hütten"

Traditionale Wohnkultur ein Bekenntnis zur Moderne ablegten. Doch bildeten praktizierende Parteigänger des modernen Wohnens in Bürgertum wie Arbeiterschaft nur eine Minderheit. Die „Wohnmaschinen" (Le Corbusier) wurden nicht allein wegen ihrer monotonen Zeilenbauweise abgelehnt. Ihnen fehlten die Intimität und die Parzellierung der Grundstücke, welche das bürgerliche Eigenheim auszeichneten. Bald waren die auf Einsehbarkeit konstruierten Fenster von Rüschengardinen verhüllt und mit Blumentöpfen verstellt. Reihenhäuser wurden im Wiederaufbau der 1950er im Zeichen des neu gewonnenen Wohlstandes umgebaut und offene Gärten durch Jägerzäune von den angrenzenden Grundstücken abgetrennt. Auch das vom Purismus der reinen Form und Sachlichkeit getragene Ideal freier Flächen war allenfalls dem Prinzip nach verwirklicht. Noch immer blieb die materielle Wohnkultur des Bürgertums einem von den Modernisten kritisierten „museumshaften Aufstapeln" dekorativer Gegenstände verbunden. Die seit der Mitte des 19. Jahrhunderts vom Bürgertum bevorzugte Grundform des so genannten Bremer Hauses, eines ein- oder zweigeschossigen Klein- und Reihenhauses mit kleinem, abgegrenzten Gartengrundstück, erwies sich als unzerstörbares Wohnideal. Es war das Eigenheim- und Intimitätsideal, das in Zeiten materieller Notlagen und der Wohnungsnot den Traum privater Unabhängigkeit in den eigenen vier Wänden symbolisierte. Erst der demographische Wandel der jüngsten Zeit mit der Tendenz zu Einpersonen-Haushalten und diskontinuierlichen Erwerbsbiographien veränderte die bürgerlichen Wohnformen nachhaltig.

3.5 Zusammenbruchsgesellschaft 1945 – das Ende bürgerlicher Kultur?

Eines der meistdiskutierten Bücher der Zusammenbruchsgesellschaft war Friedrich Meineckes (1862–1954) „Die deutsche Katastrophe" von 1946. Der konservative Historiker hoffte auf eine geistige Erneuerung durch eine Rückbesinnung auf nationale Kulturtraditionen. Er schlug vor, „Ortsgruppen einer Goethe-Kulturgemeinde" in Deutschland zu gründen. Wie Meinecke plagte auch andere führende Repräsentanten des Bildungsbürgertums die Sorge um den Fortbestand der deutschen

Nation. Eine Art kulturelle Wiedergeburt durch selektierende Erinne-
rung schien nötig, die für das Bürgertum entlastende Funktion hatte.   Entsorgung der
Der Nationalsozialismus und das eigene Versagen ließen sich aus dem   Vergangenheit
kulturellen Gedächtnis nicht mehr tilgen. Die Erklärung seiner Ursa-
chen und Erfolge im bürgerlichen Milieu wurde der stillen Sorgfalt historischer Forschung überantwortet. Für ihre Ergebnisse interessierte
sich in der Aufbaugeneration im Wesentlichen ein intellektuelles Fach-
publikum. Insgesamt begnügte man sich in bürgerlichen Kreisen mit
der mentalen Entsorgung der Vergangenheit. Sie wurde als „dunkelstes
Kapitel" der Nationalgeschichte aus dem öffentlichen Gedächtnis aus-
gesperrt. In der offiziellen Erinnerungspolitik einer zunehmend erfolgs-
verwöhnten Gesellschaft konnte sie zum verhängnisvollen Irrweg ver-
harmlost werden, auf den die Nation ein asozialer Landfremder geführt
hatte.

In der Zusammenbruchsgesellschaft standen existenzielle Pro-   Verelendung und
bleme im Vordergrund. Die liberale „Gegenwart" registrierte 1948 „Le-   Entsolidarisierung
benspanik" im Volk und „Zonen-Partikularismus", fürchtete ein Aus-
einanderbrechen der Nation. Die sozialen Lebensverhältnisse hatten
sich besonders in den Großstädten durch die großflächige Vernichtung
von Wohnraum verschlechtert. Eine erste Volkszählung in Bayern ergab 1946 ein „Missverhältnis" von 3:1 zwischen Frauen und Männern
im heiratsfähigen Alter zwischen 20 und 30 Jahren. Unterernährung
und Tuberkulose erhöhten die Sterblichkeit auch in den bürgerlichen
Restfamilien, die bis dahin von Krankheit und Tod ungleich weniger
bedroht waren als Arbeiterfamilien. Das Bürgertum erlebte eine nie gekannte Wohnungsnot, unter den „Ausgebombten" und den Flüchtlingsfamilien war ein jahrelanges Zusammenleben auf engstem Wohnraum
unvermeidlich – oft mussten sich mehrere Personen ein Bett teilen.
Evakuierte, Vertriebene, *displaced persons* und etwa vier Millionen
Sozialrentner am Rande der Verelendung ebneten die Lebensverhältnisse in der Zusammenbruchsgesellschaft ein. Zeitgenössischen Untersuchungen zufolge hatten 21 bis 23 Millionen Menschen, ungefähr ein
Drittel der Bevölkerung, Notsituationen „typischer Nachkriegsschicksale" (H. Schelsky) zu erleiden. In Bremen lebte 1948 fast jeder dritte
Schüler in einer Zweizimmerwohnung, gut 20% aller Schüler hausten
in Notunterkünften. Die Aussicht auf eine warme Schulmahlzeit war
ein wesentliches Antriebsmoment, die Schule zu besuchen. Eine Son-
derversorgung der Flüchtlinge erschien unter den gegebenen Verhältnissen inakzeptabel. Eine wachsende Kluft tat sich auf zwischen Orts-
ansässigen und Flüchtlingsfamilien, die erst das „Wirtschaftswunder"
schloss. Die Angst vor Verarmung und Deklassierung bewirkte eine

Entsolidarisierung, die durch Entnazifizierungsverfahren und erzwungene Berufswechsel noch verstärkt wurde.

In der Notlage der Zusammenbruchsgesellschaft stabilisierte sich die Kleinfamilie wieder. Unter den Vertriebenen, die in den Heimstätten-Siedlungen der Städte ihr eigenes Sozialmilieu pflegten, war die Revitalisierung der bürgerlichen Familienideologie besonders ausgeprägt. Der Rückzug in die private Innerlichkeit der Kleinfamilie leistete auch einer Entpolitisierung der bürgerlichen Lebenswelt Vorschub. Die Zwangsintegration in den NS-Staat hatte bei den Nachkriegsjugendlichen politische Zurückhaltung bewirkt. Im Bürgertum wuchs eine „skeptische Generation" (H. Schelsky) heran. Mitte der 1950er Jahre formierten sich jugendliche Subkulturen von „Halbstarken" und „Existenzialisten", deren unpolitische Verweigerung politische Wirkungen zeitigte. Appellen von Jugendoffizieren der westlichen Militärverwaltungen, in den Familien für demokratische Verhältnisse zu sorgen durch Kooperation, Diskussion, gar durch Kritik an der elterlichen Erziehungsautorität, war insgesamt wenig Erfolg beschieden. Das Bürgertum diskriminierte die neuen Umgangsformen jugendlicher Gruppen als Halbstarkengebaren. Ein kultureller Generationenbruch trat ein, der die familiäre Reintegration der heimkehrenden Väter erschwerte. Das provokant antibürgerliche Verhalten der Nachkriegsjugend war ein urbanes Minderheitenverhalten, das sich gegen die Kriegs- und Diktaturerfahrungen besonders grell abhob. Nachhaltig verändert wurde die bürgerliche Gesellschaft durch das Aufwachsen in „unvollständigen", vaterlosen Familien, bei Verwandten, Pflegeeltern oder in Heimen. Diese Jugendlichen mussten früh Verantwortung übernehmen. Ideologisch obdachlos geworden durch den Zusammenbruch, widmeten sie ihre Energie dem Wiederaufbau einer Lebensperspektive. Mobilität war selbstverständlich, durch Kinderlandverschickung, Umsiedlungen und Vertreibung geradezu Normalität geworden. Ihre Entwurzelung förderte die Auflösung familiärer Rollenpositionen und dynamisierte die Individualisierung der Binnenbeziehungen entscheidend. Uneheliche Kinder, „Besatzungskinder" (1951 in Westdeutschland 93 000, darunter 3000 „Mischlinge"), Waisen, verwitwete, geschiedene und „alleinstehende" Frauen prägten weit über den statistischen Anteil hinaus das Erscheinungsbild einer in Unordnung geratenen bürgerlichen Gesellschaft.

Der Wunsch nach Rückkehr in die bürgerliche „Normalität" der Vorkriegszeit stärkte in den 1950er Jahren die Struktur der Familie. Vordringlich waren die Komplettierung der zerrütteten Familie und die Wiederherstellung sicherer Lebensverhältnisse. Die Restauration betraf auch die Trennung zwischen männlicher Erwerbstätigkeit und weib-

Unvollständige Familien

licher Familienarbeit. In den Leitlinien bürgerlicher Parteiprogramme wurde das traditionale Familienbild wieder aufgenommen, demzufolge Frauen befristet „hinzu verdienen", ansonsten aber den Haushalt zu führen hatten. Dennoch stieg die Erwerbsquote verheirateter Frauen im Beamten- und Angestelltenmilieu zwischen 1950 und 1957 von 1,7 auf 3,9% deutlich an. Sie lag dabei noch erheblich unter der Erwerbsquote verheirateter Arbeiterinnen, die sich von 4,5 auf 9,8% mehr als verdoppelte. Dass sich diese Tendenz in den 1960er Jahren beschleunigte, zeigt, wie weit bürgerliche Moralvorstellungen hinter der gesellschaftlichen Entwicklung zurück blieben. Ursächlich für den Wandel war nicht mehr existenzielle Notwendigkeit, sondern der Wunsch, den materiellen Status der Familie durch neue Anschaffungen zu verbessern. *Konstanz bürgerlicher Werte* Moralische Hemmungen mussten überwunden werden, galten doch erwerbstätige Mütter als „Rabenmütter", die ihre Sprösslinge zu „Schlüsselkindern" degradierten. Das patriarchalische Familienideal wurde im Widerspruch zur praktizierten Lebensweise in bürgerlichen Schichten sorgsam gepflegt. In der Gesetzgebung der Adenauer-Zeit wurde die Ehe zur Zugewinngemeinschaft umdefiniert, die den materiellen Status der Frauen durch Versorgungsansprüche absicherte. Die freie Wahl der Erwerbstätigkeit der Frau blieb an die „Familienverträglichkeit" gebunden, worüber der Ehemann im Dissensfall zu entscheiden hatte. Traditionale Vorstellungen von der Natur bürgerlicher Familienverhältnisse bildeten unverändert einen Kernbestand bürgerlicher Werte. Noch vor kurzem beklagte ein Ministerpräsident die „unnatürlich hohe Erwerbsneigung" der Frauen in „seinem" Bundesland.

Ein charakteristisches Nebeneinander traditioneller Wertvorstellungen und intensiven Verhaltenswandels kennzeichnet den Übergang zur postmodernen Gesellschaft. *Demographischer Wandel* Als Grund zur Eheschließung wurde noch immer der Kinderwunsch an erster Stelle genannt. Amtlichen Statistiken zufolge wurde häufig aber erst dann geheiratet, wenn ein Kind unterwegs war. Danach belief sich die Zahl vorehelicher Schwangerschaften in den 1950ern auf 70–75% aller Eheschließungen. Die beginnende Liberalisierung und neue Kontrazeptionspraktiken beeinflussten das traditionale Heiratsverhalten weniger als materielle und berufliche Lebensplanungen. Ehepaare der Oberschicht (nach Einkommensgruppen) heirateten aufgrund der längeren Berufsausbildung später und zögerten die Geburt des ersten, häufig auch einzigen Kindes länger hinaus. In Großstädten zeichnete sich in den Nachkriegsjahren die Entwicklung von der Zweikind- zur Einkindfamilie bereits ab. Durch intensivere Zuwendung veränderten sich die emotionalen Beziehungen zwischen Eltern und Kind.

Entbürgerlichung
durch Umerziehung
in der DDR

Autoritäre Strukturen der bürgerlichen Familie zu beseitigen war das offizielle Ziel der „antifaschistischen Umerziehung" in der DDR. Die patriarchalische Ordnung der Familie wurde durch die gesellschaftliche Erziehungsfunktion der Jugendorganisationen von Staat, Partei und Gewerkschaft ersetzt. Geschickt appellierten die Parteifunktionäre an den Aufbauwillen und die Mitarbeit der „Freien Deutschen Jugend", der eine Investigation ihrer Gesinnung erspart blieb. Die politische Umerziehung entzog die Staatsjugend generationsweise der Familienkontrolle und entfremdete sie sukzessive bürgerlichen Werten. Gefiltert und gebremst wurde diese Entbürgerlichung durch die Tatsache, dass eine personelle Erneuerung der bildungsbürgerlichen Lehrerschaft unmöglich war. Bürgerliche Traditionsbestände, auch antiwestlicher deutscher Kulturnationalismus, blieben erhalten, stießen sich jedoch an der zunehmend davon abweichenden Lebenswirklichkeit der Nachkriegsjugend. Systemneutral blieb dagegen die autoritär geprägte Erziehungspraxis in Deutschland. Nicht zuletzt in bürgerlichen Schichten war die Elternpädagogik durch das Bestreben gekennzeichnet, die „deutsche Jugend" vor „sittlicher Verwahrlosung" schützen zu müssen. Der Gedanke, dass Jugend der Führung bedürfe, hatte seit dem idealistischen Aufbruch der Jugendbewegung zu den gesellschaftlichen Leitbildern des Bürgertums gehört. Durch die Verstaatlichung der Jugend im Nationalsozialismus war diese Einstellung noch verstärkt worden. Im Nachkriegsdeutschland galt die Hitlerjugend zwar als ideologisch „verblendet", aber als diszipliniert und körperlich „gesund", im Sinne der geschlechtsspezifischen Männlichkeitsfixierung sogar als wohl erzogen.

Autoritäre
Pädagogik

Erstaunliche Gemeinsamkeiten bildungsbürgerlichen Selbstverständnisses wurden über die Systemgrenze hinweg in der Abwehr westlicher Kulturimporte deutlich. Wenn es um Jazz-Tanz oder Rock'n'roll („Negermusik") ging, glichen die Kulturkommentare westlich-bürgerlicher Presse- und Rundfunkmedien der sozialistischen Konkurrenz in ihrer Rückbesinnung auf deutsche Werte und Bildung inhaltlich wie sprachlich aufs Wort. Die neuen Unterhaltungsformen der „außer Rand und Band tobenden Jahrgänge 1938 bis 1944" wurden als Revolten gegen kulturelle und soziale Verhaltensnormen erlebt. Kleidungsstil und Konsum „gehaltlosen amerikanischen Musik-Rabatz'" galten der Westdeutschen Allgemeine 1956 als Störungen der öffentlichen Ordnung. Erst allmählich wurden feine Unterschiede gemacht. War der Keller-Jazz ein Vergnügen bürgerlicher Jugendlicher, hing dem Rock'n'roll ein subkulturelles Image an. Auch die Führungszirkel der sozialistischen Gegenelite teilten das klare Urteil von der Überlegen-

Kampf der
Verwestlichung

heit bürgerlicher Kultur. Trotz einer radikalen Erneuerung der lokalen Lebenswelt hatten auch unter dem SED-Regime Restbestände bürgerlicher Vereinskultur überlebt, vor allem in den von der Zwangsintegration unbehelligten Turn- und Gesangsvereinen. Hier wurden zur Kennzeichnung der westlich-amerikanischen „Unkultur" die gleichen Kategorien bemüht. Der drohende Verlust kultureller Dominanz durch „Verniggerung", „Kulturverfall" und „Entartung" gehörte in bürgerlichen Schichten noch lange zum Vorrat verbaler Distanzierung. Verwestlichung und Amerikanisierung waren Chiffren für die Wahrnehmung von Veränderungen, die tiefe Verunsicherung im Bürgertum auslösten. In der Angst vor Überfremdung artikulierte sich der verbreitete Unwille über die erzwungene Westintegration, die Desorientierung über die nationale Zukunft nach der „deutschen Katastrophe".

3.6 Wiederaufstieg in der Konsumwelt: Vom Bürger zum Verbraucher

In seiner 1949 veröffentlichten Studie „Klassengesellschaft im Schmelztiegel" beobachtete Theodor Geiger (1891–1952) die Differenzierung der Lebenslagen in den proletarischen und bürgerlichen Sozialschichten. Zwar sei das Heer der Lohnabhängigen weiter angewachsen, zugleich aber auch die harten Klassenlinien im „Schmelztiegel" der modernen Gesellschaft verschwunden. Bald darauf bestätigte Helmut Schelsky (1912–1984) mit seinem Modell der „nivellierten kleinbürgerlich-mittelständischen Gesellschaft" Geigers Strukturanalyse. Die Ära der Klassengegensätze und Verteilungskämpfe sei abgeschlossen, die moderne Gesellschaft „ebenso wenig proletarisch wie bürgerlich". Schelskys prognostizierte Klassenlosigkeit war eine hoffnungsvolle Utopie, die zur Leitvorstellung bürgerlicher Politik avancierte. Noch Ende der 1960er Jahre bekräftigte Ludwig Erhard (1897–1977) die Zielsetzung sozialer Marktwirtschaft, „immer breitere Schichten zu besitzenden Bürgern zu machen". Auch wenn die Wirklichkeit nicht den Erwartungen entsprach, hatte Erhards programmatischer Volkskapitalismus seinen Zweck erfüllt. „Wohlstand für Alle" umriss die Vision einer egalitären Gesellschaft besitzender Bürger, die jedermann materiellen Wohlstand und soziale Sicherheit verhieß. Mit der optimistischen Selbstdeutung als Mittelstandsgesellschaft war ein materieller Grundkonsens geschaffen worden, der eine intensivere Auseinandersetzung über die Vergangenheit ebenso überflüssig machte wie eine Partizipation der Bevölkerung an der demokratischen Neuordnung. Bürgertum und Bürgerlichkeit bemaßen sich in den 1950er und 1960er Jahren vor allem daran, ob und in welchem Umfang der Einzelne an der Wohl-

Bürgerliche Utopie der Mittelstandsgesellschaft

standsmehrung teilhatte. Zu den Standards einer bundesbürgerlichen Lebensführung zählten die Anschaffung von Wohneigentum, das Automobil und die jährliche Urlaubsreise: „Haste was, biste was!"

Wohlstand und Sicherheit

Der Stand der Versorgung mit Konsumgütern und die staatlichen Transferleistungen im öffentlich geförderten Wohnungsbau verdeckten allerdings, dass sich die Relationen sozialer Ungleichheit hinsichtlich der Verteilung des Produktivvermögens kaum veränderten. Während sich 1966 74% des Eigentums an Produktionsmitteln auf 1,7% aller Haushalte konzentrierte, hatte sich zugleich das Niveau bürgerlicher Lebensführung beträchtlich gehoben. Die „Arbeitnehmerschaft" – Arbeiter und Angestellte – besaßen 57% der statistisch erfassten 1,3 Millionen Eigenheime, die zwischen 1952 und 1960 unter Einsatz öffentlicher Mittel gebaut wurden. Das „Sozialvermögen" aus gesetzlichen Rentenansprüchen erreichte eine nie gekannte Qualität. Die sichere Existenz eines Durchschnittsbürgers gründete auf regelmäßiger Arbeit, maßvollen Lohnsteigerungen und Kapital bildender Altersvorsorge. Durch staatliche Versicherung gegen Krankheit, Altersarmut und Erwerbslosigkeit eröffnete sich die Perspektive langfristiger Lebensplanung mit der Aussicht auf stete Wohlstandsmehrung. Eine „Wohlstandsexplosion" hatte statt gefunden, die den alten bürgerlichen Traum einer sorgenfreien Mittelstandsgesellschaft weit übertraf. Was das Lebensgefühl und den Erwartungshorizont der Bürger angeht, schien die bürgerliche Gesellschaft in das Stadium ihrer Vollendung einzutreten.

Soziale Nivellierung und neue Ungleichheit

Durch die egalisierende Wirkung der Vergabe öffentlicher Mittel nach Bedürftigkeit und durch den sozialen Lastenausgleich hatten sich die Lebensverhältnisse im Grenzbereich der Mittel- und Unterschichten sichtbar nivelliert. Ungleichheiten im Bildungszugang und in den Erwerbschancen blieben dagegen bestehen und vertieften sich sogar, insbesondere bei Arbeiterkindern und Frauen. In der Unternehmer- und Managerelite herrschten Elitenkontinuität und Privilegienerbschaft. Führungspersonal wurde vorwiegend aus dem Sozialmilieu der Unternehmerfamilien, hohen Beamtenschaft und Angestellten in Spitzenpositionen ergänzt. Die bürgerliche Wirtschaftselite formierte einen geschlossenen Kreis sozialer Selbstrekrutierung. Bei den Funktionseliten in Politik und Verwaltung, in Wissenschaft und Kultur verlief die Elitenzirkulation offener. Hier entschieden Bildungskarrieren, insbesondere Hochschulabschlüsse, und das Geschlecht über beruflichen Erfolg. Insofern blieben die sektoralen Führungspositionen der Bundesrepublik bürgerlich und männlich besetzt. Bürgertum und Arbeiterschaft trennte bei aller Einebnung der materiellen Differenzen ein Bildungsgefälle, das durch einen spezifisch bürgerlichen Bildungshabitus zusätzlich unterstrichen wurde. Auch zwischen Ober- und Mittelschicht prägten sich habituelle Trennlinien aus. Managereliten legitimierten ihren Status durch hohe Mobilität und Arbeitsbelastung jenseits der gesetzlich und tarifvertraglich fixierten Wochenarbeits- und Urlaubszeiten der Angestellten. Aus der Erfolgsabhängigkeit der Einkommen entwickelten sich zunehmend großzügige Vergütungssysteme, die einen neuen Reichtum und distinkten Lebensstil der Wirtschaftseliten begründeten. Das Wohlstandssystem produzierte eine bipolare Gesellschaft mit existentieller Sicherheit und Konsumfreiheit von Arbeitnehmern und Verbrauchern, während Kapital und Vermögen sich in den oberen Segmenten der Einkommenshierarchie konzentrierten: eine friedliche Koexistenz zwischen Volkskapitalismus und einer exponierten Wirtschaftselite.

Grundlage der Rekonstruktion stabiler Verhältnisse war die gestiegene Massenkaufkraft. Die Reallöhne erreichten bereits 1950 wieder das Niveau von 1928 und stiegen im folgenden Jahrzehnt auf mehr als das Doppelte an! Die Aussicht auf Wohlstand, den sich jedermann durch Arbeit kaufen konnte, begründete einen neuen gesellschaftlichen Konsens, der die sozialen Ungleichheiten perspektivisch aufhob. Nicht die Verbürgerlichung, wohl aber eine Entproletarisierung der Arbeiterschaft war das Ergebnis. Wirtschaftsminister Ludwig Erhard, die bürgerliche Symbolfigur des Wiederaufstiegs, ermunterte die Bevölkerung zum Konsumkauf auf Raten. Jedermann, vom kleinen Sozialrentner angefangen, sei es möglich, durch Konsum zum Lebensstil der gehobenen Einkommen aufzuschließen; jedem sein Kühlschrank, aber nicht durch sozialstaatliche Zuteilung, sondern durch Leistungsbereitschaft und Vorwärtsstreben. Die neue bürgerliche Utopie war die klassenlose Gemeinschaft von Konsumbürgern, die von der Bürgertugend sparsamen Haushaltens wenig hielt. Ratenweise eroberte sich der Arbeitnehmerhaushalt die Teilhabe an der Konsumgesellschaft: zuerst kamen das Sattessen nach den Jahren der Entbehrung und die Ersatzbeschaffung des zerstörten Eigentums, dann Kleidung und Kosmetik, schließlich kleinere und größere, durch Kredite finanzierte Anschaffungen wie das Wohnzimmermobiliar, elektrische Haushaltsgeräte, das Automobil. Das teure, in den 1920er Jahren noch unerschwingliche Automobil entwickelte sich vom Oberschichtprivileg zum allgemeinen Wohlstandsindikator. Um 1960 hatten 45 % aller Arbeitnehmerhaushalte die für einen Autokauf relevante Einkommensgrenze von 700 DM überschritten, zwischen 1951 und 1961 kletterte der Bestand von 700 000 auf fünf Millionen PKWs. Die Demokratisierung des Konsums beschleunigte sich, das Automobil war ihr Vehikel. Automobilsport war Massenver-

Lebensziel
Konsumfreiheit

kehr geworden, der großbürgerliche Herrenfahrer gehörte der Vergangenheit an. Zugleich wurde das Angebot größer, es reichte vom
kostengünstigen Kleinwagen, über eine breite Palette von Mittelklasse-
Wagen mit den gängigen Modellen VW „Käfer", Ford „Taunus" und
NSU „Prinz" bis zu den Luxuslimousinen. Feine Differenzierungs-
linien trennten die Konsumentengruppen, doch teilte der Besitzer eines
NSU mit dem Mercedesfahrer das Lebensgefühl von Freiheit und Mobilität.

Bürgerliche Konsumpräferenzen

Für gute zwei Jahrzehnte verstetigte sich die Gewissheit, dass es
immer weiter „bergauf" ging. Diese Erwartung prägte den selbstzu-
friedenen, loyalen Bundesbürger, den ob seiner konsumorientierten, er-
eignisarmen Lebensweise karikierten „Otto Normalverbraucher". Der
Massenkonsum veränderte die kulturelle Bedeutung des Eigentumser-
werbs. Es zählte nicht mehr in erster Linie der Gebrauchswert, der für
die Herstellung notwendige Aufwand an gesellschaftlicher Arbeitskraft
oder der erzielte Preis. Verhaltens- und Konsumpräferenzen erlaubten
es vielmehr, Lebensstile auszuprägen. Konsumfreiheit bedeutete, Individualität durch subtile Klassifikationen auszudrücken. Ungeachtet dieser Wahlfreiheiten, die durch Einkommensunterschiede beschränkt
wurden, lassen sich spezifische Konsummuster bürgerlicher Mittelschichten erkennen. Bürgerlicher Konsum blieb durch die Dominanz
der Häuslichkeit geprägt. Auch das Wochenende wurde in Haus und
Garten, im Familienkreis verbracht. Radio und Fernsehkonsum traten
neben oder an die Stelle der klassischen bürgerlichen Bildungslektüre.
Die Programmzeitschrift wurde zum Symbol der neuen audiovisuellen
Rezeptionsgewohnheiten. Um 1960 besaß bereits ein Viertel aller bundesdeutschen Haushalte ein Fernsehgerät. Das am stärksten expandie-
rende Freizeit- und Unterhaltungsmedium wurde „zum Konsumgut der
50er Jahre, bei dessen Anschaffung die geringsten sozialen Unterschiede sichtbar waren." (A. Schildt). Insofern das Fernsehen den ar-
beitsfreien Alltag völlig neu strukturierte und die sozialen Verhaltensweisen vereinheitlichte, ist es für Kultur und Lebensformen des Bürgertums von kaum zu überschätzender Bedeutung.

Differenzierung durch Konsum

Außerhalb der häuslichen Lebenswelt beanspruchten Sport und
Vereinsgesellligkeit, nicht zuletzt auch der automobile Individualver-
kehr die Freizeit des Bürgers. Die bürgerliche Bildungsreise änderte
sich der Form, weniger dem Inhalt nach: „Hinfahren, Aussteigen,
Schönfinden, Einsteigen, Wegfahren", so Jürgen von Mangers (1923–
1994) treffende Karikatur des Sonntagstourismus. Bildungsbürgerliche
Schichten distanzierten sich bei zunehmender Bedeutung des „Massenkonsums" von Kultur durch den entsprechend inszenierten Besuch von

„Hochkultur-Veranstaltungen" von den herrschenden Konsummustern. Durch Vollzug oder Verzicht auf kulturelle Praktiken, die sich mit der Aneignung konnotierter Gebrauchsgüter und Konsumpräferenzen verbinden, reihte sich der Konsument in sozialkulturelle Milieus ein. Diese differierten nur indirekt nach Besitz und Bildung, sondern bildeten primär milieuspezifische Verhaltensmuster ab. Auf diese Weise entstanden heterogene Teilmilieus, die mit traditionellen sozialmoralischen Unterscheidungsmerkmalen nicht mehr kongruent waren. Äußere Erkennungszeichen konnten selbstdefinierte Kleiderordnungen und Verhaltensregeln, gruppenbezogene Neologismen und Sprachcodes, Klassifikatoren jeder Art sein, über deren Beherrschung die Inklusions- und Exklusionsmechanismen des Teilmilieus entschieden. Entgegen den Befürchtungen ihrer frühesten Kritiker hatte die Konsumgesellschaft keine manipulierte Masse verhaltenskonformer Maschinenmenschen hervorgebracht, sondern eine schillernde Vielfalt von Submilieus und Lebensstilen entfaltet.

Konstitutiv für die Ausformung souveräner Verbraucher- und Konsumentengruppen war ihre feste Verankerung in der Arbeitsgesellschaft. Plurale Lebenswelten gediehen auf dem Boden einer aufs äußerste intensivierten, produktiven Arbeitsleistung der Konsumgesellschaft. Aus dem mühseligen, kräfteraubenden Arbeitstag der industriellen Gesellschaft war ein zeitoptimierter, kräftesparender, hoch komprimierter Tagesabschnitt geworden, der genügend Ressourcen übrig ließ für Konsum und Freizeit. Durch diese Zweiteilung führte der Konsumbürger eine Doppelexistenz: In der Arbeitswelt galten die Normen der bürgerlichen Leistungsgesellschaft, von der Arbeitsdisziplin über die Einhaltung der Kleiderordnung bis zur strikt observierten Distanz zwischen oben und unten am Arbeitsplatz; im Freizeitkonsum waren diese Hierarchien zunächst unsichtbar, in der Nonkonformität von Umgangsformen und Kleidung außer Kraft gesetzt, um in veränderter Form, im Ausspielen und Beherrschen symbolischer Kapitalformen neue Strukturen und soziale Konventionen reproduziert zu werden. Besonders hartnäckige Kritik an der vermeintlichen Selbstaufgabe des Konsumbürgers im Rausch materieller Selbstbefriedigung wurde im bildungsbürgerlichen Milieu geübt, angefangen von der Kritik der Frankfurter Schule an der Kulturindustrie bis zu den Publikationen katholischer Intellektueller gegen den vorwaltenden Hedonismus der „Konsum- und Freizeit-Gesellschaft". Außer Acht blieb dabei das außerordentliche Maß an individueller Selbstbestimmung, über das in der Mangelgesellschaft vergangener Zeiten nur privilegierte adlig-bürgerliche Schichten verfügten.

Kritik der
Konsumgesellschaft

Den Zusammenhang zwischen Selbstbestimmung und Konsum bestätigte auch die Implosion der DDR 1989. Mit der Öffnung der Mauer zum kapitalistischen Westen offenbarte sich die Überflüssigkeit eines politischen Systems, dessen Eliten an der selbstgesetzten Zielprojektion gescheitert waren, die bürgerliche Wohlstandsgesellschaft materiell zu überholen. Die Verweigerung bürgerlicher Freiheiten und der Druck aufgestauter Konsumwünsche delegitimierten jeden Ansatz zur Reform einer Mangelwirtschaft, die noch bis Mitte der 1950er Jahre an der Rationierung von Nahrungsmitteln, Textilien und Schuhen hatte festhalten müssen. Die Differenzerfahrung zur Konsumkultur der BRD verstärkte auch in der DDR die Konsumorientierung. Bürgerrechtler, die auf einen demokratischen Neuanfang in einem deutschen Teilstaat gehofft hatten, unterschätzten die Anziehungskraft der bürgerlichen Konsumgesellschaft. Für die meisten Neubürger blieb diese ein fernes Leitbild, dessen Erreichen schmerzhafte Aufhol- und Anpassungsprozesse unter wesentlich verschlechterten ökonomischen Bedingungen voraussetzte.

3.7 „1968" – Postmoderne Kritik der Bürgerlichkeit

Ausgang der 1950er Jahre setzte eine kulturkritische Debatte über das Defizitäre „der Moderne" ein. Konservative Soziologen wie Hans Freyer (1887–1969) erkannten grundsätzlich an, dass die pluralistische Struktur der Moderne unterschiedlichsten, lediglich koexistenten Lebensweisen Raum ließ. Klagen über die geistige Sinnkrise im Zeichen des Konsumismus wurden durch den Rezessionsschock von 1966/67 verstärkt, der dem Vertrauen in die Stabilität der Sozialen Marktwirtschaft einen empfindlichen Dämpfer versetzte. Mit dem Ende der Nachkriegskonjunktur wurden erneut Zweifel an der Steuerbarkeit der Wirtschaftsordnung wach. Das „Wirtschaftswunder" erwies sich als bürgerliche Selbsttäuschung über die realen Voraussetzungen der Rekonstruktionsperiode Westdeutschlands. Der Verlust an Selbstsicherheit traf mit der antibürgerlichen Protestbewegung zusammen, die sich Mitte der 1960er Jahre formiert hatte. Zum ersten Mal schien der gesellschaftliche Konsens gefährdet, der auf dem Boden der saturierten Sekurität der Mittelschichten gewachsen war. Die Protestbewegung der „1968er" war antikapitalistisch, antiautoritär und antitechnokratisch. Zwar nahm der SDS eine Schlüsselrolle innerhalb der Studentenbewegung ein, doch erhielt die Protestszene Zulauf aus dem städtischen Bildungsbürgertum. Der Hochschulprotest und die Bewegung gegen die Notstandsgesetze gewannen die Unterstützung namhafter Professoren.

Antibürgerlicher Protest

Die Exponenten der Neuen Linken rüsteten sich intellektuell mit den
Schriften der Frankfurter Schule. Vermittelt über ihre spezifische Rezeption der Psychoanalyse wurden die Verbrechen des Nationalsozialismus als direkte Folge der Deformation des bürgerlichen Individuums
dargestellt. Im Lichte der kritischen Theorie erschien die bürgerliche
Nachkriegsordnung der Studentenbewegung als Fortsetzung des autoritären Staates im formaldemokratischen Gewand. Ihre Kritik zielte auf
die bürgerliche Familie, in der die autoritäre Ordnung der Gesellschaft
angelegt sei. Sie gipfelte im teils militanten Protest der antiautoritären
Strömung gegen „Konsumsklaverei" und gegen das bürgerliche System der „Repressiven Toleranz".

Obgleich der soziale Protest der Studentenbewegung in sich zu-
sammenbrach, als kein konkreter Anlass zur Mobilisierung mehr vor-
handen war, erwiesen sich Formen und Aktionsfelder öffentlicher Provokation langfristig als erfolgreich. Rückblickend hinterließen die
spektakulär inszenierten, mit den Massenmedien in feindlicher Sym-
biose verbundenen Aktionen den Eindruck einer antibürgerlichen Kulturrevolte. Im Blitzlicht der Medien wurden die verfemten „Narren"   Bürgerliche
und „Provos" Westberlins zu bürgerlichen Anti-Helden. Harte Polizei-   Anti-Helden
maßnahmen und Anfeindungen der Presse erzeugten vorübergehend
einen Solidarisierungseffekt des liberalen Bürgertums mit einer radikalen Minderheit. Ein öffentlicher Meinungsumschwung zeichnete
sich unter dem Eindruck der Massendemonstrationen im Juni 1967 ab,
der auf Teile der bildungsbürgerlichen Eliten ausstrahlte. Der kurz-
zeitig erworbene Kredit war durch die Radikalisierung der politischen
Auseinandersetzung indes bald verspielt. Die Strategie der „Aufklärung durch Aktion und Provokation" verstörte bürgerliche Sympathi-
santen zutiefst. Klarsichtig hatte der Wortführer der Studentenbewegung die Ursachen der gescheiterten Revolutionsstrategie 1963 vorweg
genommen. Das „Sein in der kapitalistischen Gesellschaft" bestimme
das Bewusstsein, zumal die Bedeutung der Eigentumsverhältnisse „in
der sozialen Marktwirtschaft durch Umverteilung der Einkommen
scheinbar unwichtig gemacht" werde (Rudi Dutschke).

Die intellektuellen Kritiker der bürgerlichen Gesellschaft teilten
Dutschkes (1940–1979) Schlussfolgerung. Herbert Marcuse (1898–
1979) fand die gültige Erklärung in der Manipulierbarkeit der Massen,
die, durch Konsum betäubt, von der Erkenntnis ihrer „Entfremdung"
getrennt wären. Anders als Dutschke sah Marcuse die Rolle des revolutionären Subjekts im Habitus der „großen Weigerung", der Negation
dessen, was die bürgerliche Gesellschaft ausmache. Die geforderte Verweigerung konnte als individuelle Abkehr von Kultur und Lebenswelt

Dialektik der bürger-
lichen Moderne

des Bürgertums interpretiert werden, wie sie die subkulturellen Milieus der Wohnkommunen und Stadtteilinitiativen seit „1968" praktizierten. Diese, in manchem selbstdestruktiven, in vielem aber flexiblen Aktionen und „Bürgerinitiativen" einer jugendlichen Protestbewegung veränderten die bürgerliche Gesellschaft nachhaltiger als der letztlich folgenlose antiautoritäre Protest des radikalen Kerns der Studentenschaft. Insofern diese alternativen Lebensreformer in der Gesellschaft bald ihren Platz fanden, reproduzierte die 1968er-Generation jene spezifische Dialektik, die der bürgerlichen Moderne im 20. Jahrhundert eigen war.

II. Grundprobleme und Tendenzen der Forschung

1. Lebenswelt und Moderne

Das Konzept „Lebenswelt" rekurriert auf sinnstiftende, konstitutive Leistungen des Subjekts, das die „objektiv" gegebene Welt deutend in den Alltag einordnet. „Lebenswelt[en]" sind das Ergebnis individueller Erfahrungen und Erlebnisse, die konstruktiv in den Horizont kultureller Wissenstradition eingefügt werden. Als Ergebnis kognitiver Bewusstseinsvorgänge entstehen stabile Gewissheiten und Bedeutungen, die menschlichem Handeln Orientierung verleihen. Selbstverständliches, alltägliches Wissen entsteht, das die Welt ordnet und die Lebensgewohnheiten des Individuums strukturiert [88: A. SCHÜTZ/T. LUCKMANN, Strukturen; 28: P. L. BERGER/T. LUCKMANN, Konstruktion; 29: W. BERGMANN, Lebenswelt; 50: R. GRATHOFF, Milieu und Lebenswelt]. R. VIERHAUS definiert die Beziehung zwischen objektiver Realität und subjektiver Erkenntnis als „Bewusstsein der Menschen von sich selbst in ihrer Lebenswelt" [95: Rekonstruktion, 17]. A. SCHILDT [416: Moderne Zeiten, 34] konkretisiert die hybride Semantik des Lebenswelt-Konzeptes als „Schnittstelle zwischen objektiven Daten und dem Erfahrungshaushalt der Menschen".

„Lebenswelt"

Forschungen zur Lebenswelt und Kultur des Bürgertums sind selbst zutiefst geprägt vom Bildungsverständnis des so genannten bürgerlichen Jahrhunderts. Sie sind selbstreflexiv, insofern sie die Moderne in zeitlicher und räumlicher Kontinuität zum „Durchbruch des Bürgertums" [102: E. WEIS] und der Entfaltung der „Bürgerwelt" [81: T. NIPPERDEY] in Europa sehen. Neben dem modernen Staat gilt das Bürgertum als „Träger der großen wirtschaftlichen, sozialen, politischen und kulturellen Veränderungsprozesse" [51: H.-W. HAHN, Bürgertum] der Moderne. Abgesehen von den großen Darstellungen zur deutschen Geschichte [81, 82: T. NIPPERDEY; 99: H.-U. WEHLER, Gesellschaftsgeschichte; 78, 79: W. J. MOMMSEN], hat sich die historische Forschung lange Zeit kaum mit dem Bürgertum beschäftigt. Mitte der 1980er Jahre stellte L. GALL fest, dass „die Geschichte des deutschen

Anfänge der Bürgertumsforschung

Bürgertums mit all ihren, oft sehr tief greifenden regionalen, ja, lokalen Unterschieden bisher nur fragmentarisch erforscht" sei. Für eine allgemeine Geschichte des Bürgertums fehlten entscheidende Voraussetzungen [47: Bürgertum in Deutschland]. Zwei Jahrzehnte später hat sich dies nicht zuletzt aufgrund gezielter wissenschaftlicher Schwerpunktbildung und Grundlagenforschung wesentlich geändert. Mag es für eine Synthese zu früh sein, so liegen doch inzwischen substanzielle Erkenntnisse über die „formative Phase" des Bürgertums [167: M. MAURER, Biographie des Bürgers] und seinen Aufstieg zur bestimmenden sozialen Kraft im 19. Jahrhundert vor.

Nahezu unerforschtes Terrain öffnet sich hingegen dem Blick auf das 20. Jahrhundert [93: K. TENFELDE, Stadt und Bürgertum]. Hier kann von „Bürgertumsforschung" nur in einem sehr eingeschränkten Sinne die Rede sein. Die Ungewissheit über die Perspektiven der bürgerlichen Gesellschaft und die weit verbreitete Skepsis gegenüber einheitlichen Deutungskonzepten hat im Begriff „Postmoderne" einen geradezu endzeitlichen Ausdruck gefunden [448: J. F. LYOTARD, Wissen; 434: D. BELL, Nachindustrielle Gesellschaft]. F. H. TENBRUCK [458: Bürgerliche Kultur; 457: Grundlagen] sieht die postmoderne Gesellschaft als Ansammlung narzisstischer Individuen ohne innere Überzeugungen, die sich indifferent verhalten gegenüber normativen Wertsetzungen. Der technologische Fortschritt und der ökonomische Zwang zur Rationalisierung beseitigten alle grundsätzlichen Differenzen über Richtung und Qualität der Zivilisation. Vollendet sich die Universalität bürgerlicher Werte und Lebensformen in der Uniformität und globalen Verbreitung der technisch-materiell geprägten Kultur westlicher Zivilisation? [Zur Debatte 461: W. WELSCH, Wege aus der Moderne; 433: Z. BAUMANN, Postmoderne]

Von kulturkritischer Skepsis getragen sind die ersten Versuche einer Fortschreibung der Geschichte des Bürgertums im 20. Jahrhundert. Thomas Manns Niedergangsparadigma hat auf die Realgeschichte des Bürgertums abgefärbt [283: B. BESSLICH, Faszination des Verfalls]. Mit den 1920er Jahren scheint die Zeit der „Auflösung" oder des „Zerfalls" des Bürgertums gekommen zu sein. Andererseits werden Spuren einer vermeintlich versunkenen Bürgerwelt noch in der frühen Bundesrepublik entdeckt. Danach erlebten bürgerliche Kultur- und Bildungstraditionen in den 1950er Jahren eine Renaissance. Dies deute darauf hin, das „Bürgerlichkeit" kein status- und klassenbezogenes Spezifikum mehr sei [165: P. LUNDGREEN, Bilanz, 36]. Und schließlich wird auf die Kontinuität bürgerlicher Werthaltungen und Verhaltensdispositionen verwiesen, insbesondere auf dessen materialistische Weltorientierung.

Bürgerliche Gesellschaft und Postmoderne

Probleme einer Bürgertumsgeschichte des 20. Jahrhunderts

Die Varianz der Ergebnisse deutet bereits an, dass es beim gegenwärtigen Forschungsstand nötig ist

1., die Tragfähigkeit der am 18. und 19. Jahrhundert entwickelten Konzeptionen von „Bürgertum" für das 20. Jahrhundert zu prüfen;

2., die disparaten Ansatzpunkte der Forschungen zum 20. Jahrhundert als Basis eines lückenhaften Problemaufrisses einer Geschichte zur Kultur und Lebenswelt des Bürgertums zu akzeptieren, solange über die Definitionsgrundlagen keine Klarheit herrscht.

2. Bürgertum im 19. Jahrhundert

Fünf Forschungsansätze haben sich seit dem Abklingen der kontroversen Grundsatzdebatte um methodische Probleme und Erkenntnis leitende Ausgangspositionen [dazu 99: H.-U. WEHLER, Gesellschaftsgeschichte; 110: L. GALL, Stadt und Bürgertum im Übergang] entwickelt: Forschungsschwerpunkte

1. der modernisierungstheoretische Bielefelder Ansatz, der von Max Webers Konzept der „Vergesellschaftung" inspiriert wurde;
2. der stadtgeschichtliche Ansatz der Frankfurter Bürgertumsforschung;
3. familienbiographische und generationshistorische Studien;
4. geschlechtergeschichtliche Forschungen zur bürgerlichen Familie;
5. Arbeiten zu bürgerlichen Werten und kulturellen Praktiken.

Hier gilt es nicht, die Debatten der neueren Bürgertumsforschung in aller Breite zu rekonstruieren [als allgemeine Forschungsüberblicke vgl. 70: F. LENGER Bürgertum, Stadt und Gemeinde; 92: J. SPERBER, Studies; 37: J. BREUILLY Critical Remarks; 51: H.-W. HAHN, Bürgertum]. Vielmehr interessieren solche Studien, welche die Rekonstruktion bürgerlicher Lebenswelten in der Gesellschaft der Moderne zum Gegenstand haben. Sie erlauben es, ungeachtet bleibender Ungewissheit über die Relevanz der tradierten soziokulturellen Definitionsgrundlagen von Bürgertum, präzisere Vorstellungen von der Bürgerlichkeit der Moderne zu präsentieren.

2.1 Modernisierung und Vergesellschaftung

Ein wesentlicher Impuls, die Konstituierung des neuzeitlichen Bürgertums in vergleichender Perspektive zu erforschen, kam Mitte der 1980er Jahre vom Bielefelder Sonderforschungsbereich „Sozialgeschichte des neuzeitlichen Bürgertums" [vgl. das vorläufige Resümee

in 165: P. LUNDGREEN, Bilanz]. H.-U. WEHLERS „Deutsche Gesellschaftsgeschichte" [99: Bd. 1: 1700–1815 (1987), Bd. 2: 1815–1845/49
(1987), Bd. 3: 1849–1914 (1995), Bd. 4: 1914–1945 (2003)] setzte den
Orientierungsrahmen einer modernisierungstheoretischen Deutung der
jüngeren deutschen Geschichte. Wehler ordnete seine Darstellung nach
den „Hauptprozessen" eines „komplexen sozialen Evolutionsprozes-
ses", dessen „Richtungskriterien" die retrospektive Betrachtung der
Moderne vorgab. In die Moderne führten die Durchsetzung des „Indus-
triekapitalismus", das Entstehen „sozialer Klassen" (Max Weber) und
„struktureller sozialer Ungleichheit, und drittens die Zentralisierung
politischer Herrschaft im bürokratisierten Anstaltsstaat" [99: Bd. 1,
12 ff.]. Zu den Trägergruppen, Akteuren und Profiteuren grundlegender
„Modernisierungsaufgaben" zählte Wehler die „verstaatlichte Intelligenz" der in die Defensive gedrängten Staatsbürokratien und eine bürgerliche „Aufsteigerschicht, die außerhalb der altständischen Sozialordnung emporkam" [99: Bd. 1, 204]. Diese kleine Minderheit „kapita-
listischer Unternehmer" und die bildungsbürgerliche Intelligenz der
„freien" Berufe bildeten nach Wehler die Speerspitze der „neuen Bürgerlichen". Als Außenseiter behaupteten sie sich in einem altständisch-
stadtbürgerlichen Umfeld von Tradition, Unbeweglichkeit und Rück-
ständigkeit.

Wehler deutet die Entstehung des neuzeitlichen Bürgertums als
Emanzipationsakt vom ständischen Stadtbürger zum modernen Staatsbürger. Die neuen bürgerlichen Kräfte gingen mit dem Staat ein Moder-
nisierungsbündnis ein. Ihre Lebensführung orientierte sich am inner-
weltlichen Pflichtethos des Protestantismus, dessen sinnstiftende Da-
seinsfunktion innovative Dynamik und Leistungsbereitschaft freisetzte.
Die Kultur der „neuen Bürgerlichen" produzierte die universalen Werte
und Leitbilder der bürgerlichen Gesellschaft – Rechtsgleichheit, Toleranz, Eigeninitiative, Autonomie, Konkurrenz- und Leistungsdenken,
Wertschätzung von Wissenschaft und Kunst. Gegen die These der
Emanzipation des modernen Bürgertums vom traditionalen Stadtbürgertum wendet sich M. MAURER [167: Biographie, bes. 61 ff.] in seiner umfassenden Darstellung frühbürgerlicher Lebenswelten. Maurers
Rekonstruktion „bürgerlicher Mentalität" aus biographischen und auto-
biographischen Quellen deutet die „Entgrenzung" der ständischen Vor-
stellungswelt primär als fortschreitende Kompetenzaneignung von
Sprache, Literatur und Bildung durch eine im städtischen, bald auch
im ländlichen Milieu sich assoziierende soziale Bewegung der Gebildeten [vgl. 179: W. STEINMETZ, Selbstbehauptung; 249: A. LINKE, Sprachkultur und Bürgertum; 168: I. McNEELY, Emancipation of Writing].

Marginal notes:
H.-U. Wehlers
Modernisierungs-
paradigma

„Neue Bürgerliche"

Da für den postulierten Sozialtypus des „neuen Bürgerlichen"
kaum empirische Anhaltspunkte vorlagen, konzentrierte sich der Bielefelder SFB zunächst auf die Erforschung einzelner Berufsgruppen im
Kontext ihrer fortschreitenden Professionalisierung [177: H. SIEGRIST,
Bürgerliche Berufe]. Das Konzept der Professionalisierung umfasst
den Erwerb berufsbezogenen Spezialwissens und die Entstehung von
Angebotsmonopolen professioneller Anbieter fachspezifischer Kenntnisse und Dienstleistungen. Es misst der Strategie sozialer Gruppen,
über einen „bürgerlichen Beruf" einen exklusiven gesellschaftlichen
Status zu erreichen, zentrale Bedeutung bei. Einige besonders profilierte Berufe verfügten über „Merkmale von Bürgerlichkeit", indem sie
politischen Einfluss, Allgemeinwissen und Prestige vermittelten: „Die
differentielle Teilhabe an knappen Gütern und zentralen Werten bestimmt sowohl die Zugehörigkeit zum Bürgertum als auch den Charakter der Profession" [177: H. SIEGRIST, Bürgerliche Berufe, 27 f; 75: P.
LUNDGREEN, Akademiker und „Professionen"]. Folgerichtig konzentrierten sich die Einzelprojekte des Bielefelder SFB zunächst auf die
Sozialgeschichte „bürgerlicher" Professionen. Zahlreiche Studien sind
erschienen, welche primär Auskunft geben über Ausbildung, Be-
rufskarrieren, Standesorganisationen sowie die gesellschaftliche Interessenwahrnehmung und Positionierung des organisierten Bildungsbürgertums. Die Ergebnisse wurden im Kontext eines vergleichend
angelegten Professionalisierungsansatzes in der Publikationsreihe
„Bürgertum" [23 Bände bis 2003] geschlossen präsentiert: Ärzte
[152: C. HUERKAMP], Architekten [139: E. BOLENZ], Rechtsanwälte
[176: H. SIEGRIST], Journalisten [173: J. REQUATE] und Ingenieure [166:
P. LUNDGREEN/A. GRELON] als Repräsentanten des „freien" Bildungsbürgertums; evangelische Pfarrer [153: O. JANZ; 160: F.-M. KUHLE-
MANN], Richter [151: C. VON HODENBERG], Patrimonialrichter [181:
M. WIENFORT] und Staatsbeamte [140: S. BRAKENSIEK] als Funktionsträ-
ger und Angehörige der „verstaatlichten Intelligenz". Im Verein mit der
auf die freie Entfaltung der Marktwirtschaft setzenden „Unternehmer-
Bourgeoisie" [137: R. BOCH, Rheinisches Wirtschaftsbürgertum; 142:
A. FLÜGEL, Kaufleute], über die vergleichsweise wenige Publikationen
angeregt worden sind, konstituierten sie die Kerngruppen des neuen
Bürgertums. Mit einer Ausnahme [169: T. MERGEL, Katholisches Bür-
gertum] blieb das katholische Bürgertum unberücksichtigt, da es per
definitionem nicht zu den Modernisierungseliten zählte.

Die numerische Insignifikanz und soziale Außenseiterrolle der
neuen Bürgerlichen gelten auch als Erklärung für die spezifische
„Schwäche" des deutschen Bürgertums in der machtpolitischen Ausein-

Vergleichende Professionalisie-rungsforschungen

Defizite und Sonder-wege des deutschen Bürgertums

andersetzung mit dem expansiven Obrigkeitsstaat. Allen voran ist es
J. KOCKA [Bürgertum und bürgerliche Gesellschaft, in: 157: DERS., Bürgertum im 19. Jahrhundert, Bd. 1], der dem deutschen Bürgertum ein
folgenschweres „Defizit an Bürgerlichkeit" zuschreibt und daran die
These der „deutschen Eigenarten" des Bürgertums – politische Unreife,
Irrationalismus, Innerlichkeit – knüpft. Mit gewissen Einschränkungen
bekräftigte er jüngst erneut die Vorstellung von einem „Sonderweg"
Deutschlands in die Moderne, an dessen Ende sich im Unterschied zu
den westlichen Gesellschaften keine freiheitliche Demokratie habe
entwickeln können [Bürgertum und Sonderweg, in: 165: P. LUNDGREEN,
Bilanz, 93–111; ähnlich früher schon 435: R. DAHRENDORF, Gesellschaft
und Demokratie in Deutschland]. Diese markante Position stützt sich im
Kern auf den Befund eines „Versagens" der deutschen „Bourgeoisie".
Das deutsche Bürgertum habe sich aristokratischen Lebensformen angepasst [143: U. FREVERT, Ehrenmänner] oder sei in tatenloser Innerlichkeit und Machtvergessenheit versunken. Bismarcks „Sozialimpe-
rialismus" folgend, habe es sich dem Systemmodell des Obrigkeits-
staats unterworfen [101: H.-U. WEHLER, Das Deutsche Kaiserreich
1871–1918]. Von einer dauerhaften Autoritätsfixierung gehemmt, habe

Kritiker der
Sonderwegsthese

sich das Bürgertum geradewegs in die Katastrophe des deutschen
Faschismus führen lassen – dieser Fundamentaldeutung deutscher (Bür-
gertums-)Geschichte [unter Akzentuierung des vom Bildungsbürgertum kultivierten „Reichsmythos" jüngst wiederbelebt durch 103: H.-A.
WINKLER, Der lange Weg nach Westen] ist aus angelsächsischer Perspektive besonders entschieden widersprochen worden [31: D. BLACK-
BOURN/R. J. EVANS, German Bourgeoisie; 32: D. BLACKBOURN/G. ELEY,
Mythen], mit dem Argument, dass die Strategien zur Durchsetzung
spezifisch bürgerlicher Klasseninteressen vielfältig gewesen seien und
einen „Königsweg der Modernisierung" durchaus nicht nahe legten.
Keineswegs habe das deutsche Bürgertum Machtverzicht zugunsten
seiner sozialen Klassenherrschaft geleistet. In partieller Kooperation
mit dem Obrigkeitsstaat seien vielmehr fundamentale Ziele erreicht, ein
modernes Rechtssystem, eine kapitalistische Marktordnung, eine kulturelle Infrastruktur und bürgerliche Verhaltensnormen, kurzum: eine
Verbürgerlichung der deutschen Gesellschaft durchgesetzt worden.

„Bürgerlichkeit"
statt „Bürgertum"

„Bürgerlichkeit" statt „Bürgertum" wurde im Bielefelder Forschungsprojekt zur zentralen Referenzkategorie, Max Webers Konzept
der „ständischen Vergesellschaftung" die gültige Definition der realge-
schichtlichen Konstituierung von Gemeinsamkeiten zwischen heterogenen Interessengruppen. Damit war eine Differenz zwischen Sein und
Bewusstsein angezeigt, die aus einer durchgängigen Spannung zwi-

schen der Partikularität bürgerlicher Sozialformen einerseits und der Homogenität kultureller Selbstentwürfe des Bürgertums auf der anderen Seite resultiere. „Bürgertum" erschien in der Bielefelder Forschungsperspektive als Historikerkonstrukt einer vermeintlich einheitlichen Sozialformation, während in Wahrheit äußerst disparate Lebenslagen bürgerlicher „Erwerbsklassen" existierten; „Bürgerlichkeit" hingegen als adäquate Kategorie, um gemeinbürgerliche Praktiken und habituelle Dispositionen zu erfassen. J. KOCKA profilierte in seiner grundlegenden Positionsbestimmung [Einleitung, in: 157: DERS., Bürgertum, Bd. 1] „Bürgerlichkeit" als universale Leitkategorie, die soziale Umgangsformen und das geistige Klima ganzer Gesellschaften geprägt habe. Insofern dieses Konzept sich auf eine säkulare Lebenseinstellung bezieht, besteht eine enge Verwandtschaft zwischen „Bürgerlichkeit" und der „bürgerlichen Welt- und Lebensanschauung", die B. GROETHUYSEN [146: Bürgerliche Weltanschauung] zur Kennzeichnung der veränderten Bewusstseinslage des „neuzeitlichen Menschen" eingeführt hatte.

In diesem Sinne war zum einen eine Kurzformel zur theoretischen Standortbestimmung des SFB markiert und zugleich eine methodische Grundentscheidung getroffen, Bürgertum nicht als soziale Formation, sondern als Ensemble habitueller Praxen und Wertsysteme zu erforschen. Mit der Festlegung von Merkmalen politischer, wirtschaftlicher, sozialer und kultureller Bürgerlichkeit seien Zielprojektionen aus der Kampfzeit bürgerlichen Emanzipationsstrebens zur normativen Richtschnur „richtigen" resp. „abweichenden" bürgerlichen Verhaltens im 19. Jahrhundert erhoben worden, so die grundsätzliche Kritik an dem Bielefelder Ansatz bei D. HEIN/A. SCHULZ [Einleitung, in 236: dies., Bürgerkultur; vgl. auch 180: R. VIERHAUS, Bürgerlichkeit, und die Kritik H. MOMMSENS, 303: Auflösung]. In der abschließenden Bilanz des SFB wird in Bezug auf diese Einwände weitgehend Abstand genommen von der Schwäche-Diagnose und der „realen" Durchsetzung bürgerlicher Normen und Werte, Kultur- und Rechtsformen im 19. Jahrhundert stärkeres Gewicht beigemessen. Unverändert Skepsis herrscht hingegen im Blick auf Versuche, Bürgertum als Sozialformation oder Handlungsgemeinschaft zu rekonstruieren. Die Ausgangshypothese sei vollauf bestätigt, der methodische Ansatz einer separaten Betrachtung sozialer Gruppen und Berufe des Bürgertums durch die Ergebnisse gerechtfertigt worden. Durch Besitz und Bildung in heterogene Lagen, Berufs- und Erwerbsklassen aufgespalten, sei das Bürgertum alleine über den Markt und den Anspruch auf „soziale Sonderschätzung" vergesellschaftet worden.

Kritik am methodischen Ansatz

Die Klassifikatoren
Wirtschaftsbürgertum/
Bildungsbürgertum   In der Annahme einer getrennten Sozialisierung von Wirtschafts-
und Bildungsbürgertum berührt sich der Bielefelder Forschungsansatz
mit den Ergebnissen des Arbeitskreises für moderne Sozialgeschichte.
Die von W. Conze/J. Kocka [141: Tl. 1: Bildungssystem und Professio-
nalisierung], J. Kocka [156: Tl. 4: Politischer Einfluß], R. Koselleck
[159: Tl. 2: Bildungsgüter und Bildungswissen] und M. R. Lepsius
[164: Lebensführung und ständische Vergesellschaftung] herausgege-
benen Bände „Bildungsbürgertum im 19. Jahrhundert" der Schriften-
reihe „Industrielle Welt" geben eine klassifikatorische Gliederung vor,
die zur Grundlage der Schwerpunktthemen der Bielefelder Bürgertumsforschung geworden ist. Während sich das Wirtschaftsbürgertum
durch das Merkmal der Nutzung von „Markt- und Kompetenzchancen"
definiere, beruhe die ständische Qualifikation des Bildungsbürgertums
auf dem Besitz von Bildungswissen. Sein hohes Prestige werde durch
den Anspruch legitimiert, universale „gesamtgesellschaftliche" Werte
und Verhaltensorientierungen zu repräsentieren, so M. R. Lepsius in
einem richtungweisenden Aufsatz [163: Vergesellschaftung; auch 72:
Bürgertum als Gegenstand der Sozialgeschichte]. Aus dem prätendier-
ten Bildungswissen resultiere eine bürgerliche Erziehung und Lebensführung, die normative Bedeutung erlangte und die gesellschaftliche
Führungsrolle der Bildungseliten in der bürgerlichen Gesellschaft begründete.

Die Relevanz des bildungsbürgerlichen Führungsanspruchs für
die Bürgertumsforschung hat L. Gall [47: Bürgertum in Deutschland]
grundsätzlich in Abrede gestellt. Fraglich sei bereits die Grundan-
nahme einer Fraktionierung zweier unterschiedlich sozialisierter Bür-
gergruppen. Von einer „strategischen Führungsrolle" des Bildungsbürgertums könne keine Rede sein, weil die Vertreter des Wirtschaftsbürgertums „klar die Szenerie" beherrschten. Weltläufige Kaufleute
wie die Bassermanns in Mannheim, das Hamburger oder Frankfurter
Handelsbürgertum waren als „gebildete Leute" zentral in den Prozess
ständischer Vergesellschaftung durch Bildung integriert. Sie prägten
überdies die bürgerliche Gesellschaft insgesamt durch ihr Leistungsethos und ein geradezu pathetisch gelebtes Ideal der Selbständigkeit.
Auch K. Tenfelde [93: Stadt und Bürgertum] kritisiert die artifizielle
Trennung zwischen Bildungs- und Wirtschaftsbürgern, die immer auch
Stadtbürger gewesen seien. „Im Stadtraum" sei „die soziale Realität von
Bürgertum und die spezifische bürgerliche Kompetenz" gleichsam be-
heimatet (S. 333). In Monographien einzelner Städte [vgl. 119: R. Koch,
Grundlagen bürgerlicher Herrschaft; 126: R. Roth, Frankfurt am Main]
wie in neueren Studien zur bürgerlichen Vereinskultur des 19. Jahrhun-

derts [zuletzt 240: S.-L. Hoffmann, Geselligkeit und Demokratie; 241: Ders., Freimaurerlogen] ist ebenfalls auf die gemeinsame kulturelle Praxis von Wirtschafts- und Bildungsbürgern verwiesen worden.

Ungeachtet empirischer Gegenbefunde hat sich die von der Bielefelder Forschergruppe postulierte Trennung des Bürgertums in differente Fraktionen und Lebensstile zumindest diskursiv etabliert. Im Übergang zum 20. Jahrhundert und der Ausbildung der Klassengesellschaft hätten diese Binnengrenzen allerdings an Bedeutung verloren, zumal das Bildungsbürgertum seine Definitionsmacht einbüßte. Mit dem Schlüsselbegriff der „Vergesellschaftung" und der gesellschaftlichen Modernisierung konnte abschließend, so die Bilanz des SFBs, ein „allmähliches Zusammenwachsen dieser [extrem heterogenen] ‚Bürgertümer' zu einem nationalen Bürgertum" erklärt werden. Es bleibe auch umgekehrt bei der zentralen Feststellung, dass mit dem Bürgerbegriff „in der Vormoderne keine eindeutig umrissene soziale Gruppe erfasst" werden könne [165: P. Lundgreen, Bilanz, 22–24].

Bilanz: Vergesellschaftung bürgerlicher Interessen

2.2 Stadtbürgertum

Zeitgleich mit dem Bielefelder SFB etablierte sich 1988 an der Universität Frankfurt am Main ein zweiter Schwerpunkt der Erforschung des neuzeitlichen Bürgertums. Das Frankfurter Bürgertumsprojekt „Stadt und Bürgertum im 19. Jahrhundert" untersuchte „die reale Entwicklung dessen, was von Anfang an das Substrat jenes [...] programmatischen Bürgerbegriffs war, nämlich des konkreten Bürgertums in den Städten" [109: L. Gall, Selbstverständnis, 619]. Es setzte an bei den Selbstdefinitionen von „Bürgertum" und untersuchte Interaktionen im sozialen und politischen Handlungsraum Stadt, in dem das alte wie das neuzeitliche Bürgertum seinen Mittelpunkt hatte. Für eine Auswahl von sechzehn Städten, die eine möglichst breite regionale Streuung und zugleich wichtige historische Strukturtypen repräsentieren sollten, wurden auf der Basis von Adressbüchern, Vereinsmitgliederlisten, Wähler- und Steuerverzeichnissen für die Stichjahre 1830, 1850 und 1870 mittels elektronischer Datenverarbeitungsprogramme umfangreiche Strukturdaten ermittelt. Auf diese Weise ließ sich die städtische Sozialstruktur präzise rekonstruieren und in einem zweiten Schritt über besonders gewichtete Merkmale wie Einkommen, Prestige und politische Aktivität ein Sozialprofil stadtbürgerlicher Eliten ermitteln [Zur Methode: 116: D. Hein, Forschungsprojekt]. Die für den Bielefelder SFB konstitutive Unterscheidung zwischen altständischen Stadtbürgern und bürgerlichen Modernisierungseliten wurde durch den me-

Methodischer Ansatz des Frankfurter Bürgertumprojekts

thodischen Zugang aufgehoben. Im sozialen Handlungs- und Erfahrungsraum Stadt seien Neubürger von den eingesessenen städtischen Führungsgruppen integriert worden, sofern sie die selbstgesetzten Konventionen der stadtbürgerlichen Gesellschaft beachteten. Bildung und Besitz waren gemeinsame zentrale Merkmale der Elitenzugehörigkeit, doch musste sich Bürgerlichkeit primär durch öffentliches Engagement bewähren.

Während die empirische Qualität der Grundlagenforschung des Frankfurter Projektes allgemeine Anerkennung fand, wurden die Schlussfolgerungen in Hinsicht auf den Prozess der Konstituierung des Bürgertums im Übergang zur Moderne im Einzelnen kontrovers diskutiert. [Dokumentation eines Symposiums zu den Thesen des Frankfurter Projekts in: 110: L. GALL, Übergang]. Zweifel wurden insbesondere geäußert an der Aufwertung des Stadtbürgertums im Prozess der Modernisierung von Wirtschaft und Gesellschaft. Über Gebühr gewichtet werde das Bündnis zwischen Handels- und Zunftbürgertum. Darin die Einheit stiftende Allianz des Stadtbürgertums gegen den Beamtenstaat zu sehen, sei übertrieben angesichts zunehmender sozialer Ungleichheit zweier Sozialgruppen, die allenfalls temporäre Konstellationen zuwege brachten. F. LENGER [70: Bürgertum, Stadt und Gemeinde] konfrontierte eine „harmonisierende Vorstellung" von der Einheit des vormärzlichen Bürgertums mit der „Realität" von Pauperismus und Klassengesellschaft. Er wies angesichts wachsender Interessengegensätze zwischen Eliten und mittelständischem Bürgertum auch den Begriff der „Solidarprotektion" [124: F. MÖLLER, Bürgerliche Herrschaft in Augsburg] ausdrücklich zurück. Zustimmung fand dagegen die klare Benennung eines wichtigen sozialen Entwicklungstrends: der Aufstieg des städtischen Handelsbürgertums zur führenden bürgerlichen Kraft während der Frühphase der Industrialisierung und dessen Rolle als Motor gesellschaftlicher Modernisierung. Dichte empirische Belege einer sozialkulturellen Dominanz des städtischen Wirtschaftsbürgertums relativierten die Bedeutung des Bildungsbürgertums, dessen vermeintliche Führungsrolle wiederholt als Erklärungsansatz für einen „Sonderweg" des deutschen Bürgertums – „gedankenvoll und tatenarm" (U. FREVERT) – in Anspruch genommen worden war [J. KOCKA, Einleitung, in: 157: DERS., Bürgertum, Bd. 1].

Felder der Übereinstimmung zwischen den konträren Forschungsansätzen Bielefelder und Frankfurter Provenienz eröffneten sich hinsichtlich der Einschätzung kultureller Wertsysteme, Weltbilder und Lebensformen. Kultur und Bildung überwölbten die Trennlinien zwischen sozial differenten Lebenslagen und ermöglichten eine ge-

Kritik der „Einheits"-These

meinbürgerliche Lebensführung [246: J. KOCKA/M. FREY, Bürgertum und Mäzenatentum; 238: M. HETTLING/S.-L. HOFFMANN, Wertehimmel]. Auch der forschungspraktische Bezug auf die Stadt als genuin bürgerlicher Handlungs- und Kommunikationsraum hat sich als sinnvoll erwiesen. Eine voreilige, letztlich methodisch bedingte Fragmentierung des Untersuchungsgegenstandes ließ sich so vermeiden. Neuere Untersuchungen über stadtbürgerliche Interaktionsfelder zeigten Grundlagen politischer „Bürgerlichkeit" [129: H.-W. SCHMUHL, Herren der Stadt; 150: M. HETTLING, Politische Bürgerlichkeit; 307: M. SCHÄFER, Bürgertum in der Krise] und gemeinsame kulturelle Praktiken bürgerlicher Sozialgruppen jenseits von Erwerbsinteressen und Konfessionsgrenzen auf [169: T. MERGEL, Katholisches Bürgertum; 118: S. KILL, Bürgertum in Münster; 134: R. ZERBACK, Residenzstadt als Bürgergemeinde]. Hingegen bleiben Differenzen bestehen, sobald es um konkrete Schlussfolgerungen in Hinblick auf die Entwicklungslinien der bürgerlichen Gesellschaft am Ausgang des 19. Jahrhunderts geht. Während die Frankfurter Bürgertumsforschung mit der Transformation des gemeinsamen Erfahrungs- und Handlungsraumes Stadt in großstädtische Agglomerationen die soziale Einheit des Stadtbürgertums zerfallen sieht, zieht der Bielefelder SFB eine gegenteilige Bilanz: „Die bürgerlichen Gemeinsamkeiten überwiegen, je länger, desto deutlicher, die Unterschiede im Bürgertum" [165: P. LUNDGREEN Bilanz, 28].

Eine Annäherung der Standpunkte zeichnet sich durch die fortschreitende Relativierung des Modernisierungsparadigmas ab. T. NIPPERDEY [82: Deutsche Geschichte, Bd. 2, 393 f.] hatte in seiner Gesamtdarstellung „harte" strukturelle Faktoren wie eine gesicherte Lebenslage gleichrangig neben „weiche" Merkmale eines bürgerlichen Wertesystems gestellt. Gemeinsamkeiten des Lebensstils, übereinstimmende politische und religiöse Glaubensüberzeugungen hervorhebend, legte er Wert auf eine empirische Konkretisierung bürgerlicher Lebensgewohnheiten. Es sei „kein Zufall, dass Bürger in bürgerlichen Wohnvierteln und einem bürgerlichen Einrichtungsstil wohnen, in Vereinen, Verkehrs- und Heiratskreisen zusammenleben". Im Sinne dieses Appells konnten seither insbesondere familienbiographische Fallstudien die Irrelevanz kategorialer Ausgrenzungen von Teilgruppen des Bürgertums und bestimmter „vormoderner" Verhaltensdispositionen belegen. R. HABERMAS' Untersuchung einer eingesessenen Nürnberger Kaufmannsfamilie demonstriert am Lebensweg des 1756 geborenen Paul Wolfgang Merkel, wie sich „beharrende und dynamische Momente" im Stadtbürgertum vereinigten [193: Frauen und Männer, 3]. Einerseits sozialisiert im Nürnberger Stadtbürgertum, andererseits ein

Grundlagen bürgerlicher Lebensführung

Annäherung der Forschungspositionen

„Bürgerlicher" und Aufsteiger, „so, wie ihn Wehler versteht", führt sie ihren Protagonisten als erfolgreichen Handelsbürger und Unternehmer vor, der gleichwohl unermüdlich gegen die „unersättliche, riskante Erwerbssucht" zu Felde zieht und das mittelständische Ideal der „auskömmlichen Nahrung" für alle Bürger verteidigt.

Regionale Bürger- Zu einem differenzierten Gesamtbild gelangen auch die Beiträge
tumsforschung des von H.-W. HAHN eingeleiteten Sammelbandes über das „Bürgertum in Thüringen" [114: H.-W. HAHN/W. GREILING/K. RIES]. Einmal mehr erweist sich hier die Produktivität des methodischen Ansatzes, typische Lebenswege des Bürgertums in engem Bezug zur Mentalität (klein-) städtischer Lebenswelten vergleichend darzustellen. Obgleich die einzelnen Beiträge des Sammelbands höchst differente bürgerliche Karrieren repräsentieren, ermöglicht der Vergleich dennoch ein stadtbürgerliches Sozialporträt von allgemeiner Aussagekraft. Soziale Aufstiegschancen und ökonomische Interessen ließen sich letztlich nirgendwo besser realisieren als im städtischen Lebensraum. Divergenten politischen Handlungsstrategien eröffneten sich immer wieder lokale Gestaltungsräume für Kompromisse, die durch gemeinsame kulturelle Werthaltungen und soziale Vermittlungsebenen befestigt wurden. Insoweit bot die Lebenswelt Stadt auch im Blick auf das unspezifische Gemeinwohlpostulat ein den Entstehungsbedingungen des Bürgertums geradezu ideales Umfeld.

Ein äußerst bewegliches System von Anforderungen und Leistungen, so lässt sich der durch die Großprojekte zur Erforschung des neuzeitlichen Bürgertums erzielte Erkenntnisgewinn bilanzieren, der es erlaubte, „vormoderne", altständische Orientierungen mit Innovations- und Risikobereitschaft zu verbinden; ein vom Stadtbürgertum beherrschtes Ausgleichssystem, das den Einzelnen wie einzelne Sozialgruppen über weite Strecken des 19. Jahrhunderts hinweg davor schützte, ständische Privilegien schlagartig den unumgänglichen Anpassungszwängen der industriellen Gesellschaft opfern zu müssen.

2.3 Bürgerliche Familiengeschichten

Ältere Familiengeschichten verfolgten die Absicht, am „Einzelschicksal" einer Familie Grundtendenzen der Zeit zu erkennen [224: G. FREYTAG, Bilder; 87: P. E. SCHRAMM, Neun Generationen]. Eine besonders dichte biographische Überlieferung ermöglichte SCHRAMMS erzählende Rekonstruktion der sozialen „Umwelt" einer Hamburger Bürgerfamilie. Ansätze, eine bürgerliche Kulturgeschichte aus dem „Mikrokosmos eines Familienkreises" zu entwickeln, wurden im Zeichen des strukturalistischen Paradigmenwechsels zunächst nicht weiterverfolgt. L. GALLS „Familiengeschichte in allgemeiner Absicht" [47: Bürgertum in Deutschland] signalisierte eine Wende, die mit der Anthropologisierung der Geschichtswissenschaften eingetreten war. Strukturgeschichte und biographische Erzählung verbindend, wurde der umfassende Anspruch auf geistige und materielle Selbständigkeit zur leitenden Perspektive der Interpretation. Selbständigkeit als konstituierendes Merkmal einer bürgerlichen Aufsteigerschicht, darin manifestierte sich die politisch-kulturelle Grundhaltung und regulative Idee bürgerlichen Handelns. Universal und „klassenlos" in ihrer utopischen Zielsetzung, sei die Bürgergesellschaft anfangs auch in der sozialen Praxis prinzipiell offen für Aufsteiger gewesen. Dieser Einschätzung ist mit dem Hinweis auf durchgängige Interessendivergenzen und disparate Lebenslagen widersprochen worden. Das postulierte Verlaufsmodell einer Bürgertumsgeschichte von Blüte und Niedergang berge zudem die „Gefahr einer harmonisch verklärenden Sichtweise" jener goldenen Aufbruchphase zwischen Aufklärung und der Revolution von 1848 [43: U. FREVERT, Bürgertumsgeschichte, 499; vgl. 92: J. SPERBER, Studies].

L. Galls Familiengeschichte des Bürgertums

Eine Analyseebene tiefer setzt R. HABERMAS' Arbeit über eine Nürnberger Kaufmannsfamilie an [193: Frauen und Männer]. In der Absicht eine „historisch-anthropologische Geschlechtergeschichte des Bürgertums" zu schreiben, stehen die Lebensführung, der Alltag aus Arbeit, Geselligkeit und Familie im Mittelpunkt. In einer kreativen Spannung zwischen Leitbildern und Praktiken, zwischen bürgerlichen Werten und ihrer aneignenden Umsetzung konstituiert sich für Habermas die Lebenswelt des Bürgertums. Die bürgerliche Familie erscheint hier nicht primär als Ressource von Lebenschancen, sondern als zivilisatorischer Kernraum einer neuen Gesellschaftsordnung. Frauen und Männer nahmen zwar getrennte Aufgaben wahr, verstanden sich aber gleichermaßen als Kulturträger und Repräsentanten einer normativen Werteordnung.

Von besonderer Bedeutung für die Fundierung und Tradierung von Werten, Normen, Verhaltensweisen der bürgerlichen Gesellschaft ist die jüdische Familiengeschichte. E. KRAUS' exemplarische Darstellung der Familiengeschichte Mosse arbeitet klar die zentrale Funktion der Familie für das jüdische Bürgertum heraus [199: Familie Mosse; vgl. 196: A. HOPP, Jüdisches Bürgertum; 359: M. GEBHARDT, Familiengedächtnis]. Familiäre Verbindungen und *social networks* lieferten die entscheidende Voraussetzung für das „assimilationswillige deutsch-jüdische Bürgertum", dessen aufstiegs- und erfolgsorientiertes Verhalten stellvertretend für das wilhelminische Bürgertum der Jahrhundert-

Forschungen zum jüdischen Bürgertum

wende stehe. Zugleich erhebt sie die Frage nach der spezifischen „Formung" verschiedener, sich teils kreuzender Loyalitäten bzw. Variationen jüdischer Identität zwischen Orthodoxie, Liberalismus und Zionismus, die jeweils über die Position in jüdisch-deutschen Honoratiorenkreisen entschieden. Und drittens sei die Familie ein Wert an sich, ein emotionaler Rückzugsraum, bürgerliche Lebensgewohnheit schlechthin gewesen. Nicht die abstrakte Zuordnung zum „Bildungs"- oder „Wirtschaftsbürgertum", sondern die konkrete Zugehörigkeit zu einer bürgerlichen Familie bestimmte Lebenswelt und gesellschaftlichen Rang der Mosses. Von der Familientradition leiteten sich bestimmte Praktiken, Interessen und Initiativen wie Vereinsmitgliedschaften oder Stiftungsaktivitäten, mithin allgemeinbürgerliche Verhaltensnormen und die „Interdependenz von Bürgertum und Judentum" her.

Kontroverse Deutung jüdischer Bürgertumsgeschichte
Dezidiert lehnt E. KRAUS deshalb das von S. VOLKOV [98: Verbürgerlichung; 97: Juden in Deutschland] und in abgeschwächter Intensität auch von A. HOPP vertretene Konzept einer „jüdischen Bürgerlichkeit" bzw. „jüdischen Lebenswelt" im Sinne eines separaten Habitus und eines distinkten „jüdisch-bürgerlichen Freundes- und Verwandtenkreises" ab [196: A. HOPP, Jüdisches Bürgertum, 235]. Erst unter dem Druckkessel antisemitischer Diskriminierung hätten sich separate jüdische Organisationen wie der 1893 gegründete *Centralverein* als kulturelle Vergesellschaftungen eines „jüdischen Bürgertums" formiert, das aber auf seine gesellschaftliche Integration bedacht war. Zu vergleichbaren Ergebnissen gelangt M. A. KAPLAN [197: Jüdisches Bürgertum] in ihrer Familien- und Frauengeschichte des jüdischen Bürgertums. Stärker als ihre Männer hätten jüdische Frauen die Bewahrung jüdischer Religion und Tradition mit der Loyalität zur deutsch geprägten bürgerlichen Kultur verbunden. Im Blick auf diese widersprüchliche Rolle gelten ihr jüdische Frauen in zweifacher Hinsicht als Kulturträgerinnen familiärer Häuslichkeit und Protagonistinnen „moderner jüdischer Identität". Insofern sie der Geschlechterperspektive analytische Bedeutung für die Geschichte des jüdischen Bürgertums zumisst, treffen sich Kaplans Ergebnisse mit einer allgemeinen Entwicklungsströmung der neueren Bürgertumsforschung.

2.4 Geschlechtergeschichte

In der Bürgertumsforschung geht es inzwischen nicht mehr um die Emanzipation einer „Geschichte der Frauen" innerhalb einer männlich dominierten Geschichtsschreibung bzw. um die getrennte Darstellung von „Frauen-Geschichte" als „Lesart der Geschichte" [191: U. FRE-

VERT, Frauen-Geschichte; 189: Mann und Weib], sondern um die Profi-
lierung weiblicher Gestaltungsräume. Die ältere, feministisch moti-
vierte Frauenforschung und Familiensoziologie war primär an der
Rekonstruktion historischer Diskursformationen einer „Geschlechter-
polarität" [grundlegend 57: K. HAUSEN, Polarisierung der Geschlechtscharaktere; 192: U. GERHARD, Verhältnisse und Verhinderungen] und an
deren sozialgeschichtlichen Ausprägungen [205: H. ROSENBAUM, Formen der Familie] interessiert. Besonders in der bürgerlichen Familie,
Handwerk und Kleinhandel ausgenommen, seien geschlechtsspezifische „Wesensmerkmale" von Kindesbeinen an, als „archetypische
soziale Unterscheidung" [189: U. FREVERT, 8] präformiert, durch die
einseitige Zuschreibung vermeintlich männlicher „Veranlagungen" zu
Rationalität und Aktivität die Dissoziation von Erwerbsarbeit und Familienleben erst begründet worden. Konstruktionen komplementärer
weiblicher Geschlechtstugenden reservierten Frauen eine passive, auf
den Haushalt begrenzte Rolle. Das bürgerliche Familienideal von Einheit und Harmonie in der Ehegemeinschaft verdeckte die partielle
Trennung der Lebenswelten von Bürgerinnen und Bürgern. In der
höheren Töchterschule sei dieser Prozess der geschlechtsspezifischen
Bildungssozialisation institutionalisiert, der Anschluss an die familiäre
und die Elementarschule vollzogen worden. Während der öffentliche
Aktionsradius von Frauen begrenzt blieb, war zugleich der gesellschaftliche Status von Frauen als Kulturvermittlerinnen im bürgerlichen Haus neu normiert worden. Ihre Aufgabe bestand darin, das
moralische und kulturelle Kapital der bürgerlichen Gesellschaft zu ver-
walten, das zeigen neuere Arbeiten der Bürgertumsforschung [252:
G. METTELE, Geselligkeit].

Auf einer mittlerweile profunden Erkenntnisbasis über den Frauenalltag
im 19. Jahrhundert betrachten U. FREVERT [190: Bürgerinnen und Bürger; 189: Mann und Weib], U. PROKOP [203: Illusion] und R. HABERMAS
[193: Frauen und Männer] die Differenz separat gelebter Geschlechter-
Identitäten als gesellschaftliches Ordnungsprinzip. Unter dem Einfluss
der nordamerikanischen *gender history* zentriert sich die Sozial- und
Bürgertumsgeschichte um die „Ordnung der Geschlechter" als leitenden Interpretationsansatz. Begründet wird dieser Paradigmenwechsel
mit dem moralischen Imperativ, Frauen in der Geschichte sichtbar werden zu lassen [187: R. BRIDENTHAL, Becoming visible]. Belege für eine
historisch bedingte Nichtwahrnehmung weiblicher sozialer Identität
seien zahlreich. Zentrale Interpretationsschemata wie der Klassenbegriff seien um die Gender-Dimension zu erweitern, weil „bürgerliche
Frauen mit ihrer Klasse loser verbunden waren als bürgerliche Männer"

Bürgerinnen und Bürger

Von der „Frauen-Geschichte" zur Gender-History

(U. FREVERT). Bürgertumsgeschichte müsse, so der radikale Anspruch, unter dem Leitbegriff Geschlecht neu entworfen werden.

Gegen einen „geschlechterabhängigen Bürgertumsbegriff" wendet sich innerhalb der Bürgertumsforschung eine jüngere, von der Frauen- zur Geschlechtergeschichte fortschreitende Forscherinnengeneration. Sie kritisiert vor allem, dass zentrale Dimensionen weiblichen Sozialprestiges und Einflusses in Abrede gestellt würden, so etwa die Rolle der Frauen bei der Sozialisation von Männern in der Familie [188: G. BUDDE, Weg ins Bürgerleben], Mitgestaltungsmöglichkeiten im öffentlichen Raum und „affektive Kapitalressourcen", die zur Vergemeinschaftung des Bürgertums allgemein beitrugen [201: U. MACHTEMES, Trauer und Pathos; 207: A.-C. TREPP, Sanfte Männlichkeit]. M. A. KAPLAN [197: Jüdisches Bürgertum] hebt die konstitutive Bedeutung jüdischer „Frauen als Schöpferinnen bürgerlicher Kultur" hervor. K. WOLFF [208: Stadtmütter] und C. LIPP (Hrsg.) [Schimpfende Weiber und patriotische Jungfrauen. Frauen im Vormärz und in der Revolution? 2. Aufl. Baden-Baden 1998] analysieren verschiedene Bereiche politischer Partizipation von Frauen. Sie widerlegen gängige Auffassungen über fehlende Wirkungsmöglichkeiten von Frauen und zeigt, wie diese verstärkt seit 1860 als Vereinsgründerinnen, Stifterinnen und als stellvertretend handelnde Repräsentanten ihrer Familie hervortraten. B. KUHN [200: Familienstand: Ledig] korrigiert allzu schematische Vorstellungen von der sozialen Relevanz zeitgenössischer Grenzdefinitionen konformen Verhaltens, indem sie die Existenzformen Lediger aus ihren Autobiographien rekonstruiert. Sie gelangt zum Ergebnis, dass die polare Anordnung der Geschlechtscharaktere „situativ variabel" praktiziert wurde. Ein „ideologischer Grundpfeiler der bürgerlichen Gesellschaft" sei „ins Wanken" geraten, weil die Erwerbstätigkeit lediger Frauen, die Haushaltsarbeit allein stehender Männer und generell die Existenzform *Single* seit den 1860er Jahren stark zunahm [vgl. 390: G. GRÖTZINGER, Das Single; 389: S. GRÄBE, Lebensform Einpersonenhaushalt].

Kräftige Korrekturen werden infolgedessen angebracht an gängigen Vorstellungen von der „bürgerlichen Familie", wie sie in den normativen Selbstentwürfen des Bürgertums gepflegt wurden. Keineswegs sei das „Arbeitspaar" der Frühen Neuzeit von neuen bürgerlichen Verhaltensmustern der Zuneigung abgelöst worden, wie H. ROSENBAUM [205: Formen, 285] oder P. GAY [226: Zarte Leidenschaft] meinten. Beziehungen bürgerlicher Eltern zu ihren Kindern wurden nicht „inniger", die Kindheit nicht erst in der Aufklärung entdeckt. Der zuletzt von A.-C. TREPP [207: Sanfte Männlichkeit] bekräftigten Emotionalisie-

Erforschung weiblicher Handlungsräume

Revision des Modells der patriarchalischen Familie

rungsthese widerspricht R. Habermas [193: Frauen und Männer]. Unhaltbar geworden ist das einseitige Bild einer auf Subordination und patriarchalischer Herrschaft beruhenden bürgerlichen Ehe. Gegen das von ihr selbst einst maßgeblich bestimmte Modell einer hierarchischen Geschlechterordnung führen K. Hausen [195: Geschlechterhierarchie; dagegen 57: Dies., Polarisierung], S. Kill [118: Bürgertum in Münster] und G. Mettele [123: Bürgertum in Köln; Dies., 252: Geselligkeit] die wachsenden Gestaltungsräume bürgerlicher Frauen und die Gemeinsamkeit des bürgerlichen Konzepts der Partnerehe an. Dem Strukturwandel der Geschlechterverhältnisse sei die positive Umdeutung vermeintlich defizitärer Geschlechtsmerkmale wie Emotionalität und Herzensbildung vorausgegangen.

2.5 Bürgerliche Werte und Lebensformen

Die Erforschung bürgerlicher Werte und Lebensformen hat lange im Zeichen einer vermeintlichen Feudalisierung bzw. Aristokratisierung des Bürgertums gestanden. Der Lebensstil des Adels, adlige Formen der Status-Repräsentation seien insbesondere für das Wirtschaftsbürgertum maßgebliche Leitbilder gewesen. Diese Anpassung habe sich in der bürgerlichen Vorliebe für Landbesitz, im Erwerb adliger Rittergüter, in der Ausgestaltung großbürgerlicher Wohnkultur in ausgedehnten Parklandschaften und einer historisierenden Schlossarchitektur geäußert; Einstellungen und Verhaltensnormen, Formen der Konfliktaustragung wie die Übernahme eines adligen Ehrenkodex („Satisfaktionsfähigkeit") seien durch die Adelskultur geprägt worden. Im Kaiserreich hätten sich Unternehmer und höhere Beamte aristokratischen Lebensformen angenähert, hätten ihre gewaltigen materiellen Erfolge durch Nobilitierungen, Reserveoffizierspatente und kaiserliche Orden zu veredeln gestrebt [101: H.-U. Wehler, Kaiserreich; 184: F. Zunkel, Unternehmer].

Feudalisierungsthese

Unter der Sozialkategorie des „Unternehmers" subsumiert, galten in der Historischen Sozialwissenschaft führende Repräsentanten des Handels-, Industrie- und Finanzkapitals als Prototypen des modernen Bürgertums. Der wirtschaftlich selbständige Bürger avancierte zum bürgerlichen Sozialtypus, mit Ausnahme der dem „Kleinbürgertum" zugeschlagenen Handwerksmeister verkörperte er den Kern des Bürgertums. Zu den Inklusionskriterien fortschrittlicher Bürgerlichkeit zählten Selbständigkeit, Unternehmungsgeist, Risikofreude, Erfolgsstreben und Leistungsbewusstsein: „Wirtschaftliche Tätigkeit war bürgerliche Tätigkeit; wer sie selbständig betrieb, gehörte zum Bürger-

Bürgerliche Eliten

tum" [148: H. HENNING, Das westdeutsche Bürgertum, 80; zur semantischen Begriffsveränderung 117: H. KAELBLE, Berliner Unternehmer,
126 ff.]. Einen vergleichbar aufwendigen Lebensstil leistete sich die
höhere akademisch gebildete Beamtenschaft. Obgleich wirtschaftlich
unselbständig, zählte auch sie kraft ihrer durch staatliche Alimentation
gesicherten „standesgemäßen Lebensführung" zum Bürgertum. Sozialer Status und aristokratische Lebensformen, engste soziale Klientelbe-
ziehungen und die weitgehende Übereinstimmung der Herrschaftsinte-
ressen hätten Unternehmer und hohe Beamtenschaft, so H. HENNING,
zur bürgerlichen Elite des Kaiserreiches verschmolzen. F. ZUNKEL war
in seiner Untersuchung der rheinisch-westfälischen Unternehmerschaft
zu ähnlichen Bewertungen gelangt. Soziale Herkunft, Bildungswege,
Heiratsverbindungen und geschäftliche Interessenlagen hätten selbständige Akademiker, insbesondere den freien Berufsstand der Rechtsanwälte, mit den Familien des Großkapitals verbunden [184: Unternehmer; 183: DERS., Verhältnis]. Unter dem strukturalistischen Paradigma
der Historischen Sozialforschung ergaben sich Mitte der 1970er Jahre
klare Konturen: eine großbürgerlich-aristokratische Elite aus Besitz
und Bildung verfügte als homogene (Markt-)Klasse über die Ressourcen von Geist und Kapital. Ihre Werte und Praktiken konstituierten Lebenswelten, die maßgeblich waren für das Bürgertum des kaiserlichen
Deutschland.

　　　　Werner Sombart hatte den Anteil jener wirtschaftlich exponierten,
kulturhegemonialen „Bourgeoisklasse" im Kaiserreich auf gerade einmal 3 bis 5% der Gesamtbevölkerung geschätzt [Die deutsche Volkswirtschaft im 19. Jahrhundert und im Anfang des 20. Jahrhunderts.
7. Aufl. Berlin 1927]. Auf empirisch schmaler Basis, am Verhalten
einer zahlenmäßig wenig ins Gewicht fallenden Elite war die weit rei-
chende Schlussfolgerung einer Feudalisierung bzw. Aristokratisierung
des *deutschen* Bürgertums entwickelt worden. Mit der Neubewertung
des Kaiserreiches und der damit verbundenen Revision der Sonderweg-
These wurde auch das Verhältnis von Adel und Bürgertum einer fundamentalen Neuinterpretation unterzogen. H. KAELBLE [154: Französisches und deutsches Bürgertum] hatte in einer vergleichenden Studie
darauf hingewiesen, dass soziale Verflechtungen unter aristokratischen
Vorzeichen zwischen Bürgertum und Adel auch in Frankreich zu beobachten seien. D. BLACKBOURN/G. ELEY argumentierten zuvor schon
grundsätzlicher, es hieße Form und Inhalt verwechseln, wenn man bürgerliche Nobilitierungen als Ausdruck innerer Akzeptanz feudaler
Werte interpretiere. Reichtum und Macht in altadligen Prunkformen
und Luxussymbolen darzustellen, sei kein Zeichen anpassungswilli-

(Marginalie:) Neuinterpretation des Verhältnisses von Adel und Bürgertum

ger Subordination, sondern typisches Verhalten von Aufsteigern, die sich der vorhandenen Stilelemente gesellschaftlicher Eliten bedienten [32: D. Blackbourn/G. Eley, Mythen]. Auf die „wealthy business elite of Wilhelmine Germany" zielend, wies schließlich D. L. Augustine [135: Patricians and Parvenues] jeglichen Gedanken an eine aristokratische Akkulturation des Bürgertums zurück. Vom Adel adaptierte Verhaltensformen seien bürgerlich umgestaltet, das adlige Landleben auf dem Rittergut etwa als gesunder, naturnaher Zweitsitz im Sinne der Moderne ganz neu definiert worden. C. Bürger hatte in einer älteren Studie [216: Bürgerliche Institution Kunst] die Vorbildfunktion des Adels als maßgeblich für bürgerliche Verhaltensmuster im Bereich von Kunst und kulturellen Praktiken bezeichnet. Die Emanzipation des bürgerlichen Künstlers vom fürstlich-adligen Gönner sei das Ergebnis eines „Strukturwandels des Mäzenatentums" im 19. Jahrhundert, das den Verlust kultureller Hegemonie des Adels deutlich werden lasse. W. Grasskamp [228: Museumsgründer] hingegen sieht die Initiative um 1800 noch beim Adel liegen, der das aufsteigende Bürgertum durch Kunstmäzenatentum habe erziehen, bilden und integrieren wollen.

Eine umfassende Bilanz der Sonderwegdebatte ziehen H. Reif [Einleitung, in: 84: Ders., Adel und Bürgertum] und E. Fehrenbach [42: Adel und Bürgertum]. Reif relativiert behutsam die Kritik an der Feudalisierungsthese, indem er für das Kaiserreich eine sozialkulturelle Angleichung zwischen kapitalistischen Unternehmern des Adels und des Wirtschaftsbürgertums skizziert. Tatsächlich hätten sich auf der Basis einer „adlig-bürgerlichen Reichtumsaristokratie" Gemeinsamkeiten der Lebensformen entwickelt, die in einem politischen Elitenbündnis Ausdruck fanden. H. Reif korrigiert verbreitete Vorstellungen über die aristokratische Lebensführung des Adels, dessen materielle Ressourcen doch eher gering gewesen seien. Seine Schlussfolgerung, anknüpfend an D. Blackbourn lautet, dass keine Feudalisierung des Bürgertums, sondern eine „Verbürgerlichung" des Adels stattgefunden habe „im Bewusstsein eines letztlich bleibenden Nebeneinanders" (24).

H. Reifs Relativierung der Feudalisierungsthese

Gegen das strukturalistische Paradigma einer an Klassenlage, Lebensführung und ständischer Vergesellschaftung orientierten Sozialgeschichte etablierte sich Ende der 1980er Jahre unter der Sammelbezeichnung „Kulturgeschichte" eine Forschungsrichtung, die sich primär kulturanthropologischen Methoden verschrieben hat. Mit C. Geertz Kulturbegriff [Dichte Beschreibung, Frankfurt am Main 1983] wendet sie sich erkenntnistheoretisch gegen den Dualismus von Subjektivität und Objektivität. Sie verabschiedet die Kategorie einer „objektiven Realität" als Quelle sozialwissenschaftlich-historischer Her-

Die hermeneutische Wende der „Kulturgeschichte"

meneutik in den Bereich historistischer Selbsttäuschung einer über-
wundenen positivistischen Wissenschaftstradition. Stattdessen gelte es,
die Welt der Dinge in der Rekonstruktion von Diskursen, Werten,
Semantiken, Symbolsystemen und kulturellen Praktiken zu verstehen,
die als Bedeutungszuschreibungen entschlüsselt werden müssten. Bürgertum und bürgerliche Kultur, so M. HETTLINGS Kritik an D. HEIN/
A. SCHULZ [Einleitung, in: 236: DIES. Bürgerkultur], lasse sich weder
durch soziale Merkmale und ökonomische Grundlagen, noch als „kul-

Die Konzepte
„Lebenswelt" und
„Bürgerlichkeit"

turelle Alltagspraxis" bestimmen. Als „idealtypisches Regelsystem von
Werten und Handlungsmustern" um 1800 entstanden, sei bürgerliche
Kultur nur als „Bürgerlichkeit" und „Bürgerlichkeitsethik", als er-
strebte Kombination von Eigenschaften sozial präsent gewesen. Bürgerlichkeit perpetuiere sich in sozialen Praktiken, Bürgertum hingegen
konkretisiere sich „als Ensemble von Sozialformationen mit relativ klar
von anderen Gruppen abgrenzbaren Wertorientierungen und Verhaltensmustern" [M. HETTLING, Bürgerlichkeit als kulturelles System,
in: 165: P. LUNDGREEN Bilanz, 322 f., 327]. Ob soziale „Gruppe" oder
kulturelles Wert-„Ensemble", die Arbeiten von M. HETTLING [150: Politische Bürgerlichkeit], W. KASCHUBA [155: Deutsche Bürgerlichkeit]
und P. SARASIN [127: Stadt der Bürger] verbindet der Ansatz, Bürgertum
in dem semantischen Konstrukt „Bürgerlichkeit" aufzuheben und von
homogenen Sozialformationen wie Adel und Arbeiterschaft terminolo-
logisch zu unterscheiden. Letztlich existierten bürgerliche Selbstbeschreibungen und soziale Praktiken bürgerlicher Vergemeinschaftung
in Vereinen, Netzwerken, Verbänden oder Parteien nur als verbindliche
kulturelle Werte- und Verhaltenssysteme, die höchst disparate Lebens-
ordnungen vermittelten, und in „der Gemeinsamkeit als Kulturwesen"
(M. HETTLING).

Grundsätzlich beruht die anhaltende Skepsis gegenüber einer im
Konzept der „Lebenswelt" begründeten Erforschung kultureller Praktiken des Bürgertums in der Betonung heterogener Lebenslagen seiner
Teilgruppen. Die Bewertung dieser Heterogenität fällt äußerst kontrovers aus. Sie reicht vom konsequenten Verzicht auf den Begriff „Bürgertum" als analytische sozialhistorische Kategorie (Hettling) über
die Kennzeichnung seines amorphen Charakters („Sonderformation";
Wehler) bis zum Versuch, Konstituierungsfaktoren bürgerlicher Verge-

Vergesellschaftung
versus Vergemein-
schaftung

meinschaftung zu benennen (Gall). Während M. R. LEPSIUS die „ständische Vergesellschaftung" von Interessen und Wertorientierungen
mittelständischer Gruppen des Wirtschafts- und Bildungsbürgertums
„zu sozialen Einheiten" konstatiert [72: Bürgertum als Gegenstand der
Sozialgeschichte, 80], sieht J. KOCKA [Bürgertum und bürgerliche Ge-

sellschaft, in: 157: DERS., Bürgertum, 11–79] das neuzeitliche Bürgertum weniger als Klasse denn über eine gemeinsame „Kultur und
Lebensführung" integriert. KOCKA benennt als Kriterien gemeinsamer
kultureller Alltagspraxis die „Hochschätzung individueller Leistung",
eine rationale und methodische Lebensführung, Ideal und Praxis der
Selbständigkeit in Beruf und öffentlicher Tätigkeit und ein „besonderes
Familienideal" [27 f.; vgl. dazu 185: F. J. BAUER, Bürgerwege und Bür-
gerwelten]. Kultur wird somit vom Überbauphänomen einer Klasse
zum neuen Definitionsmerkmal in sich vielfältiger bürgerlicher Teilgruppen, deren postulierte Einheit bis dahin primär durch sozioökono-
mische Klassifikationen, nach der Position im Produktionsprozess und
der daran geknüpften „Klassenlage" bestimmt worden war. Und doch
bleibe Bürgertum, so die übereinstimmende Feststellung Kockas wie
Lepsius', vor allem durch die sozialen Abgrenzungsmerkmale Besitz
und Bildung wie durch den universalen kulturellen Normierungs-
anspruch von anderen gesellschaftlichen Formationen unterscheidbar.

Die Klärung der theoretischen und methodischen Ausgangspositionen hat die Voraussetzung geschaffen für eine intensive Erforschung
der Formen sozialer Vergemeinschaftung, kulturellen Praktiken und
Wertorientierungen. Anstöße kamen von älteren Studien über den kulturellen Wandel seit der Spätaufklärung. R. VIERHAUS [180: Bürgerlichkeit; 96: Bildung], J. SCHLUMBOHM [174: Freiheit] und zuletzt M. MAU-
RER [167: Biographie des Bürgers] beschreiben die Emanzipation des
Bürgertums und die Entstehung einer bürgerlichen Weltanschauung im
Spiegel zentraler Leitwerte, Selbstdefinitionen und Begriffe [vgl. auch
85: M. RIEDEL, Bürger; U. HERRMANN, 237: Bildung]. In einer vergleichend angelegten Studie über die Sozialisationswege englischer und
deutscher Bürgerkinder hat G.-F. BUDDE [188: Wege ins Bürgerleben]
auf empirisch breiter Grundlage die Konstituierung bürgerlicher Lebenswelten eindrucksvoll bestätigt. In bislang unerreichter Dichte wer-
tet sie autobiographische Rekonstruktionen bürgerlicher Kindheiten
aus, deren Deutungsmuster in hohem Maße übereinstimmen. Obgleich
das Quellenmaterial zwangsläufig bildungsbürgerliche Selbstwahrneh-
mungen reproduziert, wird die normative Perzeption der bürgerlichen
„Kernwerte" Bildung, Selbständigkeit und Leistung in allen Lebens-
zusammenhängen deutlich. In Familie und Schule wurde Bürgertum im
„Bewusstsein des Andersseins" (Ebd.: 330) als kulturtragende Elite sozialisiert [vgl.: 136: H. BERGHOFF/R. MÖLLER, Unternehmer].

Ein Schwerpunkt der Erforschung bürgerlicher Lebenswelten
kristallisiert sich um Verein und Geselligkeit als zentralen Ort und
Grundform bürgerlichen Handelns. Deutlich tritt der Prozess der sozia-

*Bürgerliche Werte
und Selbstwahrneh-
mungen*

*Forschungen zum
bürgerlichen Verein*

len Öffnung und Erweiterung der gelehrten Gesellschaften der Aufklärung zum allgemeinen Verein der bürgerlichen Gesellschaft hervor [grundlegend hierzu: 255: T. Nipperdey, Verein als soziale Struktur, und 53: W. Hardtwig, Genossenschaft, Sekte, Verein; vgl. 218: O. Dann, Vereinswesen; 251: T. Maentel, Geselligkeitskultur; zuletzt 234: D. Hein, Kultur der Geselligkeit]. Ausgehend von der Assoziationsbildung um 1800, der Entfaltung [230: W. Hardtwig, Strukturmerkmale; 281: F. Zunkel, Kommunikation; 269: M. Sobania, Regeln und Formen] und der weiteren Ausdehnung des bürgerlichen Vereins nach 1850 [272: K. Tenfelde, Entfaltung] wurden Leitvorstellungen bürgerlicher Ordnung, die Umsetzung zentraler Ziele und die Verbreitung zentraler Werte zum Gegenstandsbereich der Bürgertumsforschung. Der fundamentale Prozess der Vereinsbildung gilt inzwischen als sozialkulturelle Konkretisierung der Bürgergesellschaft im 19. Jahrhundert, als Strukturprinzip einer liberalen Gesellschaft [68: D. Langewiesche, Liberalismus und Bürgertum]. Zuletzt hat S.-L. Hoffmann [241: Freimaurerlogen] am Beispiel der Freimaurerlogen noch einmal den universal-moralischen Ordnungs- und kulturellen Hegemonieanspruch des Bürgertums über das lange 19. Jahrhundert hinaus präzise herausgearbeitet. Er kontrastiert das klassenlose, weltbürgerliche Gesellschaftsideal mit einer gerade in den Vereinen zutage tretenden exklusiven Praxis der „Praktiker der Bürgergesellschaft". Dass sich dieser Widerspruch zwischen Utopie und Realität bürgerlicher Ordnung, auf den L. Gall in einem kanonisch zitierten, nicht selten aber missverstandenen Aufsatz hingewiesen hatte [46: Liberalismus und „bürgerliche Gesellschaft"], niemals auflöste, sondern sukzessive vertiefte, ist ein Ergebnis von S.-L. Hoffmanns Studie [im europäischen Vergleich der bürgerlichen Vereinsgeschichte noch einmal bekräftigt in 240: Geselligkeit und Demokratie].

Der bürgerliche Verein als „Schule der Demokratie", in der sich das Bürgertum organisierte und zugleich abgrenzte, Medium und Ort, an welchem es vor allem aber an einer auf die ganze Gesellschaft zielenden Neuordnung laborierte – auf diesen Nenner lässt sich die so fruchtbare, über drei Jahrzehnte betriebene Vereinsforschung bringen. Angestoßen durch sie wurden Studien zu bürgerlichen Werten [Überblick 60: G. Hübinger, Werte und Gesellschaftsbilder; 109: L. Gall, Selbstverständnis; 155: W. Kaschuba, Deutsche Bürgerlichkeit; 238: M. Hettling/S.-L. Hoffmann, Wertehimmel], Praktiken und Bildungsvorstellungen [271: G. Stanitzek, Bildung und Roman; 65: R. Koselleck, Struktur der Bildung; 250: G. Mayer, Bildungsroman; 34: G. Bollenbeck, Bildung und Kultur]. Am Beispiel von Reinlichkeits-

---

Marginal notes:

„Praktiker der Bürgergesellschaft"

Studien zu bürgerlichen Werten und Lebensformen

normen untersuchte M. FREY Bürgertum als eine „Wertegemeinschaft",
die einen stabilen Katalog von Tugenden und Verhaltensmustern entwickelte und selbstdiszipliniert reproduzierte [223: Der reinliche Bürger].
Bürgerlichen Wohnformen galten zahlreiche Studien, von der großbürgerlichen Villa [215: T. BUDDENSIEG, Villa Hügel; 232: T. HARLANDER,
Villa und Eigenheim], der Villenkolonie [279: T. WEICHEL, Villen-
kultur] bis zum Einfamilienreihenhaus [276: W. VOIGT, Bremer Haus;
419: A. SCHILDT/A. SYWOTTEK, Massenwohnung Eigenheim] als der
letzten, dauerhaftesten Ausprägung bürgerlicher Wohnkultur [Über-
blicksdarstellungen: 257: J. REULECKE, Geschichte des Wohnens; 274:
H.-J. TEUTEBERG, Homo habitans; 254: L. NIETHAMMER, Wohnen im
Wandel] sowie die Selbstinszenierung des Bürgertums in seinen Rück-
zugsräumen an der suburbanen Peripherie [414: H. REIF, Suburbanisie-
rung]. Das ideale Endprodukt des kultivierten, ästhetisch gebildeten
Bürgers ist Gegenstand eines Sammelbandes über Kultur und Bildung
des Bürgertums im 19. Jahrhundert [236: D. HEIN/A. SCHULZ, Bürger-
kultur], der eine Vielzahl kultureller Leitbilder und eingeübter bürgerlicher Sozialpraktiken darstellt. Die Bürgergesellschaft, so das Ergebnis
der Studien, konstituierte sich soziokulturell, im gemeinsamen Vollzug
geteilter Normen und in der Distanzierung gegenüber abweichenden
Verhaltenspraktiken.

Jüngster Schwerpunkt einer immer dichteren Erforschung bürgerlicher Kulturpraktiken ist das bürgerliche Stiftungswesen. D. HEIN hat
in einer Studie [235: Instrument] das Stiften als ein äußerst flexibles
„Instrument bürgerlichen Handelns" präsentiert. A. SCHULZ [267: Aus-
drucksformen] sieht eine Strukturverwandtschaft zwischen sozialer
Wohltätigkeit und Mäzenatentum, beides reflektiere zentrale gesell-
schaftspolitische Ordnungsvorstellungen und Herrschaftsmittel des
Bürgertums. J. KOCKA dagegen betont zwar ebenfalls die gesellschaft- Instrumente und
liche Dynamik von Bürgerstiftungen, die als Vorbild in erzieherischer Tätigkeitsfelder
Absicht auf nichtbürgerliche Schichten hätten ausstrahlen sollen [Ein- bürgerlicher
leitung, in 246: DERS./M. FREY, Mäzenatentum, 7–18]. Zugleich plädiert Selbstorganisation
er jedoch für eine „Erheblichkeitsschwelle", um den elitären Charakter
mäzenatischen Engagements zu berücksichtigen. Dem Machtcharak-
ter, der Reziprozität und der Ökonomie des Schenkens und Tauschens
gilt das Interesse der Arbeiten von P. SARASIN [127: Stadt der Bürger]
und M. FREY [44: Macht und Moral]. FREY liefert die erste historische
Synthese bürgerlichen Stiftens. Er kennzeichnet das Stiften als eine soziale Verhaltensweise, die, obgleich eine Angelegenheit von Wenigen,
einen ausgeprägten Willen zur gemeinsamen Teilhabe an öffentlichen
Belangen erkennen lasse. Grundlage und Antriebsmoment mäzena-

tischen Handelns sei ein emphatisches Bekenntnis zum „Bürgersinn"
als verbindende Basis zwischen heterogenen Fraktionen des Bürgertums.

Im Vereins- und Stiftungswesen konkretisierte sich, so das Ergebnis der vorgestellten Studien, der praktische Wille zur Selbstorganisation. Partikularinteressen und Gemeinwohl ließen sich vereinen, gesellschaftliche Problemlagen durch individuelles Engagement wie
kollektives Handeln überwinden. Die wachsende Kluft zwischen
Selbstmystifikation und „Wirklichkeit" wurde um 1900 im Bürgertum
selbstkritisch registriert [109: L. GALL, Selbstverständnis]. Generelle
Vorbehalte gegen das Konzept einer bürgerlichen „Wertegemeinschaft"
erhebt U. DÖCKERT, die von der „Vielstimmigkeit und Heterogenität
dieser kulturellen Praktiken" ausgeht [220: Verhaltensideale].

Tiefere Einblicke in individuelle Lebensentwürfe und gemeinbürgerliche Verhaltensmuster mäzenatischen Handelns bieten Untersuchungen zur Kulturpolitik bürgerlicher Städte [229: A. HANSERT,
Bürgerpolitik; 107: G. u. W. BRAUN, Mäzenatentum] und die Kurzpor-
träts bedeutender Kunstsammler und Mäzene [225: T. GAEHTGENS,
Bürger als Mäzen; 106: U. BECKS-MALORNY, Kunstverein; 77: E. MAI/
P. PARET, Sammler]. Das soziale Beziehungsgeflecht, das exponierte
bürgerliche Stifter mit den Machteliten des Kaiserreiches verband, wird
besonders anschaulich präsentiert und im Kontext der allgemeinen
Bürgertumsgeschichte behandelt bei M. DORRMANN [319: Eduard Arn-
hold] und E. KRAUS [199: Mosse].

3. Bürgertum im 20. Jahrhundert

3.1 Verfallsgeschichten

Aktuelle wissenschaftliche Beschreibungen des Bürgertums stimmen
mit zeitgenössischen Beobachtern der Moderne um 1930 weithin überein. So räumt der Autor des Artikels „Bürgertum" in Alfred Vierkandts
„Handwörterbuch der Soziologie" von 1931 einerseits ein, dass sich
sein Untersuchungsobjekt „der festen, begrifflichen Bestimmung" ent-
ziehe. Doch müsse jeder, der vom Bürgertum handele, dieses „als eine
Macht in unseren gesellschaftlichen Institutionen" spüren. Für viele
wirtschaftliche, politische, geistige und künstlerische Erscheinungen,
ja, für die Moderne schlechthin gelte, dass sie „bürgerlich" geprägt sei.
Um Bürgertum soziologisch zu bestimmen, präsentiert Alfred Meusel
dann ein Schichtenmodell. Dieses besteht aus der „eigentlichen Bour-

*Zeitgenössische
Bürgertumssozio-
logie*

geoisie", den „Kapitalisten" als Inhabern der Produktionsmittel, den
leitenden Angestellten der Kapitalgesellschaften bis hinunter zum ge-
werblichen Mittelstand, der zwar über Produktionsmittel verfüge, sich
aber hinsichtlich seiner beschränkten Lebenshaltung von den „obersten
Zehntausend" abhebe. Zur zweiten, stetig wachsenden Gruppe innerhalb des Bürgertums zählen die qualifizierten Angestellten des „neuen
Mittelstandes", der während der Krise besonders gründlich desillusio-
niert worden sei; als dritte Gruppe werden die Beamten genannt, die
„geborenen Propagandisten" des überparteilichen Staates und der
Volksgemeinschaft; schließlich die Angehörigen der freien Berufe, von
denen sich die „Grenzschicht" einer nicht arrivierten „freien" Intelligenz absondere. Diese ihrer Herkunft nach bürgerlichen Bohemiens,
die sich geistig vom Bürgertum distanzierten und alles „Bürgerliche"
zutiefst verachteten, identifiziert der Soziologe als eigentliche Träger
und Kritiker der Moderne.

Aus Sicht der Weimarer Soziologen bildete das Bürgertum eine
schimärische Gesinnungsgemeinschaft, die durch ihre „Bürgerlichkeit"
mit der Moderne besonders eng verbunden war. Keineswegs entsprach
es dem homogenen Klassenmodell der marxistischen Wissenschaft
oder auch Werner Sombarts. In einer heterogenen Negativkoalition gegen die Arbeiterklasse formiert, zeichneten sich erhebliche soziale
Spannungen und gravierende Unterschiede in der Lebensführung ab [8:
T. GEIGER, Soziale Schichtung]. Eine besonders enge Interessensolidari-
rität herrsche zwischen „Bourgeoisie" und hoher Beamtenschaft, deren
Einkommen „fundiert" waren und deren soziale Position Sicherheit
verbürgte. In der „Krise des Kapitalismus", so die Tendenz der in Vierkandts Handbuch repräsentierten Autoren, mussten die inneren Spannungen des bürgerlichen Lagers aufbrechen. Das Gesellschaftsmodell
der Weimarer Soziologen [vgl. dazu 452: P. NOLTE, Selbstentwurf und
Selbstbeschreibung; 336: F. LENGER, Werner Sombart] hat, was die historische Rolle und das vermeintliche Versagen des Bürgertums anbe-
langt, tiefe Spuren in der Geschichtswissenschaft hinterlassen. Die Krisenwahrnehmung des Weimarer Bürgertums wurde durch wissenschaftliche Zeitdiagnosen bestätigt. Konstruktionen einer heterogenen,
in Interessen- und Berufsgruppen zerfallenen Formation beanspruchen
bis heute den Rang gültiger Erklärungen für das Scheitern des liberalen
Systems und den Untergang der bürgerlichen Gesellschaft.

Der Einfluss
der Weimarer
Soziologen

Mit Blick auf die „deutsche Katastrophe" von 1933/1945 [301: F.
MEINECKE] erschien die Geschichte des Bürgertums im 20. Jahrhundert
rückblickend als ein einziger „Niedergang". Allgemeine Ursachen für
diesen Abstieg, die genannt wurden und werden, sind die ungelösten

Strukturprobleme des Kaiserreiches, die materiellen, vor allem aber mentalen Belastungen aus Krieg und Inflation. Sie bündelten sich zur tief greifenden Krise des bürgerlichen Selbstbewusstseins, die bereits die Zeitgenossen in einen selbstzweiflerischen Diskurs über die Moderne stürzte [309: F. STERN, Kulturpessimismus; 290: K. FRITZSCHE, Fluchtwege]. Auf den Begriff gebracht hatte D. J. K. PEUKERT die Diagnose des Zustands der bürgerlichen Gesellschaft in seiner viel beachteten Darstellung [83: Die Weimarer Republik]. Danach entfalteten sich in der Weimarer Gesellschaft die „Krisenjahre der klassischen Moderne" in ihrer spezifischen Ambivalenz stellvertretend für die Entwicklung der bürgerlichen Gesellschaft in Europa. Der Kampf zwischen Moderne und Anti-Moderne, die vergeblichen Versuche des Ausgleichs und der Überwindung sozialer und politischer Konflikte hätten die Erneuerungskräfte des Bürgertums auf einen Höhepunkt geführt. Dennoch sei das Scheitern dieser Reformen zum Auslöser des Niederganges geworden. Der Krise der Moderne folgte die „Krise des (bürgerlichen) Subjekts", dessen Handlungsfähigkeit in Frage gestellt wurde. Zentrale Werte des Bürgertums, das Vertrauen in seine Fähigkeit zur Selbstorganisation seien zerstört worden. Ausschlaggebend hierfür war, wie M. H. GEYER in einer lokalen Mentalitätsstudie darlegt [291: Verkehrte Welt], die umstürzende Erfahrung von Krieg, Revolution und Hyperinflation [289: G. D. FELDMAN, Great Disorder]. Die abrupte Umkehrung aller bis dahin geltenden Werte habe im Bürgertum einen partiellen Wirklichkeitsverlust bewirkt. Einen „Wirklichkeitsschock", der allerdings bald überwunden wurde, wie die Beiträge eines Sammelbandes von G. ELEY/J. RETALLACK [40: Legacies] nahe legen. Extrem, aber nicht singulär, sei der Einbruch gewesen, den das Weimarer Bürgertum erlitt, eine allgemeine Erscheinung der europäischen Nachkriegsordnung in der Anfangsphase der Rekonstruktion widerspiegelnd, wie C. CHARLE in einer vergleichenden Studie der Gesellschaften Deutschlands, Frankreichs und Englands überzeugend ausführt [38: La Crise, 355 ff.].

Die Erfahrung der Kontingenz aller Lebensentwürfe veränderte auf drastische Weise den Erwartungs- und Handlungsraum des Bürgertums. Neuere Forschungen kreisen deshalb um die Frage, wie das Bürgertum auf objektive Brüche und die grundlegende Sinnkrise der Moderne reagierte. Zum einen wird das Problem in eine Geschichte der Gesellschaft integriert wie bei H. MOMMSEN [303: Auflösung des Bürgertums], H. A. WINKLER [103: Weg nach Westen] und im vorerst letzten Band der „Deutschen Gesellschaftsgeschichte" bei H.-U. WEHLER [99: Bd. 4]. Die Autoren stimmen in ihrem Ansatz insoweit überein, als

(margin) Krisenjahrzehnt des Bürgertums

(margin) Zweifel an der Niedergangsthese

sie eine krisenhafte Verschärfung des Konfliktpotenzials zu erkennen meinen, die in einer zunehmenden Polarisierung der Klassengegensätze zwischen Bürgertum und Arbeiterschaft zum Ausdruck kam. Eine völlig andere Perspektive eröffnen jene Studien, die sich den verschiedenen Krisendiskursen und einzelnen Reformprojekten der bürgerlichen Moderne widmen [als Überblick vgl. 247: W. KRABBE, Lebensreform; 298: U. LINSE, Propheten, 1983, und 214: K. BUCHHOLZ u. a., Lebensreform]. Aufgrund der jeweils sehr verschiedenen Ausgangsdiagnose ergeben sich zwischen diesen Studien zur Moderne Berührungspunkte, aber keine systematische Debatte. Erst jüngst, und nicht zufällig durch einen profilierten angelsächsischen Kritiker der Sonderweg-These, ist die Relevanz der zeitgenössischen Krisenrhetorik in Zweifel gezogen worden: G. ELEY und J. RETALLACK [40: Legacies] haben der deutschen Gesellschaft im Vergleich zur westeuropäischen Entwicklung zwischen 1880 und 1930 alle Voraussetzungen zu einer Erfolgsgeschichte bescheinigt. Allerdings stagnieren ihre Erkenntnisse im gesellschaftlichen Strukturvergleich, ohne sich der Kernfrage nach dem Verbleib von Bürgertum und Bürgerlichkeit selbst zuzuwenden.

Krisenerfahrung oder Krisenrhetorik

In seinem richtungweisenden Aufsatz über die „Auflösung des Bürgertums seit dem späten 19. Jahrhundert" hat H. MOMMSEN die „fortschreitende Aushöhlung der bürgerlichen Lebensformen" und des „bildungsbürgerlichen Selbstverständnisses" konstatiert [303: Auflösung des Bürgertums]. Nicht nur als „einheitliche soziale Formation", sondern als „Träger einer spezifischen Kultur" sei das Bürgertum zerfallen. Ein Machtverlust, der, in den Kommunen beginnend, ins Zentrum des bürgerlichen Honoratiorenregiments traf und den das Bürgertum als Kulturkrise reflektierte. Die „neureligiösen Bewegungen" der Lebensreformer seien nichts als Symptome der bürgerlichen Krisenreaktion gewesen. Bereits vor der Jahrhundertwende einsetzend, in Sekten, Bünde und Geheimorganisationen zersplittert, einte diese bürgerlichen, oft jugendlichen Gruppierungen ein Anti-Materialismus, der sich gegen die als „bürgerlich" apostrophierte Kultur der Massengesellschaft und den „seelenlosen" Kapitalismus der Moderne richtete. Auf dem rechten Gesinnungsspektrum einer „spezifisch antimodernistischen Subkultur" habe sich Hass gegen alle Formen traditionaler Bürgerlichkeit manifestiert. Ihr setzten die Jungkonservativen Bünde einen heroisch-männlichen Nationalismus und eine antibürgerliche Volksgemeinschaftsideologie entgegen. Als sich die Krise zuspitzte, sei die bedrohte „bürgerliche Mitte" ihren Angeboten gefolgt, gleichsam aus ihrer liberalen Werteordnung aus- und in einen kulturellen Extremismus abgewandert [dazu 313: A. WIRSCHING, Bürgerkrieg; 308: D. SCHUMANN,

H. Mommsen: Machtverlust und Auflösung

Studien zum Extremismus der Mitte

Politische Gewalt; 311: B. WEISBROD, Gewalt]. Sukzessive seien so die
Bindungen zur Tradition der bürgerlichen Aufklärung abgetrennt und
der Wunsch nach sozialer Harmonie der Gegensätze in der radikalen
Ausgrenzungsideologie der Volksgemeinschaft aufgehoben worden.

Wesentlich beigetragen zur These von der „Auflösung" des Bürgertums in den 1920er Jahren hat die zeitgenössische Einschätzung der
Perspektiven des alten und neuen Mittelstandes. Die Herausbildung
einer anwachsenden Gruppe abhängig Beschäftigter in den Großunter-
nehmen der Industrie, in den Dienstleistungsberufen und in der öffentlichen Verwaltung erregte die Aufmerksamkeit Weimarer Sozial-

Neue Angestellte und alter Mittelstand wissenschaftler [63: J. KOCKA, Angestellte]. Die „neuen Angestellten"
formierten sich als eine statusbewusste soziale Aufsteigerschicht, die
als „ausgesprochene Vertreter der Stadtkultur" (Otto Suhr) die moderne
Lebenswelt der Großstadt prägten. In seiner 1929/30 entstandenen
Abhandlung über die Kultur der Angestellten attestierte S. KRACAUER
[12: Die Angestellten; dazu auch 315: H. BAND, Mittelschichten] den
Angestellten ein „falsches Bewusstsein" im Sinne einer Selbsttäuschung über den Ernst der ökonomischen Lage am Ende der Pros-
peritätsphase der Weimarer Republik. Im Grunde deklassiert und in
ähnlich prekärer Situation wie die von Erwerbslosigkeit bedrohte Arbeiterschaft, hätten die Angestellten an einer längst „verschollenen
Bürgerlichkeit" festgehalten. T. GEIGER [8: Soziale Schichtung] sah die
Grenze zwischen Mittelstand und Proletariat bereits im Einkommens-
bereich der Angestellten und Beamten verlaufen und auch neuere Forschungen machen insbesondere den Statusverlust des neuen Mittelstandes der „Angestelltenmassen" für das Ende des Bürgertums verantwortlich. Die Panikreaktion des alten und neuen Mittelstandes, der
während der ökonomischen Krise Zuflucht in der „Volksgemeinschaft"
des NS gesucht habe, erzeugte starke Fliehkräfte und bewirkte die
Selbstzerstörung des Bürgertums [352: H.-A. WINKLER, Mittelstand;
295: L. E. JONES, Dying Middle; zuletzt: 341: M. PRINZ, Volksgenos-
sen]. Vorsichtiger argumentieren A. VON SALDERN [347: Mittelstand]
und H.-G. HAUPT [55: Kleinbürgertum; 10: DERS., Radikale Mitte], die
wohl Unsicherheit, Bewegung und Statusinkonsistenz konstatieren,
aber keineswegs der These des Untergangs des „Kleinbürgertums"
folgen.

An die Forschungsdiskussion über das Verhalten des Mittelstandes knüpfen Untersuchungen zum höheren Beamtentum an. Die Beamten bildeten wohl eine eigene privilegierte Statusgruppe, waren aber
hinsichtlich der materiellen Interessenlage und der bildungsbürger-

Niedergang der Beamten lichen Sozialisation mit dem Bürgertum eng verflochten. A. KUNZ [335:

Civil Servants] hat den Abstieg der Beamten in Krieg und Inflation untersucht und auch die Studie von R. FATTMANN [321: Bildungsbürger] widmet sich dem „rasanten, in seinem Tempo wohl beispiellosen ökonomischen und sozialen Niedergang" (231). Fattmann bleibt allerdings – ebenso wie zuvor schon F. LENGER [336: Werner Sombart] – skeptisch gegenüber der generalisierenden Annahme einer materiellen wie geistigen Orientierungskrise der akademisch gebildeten Beamtenschaft, die zur „Auflösung" des Bürgertums beigetragen habe [294: K. JARAUSCH, Krise; 346: F. K. RINGER, Niedergang].

Von einem anderen Blickpunkt aus erscheint der neue Mittelstand als tragende Kraft kultureller Erneuerungsbewegungen der 1920er Jahre. Die Beiträge eines zweibändigen Katalogs zur „Lebensreform" [214: K. BUCHHOLZ u. a.] widmen sich dem Zusammenhang zwischen Krisendiagnose und kulturellem Aufbruch seit der Jahrhundertwende 1900 [vgl. auch 245: D. KERBS/J. REULECKE Handbuch der Reformbewegungen]. In den Beiträgen von B. WEDEMEYER und J. BAUMGÄRTNER [in 214: K. BUCHHOLZ u. a.] wird deutlich, dass die technischen und kaufmännischen Angestelltengruppen die anfangs als Neuheidentum abqualifizierten Reformprojekte der Lebensreformer aufgriffen und zum Bestandteil einer vielgestaltigen Freizeit- und Konsumkultur machten. Jugendlichkeit, Sportlichkeit und Körperkultur kennzeichneten den neubürgerlichen Lebensstil der 1920er Jahre [242: G. HUCK, Sozialgeschichte der Freizeit]. Mit der Betonung von „Kraft und Schönheit", Gesundheit und Vitalität bot die lebensreformerische Kultur des Bürgertums dabei der Infiltration völkisch-radikaler Ideologien Ansatzpunkte. Die neuen (bürgerlichen) Lebensformen wurden Gegenstand von Literatur und darstellender Kunst. Ob die *Neue Sachlichkeit* ein neuer Stil oder aber „eine neue Sehweise" [421: W. SCHMIED, Neue Sachlichkeit] gewesen ist, war auch unter den avantgardistischen Künstlern umstritten, die sich dem „Magischen Realismus" oder „Verismus" zurechneten. Während H.-J. BUDERER [375: Suche nach der Wirklichkeit] keinen signifikanten Kunststil der 1920er Jahre zu erkennen vermag, sieht W. SCHMIED sowohl konstitutive Stilelemente wie Nüchternheit als auch das typische Sujet einer kritischen Auseinandersetzung mit der „Dingwelt" vorherrschen. Diese verband sich mit abstoßenden Zustandsbeschreibungen der Konsumgesellschaft, ihrer bürgerlichen Profiteure und der von ihr Ausgestoßenen bei George Grosz. Jegliche Konzession an die ästhetischen Konventionen des bürgerlichen Zeitalters wurde außer Kraft gesetzt, die Dingwelt und ihre geistige Durchdringung zum Prinzip der Darstellung erhoben [409: O. PETERS, Neue Sachlichkeit]. Für J. WILLETT [431: Explosion, 1981]

Perspektiven der Erneuerung: Bürgerliche Reformbewegungen

spiegelt sich in der künstlerischen Neuorientierung die Reflexion über die gefährdeten Existenzgrundlagen bürgerlicher Kultur als Folge der Politisierung der Kunst durch die Schockerfahrung des Weltkrieges. Das Resultat des neuen Verhältnisses bürgerlicher Kunst zur Politik ist für ihn die „Explosion der [bürgerlichen] Mitte".

K. Tenfeldes Gegen-entwurf zum Nieder-gangsparadigma

Dem einflussreichen Interpretament eines materiellen wie mentalen Niedergangs, einer bürgerlichen Auto-Aggression und Selbstaufgabe folgte der Gegenentwurf von K. Tenfelde [93: Stadt und Bürgertum]. Er geht in seinem weiten Aufriss, der die punktuellen Ansätze einer Bürgertumsforschung zum 20. Jahrhundert kommentiert, im Gegensatz zu H. Mommsen [303: Auflösung] von einer unverändert machtvollen gesellschaftlichen Position des Bürgertums bis unmittelbar vor dem Zweiten Weltkrieg aus. In „merkwürdigem Anschluss an den Kulturpessimismus der Jahrhundertwende" attestiere die Forschung den „Bildungs- und Kulturbürgern" geistige Verflachung und Niedergangsstimmung. Das Klischee eines autoritätsgläubigen „Wilhelminismus" des Bürgertums vertrage sich weder mit dem exklusiven Bildungsanspruch des Bürgertums, der diesem bis in die 1960er Jahre einen privilegierten Status erhielt, noch mit der Beobachtung, dass die „Bourgeoisie" (Wirtschaftsbürgertum) „von allen Bürgern die stärkste

„Formwandel"
bürgerlicher
Lebensweise

Kontinuität" bewiesen habe [ähnlich 354: D. Ziegler, Elite]. Ohne die Krisenerfahrung in Abrede zu stellen, plädiert Tenfelde für den Begriff „Formwandel" statt „Niedergang": eine „formverwandelte Restituierung der Mittelschichten und vielleicht eines Bürgertums, bürgerlicher Lebensweise und bürgerlicher Herrschaft", so seine zurückhaltende Kennzeichnung der westdeutschen Nachkriegsgesellschaft (93: 321). Verändert habe sich die Basis bürgerlicher „Selbständigkeit", die nun häufig ein Rentierdasein meine. Nunmehr trage bereits die Fähigkeit zur autonomen Lebensführung in einer gehobenen Angestelltenposition das Signum respektabler Bürgerlichkeit. Insgesamt erweckt Tenfeldes gedankenreiche Studie in ihrem konjunktivischen Modus – „gäbe es ein Bürgertum, [dann] wäre sein gesellschaftliches Gewicht mittelbar gestärkt worden" – den Eindruck, als sei die Frage nach der Existenz des postmodernen Bürgertums letztlich eine Frage der Selbsteinschätzung. Schließlich konzediert auch er eine „Krise der bürgerlichen Exklusivität", die durch die Diffusion urbaner Lebensformen und eine klassenlose Freizeit- und Konsumkultur verursacht sei. Bürgerlichkeit hebe „sich in der globalen Verbürgerlichung" selbst auf, das Bürgertum verliere seine „statusbezogene Sonderung". Tenfelde schließt mit dem Appell, den Formwandel des Bürgertums an dessen selbst geschaffenen Institutionen zu erforschen. Vermutlich bildeten heute mehr denn je die „Welt der Berufe" und die darin markierten sektoralen Führungspositionen den Kern einer vergesellschafteten bürgerlichen Elite. Daneben bestünden nach wie vor lokale Identitäten fort. Vor allem Kleinstädte mit ihrer „besitzenden Ansässigkeit" seien weit mehr als Großstädte „Ort von Kontinuität in Bürgertum und Bürgerlichkeit".

Ungeachtet dieses Appells, den lokalen Sozialraum als Ort bürgerlichen Handelns wieder stärker in den Blick zu nehmen, gliedert sich die aktuelle Forschung entlang der Trennlinie „Wirtschaftsbürgertum" und „Bildungsbürgertum". Überwiegen hinsichtlich des Bildungsbürgertums die Niedergangs- und Schwunddiagnosen, so gilt für die „Bourgeoisie" im Sinne Sombarts das Gegenteil. D. ZIEGLERS [355: Deutsche Wirtschaftselite] Zusammenstellung von Einzelstudien zu „Großbürgern und Unternehmern" hebt die sozialkulturelle und materielle Kontinuität der wirtschaftsbürgerlichen Elite im 20. Jahrhundert hervor. Zieglers einleitender Beitrag geht von der These aus, das „Wirtschaftsbürgertum" habe sich den vom „Bildungsbürgertum" geprägten Werten und Verhaltensweisen angepasst [so bereits 183: F. ZUNKEL, Verhältnis]. Das habe ihm ermöglicht, „schon vor der Jahrhundertwende an Ansehen und Einfluss" mit dem Bildungsbürgertum „gleichzuziehen." Mit Wirtschaftsbürgern sind nicht allein rechtlich selbständige Unternehmenseigner, sondern auch Manager und leitende Angestellte gemeint.

Im Anschluss an ältere Arbeiten von T. PIERENKEMPER [170: Schwerindustrielle], J. KOCKA [63: Angestellte] und H. KAELBLE [62: Soziale Mobilität] wird die kulturelle Annäherung zwischen Wirtschafts- und Bildungsbürgern seit dem 19. Jahrhundert auf mehrere Faktoren zurückgeführt: die Akademisierung der leitenden Angestellten in der Wirtschaft, die den wissenschaftlich qualifizierten Manager vom Ausnahme- zum Regelfall werden ließ [136: H. BERGHOFF/R. MÖLLER, Unternehmer]; die Heiratsverbindungen zwischen Besitz- und Bildungsbürgern, vor allem zwischen Unternehmertöchtern und Söhnen höherer Beamter; die gemeinsame kulturelle Praxis in den Gesellschaften und Clubs der städtischen Elite [281: F. ZUNKEL, Kommunikation] und schließlich gemeinsame Aktivitäten der Kulturförderung durch Stiftungen und Mäzenatentum [459: R. VOGEL, Verbände und Netzwerke]. D. ZIEGLER kritisiert allerdings die „kulturelle Überhöhung des Bürgerlichen in der gegenwärtigen Bürgertumsforschung". Das wirtschaftende Subjekt sei in erster Linie Marktakteur und unternehmerisches Marktverhalten bedinge letztlich auch Umfang und Möglichkeiten kulturellen Handelns. Deshalb sollten bürgerliche „Wert- und

Studien zu Wirtschaftseliten

Kritik am Bürgerlichkeitskonzept

Verhaltensorientierungen" stärker in ihrer Abhängigkeit von der wirtschaftlichen Entwicklung betrachtet werden. Angesichts der Elitenkontinuität im Großbürgertum und dessen anhaltender habitueller „Bürgerlichkeit" sieht Z. keinen Anlass, von „Auflösung", sondern von „Formveränderungen des Wirtschaftsbürgertums" zu sprechen. Die soziale Abschließung der Wirtschaftseliten im 20. Jahrhundert nehme indessen weiter deutlich zu [vgl. 353: W. Zapf, Wandlungen 1965].

M. Dorrmanns exemplarische Unternehmerbiografie [319: Eduard Arnold] widerspricht dieser Ansicht. Das Beispiel eines bedeutenden Berliner Industriellen zeige, dass in Unternehmerkreisen gerade in kritischen Phasen Wert auf kulturelles Kapital gelegt wurde. Der aktive Anteil des Wirtschaftsbürgertums an den großen Kulturstiftungen wie der Wissenschaftsförderung in Kaiserreich und Weimarer Republik belege die Verbindlichkeit von Bildung und Bürgerlichkeit als genuine Ausdrucksformen bürgerlichen Selbstverständnisses. Auch seien hier praktische Ansatzpunkte einer Vergesellschaftung zwischen Unternehmern und hoher Beamtenschaft gegeben. Für eine tragfähige Aussage zur Kontinuität und Veränderung bürgerlicher Lebensformen und Verhaltensstandards nach 1945 fehlen bislang die empirischen Grundlagen. Eine Ausnahme macht die Studie von C. Rauh-Kühne, die zwei verschwägerte großbürgerliche Familien vom frühen 19. Jahrhundert bis nach 1950 untersucht [in 355: D. Ziegler, Deutsche Wirtschaftselite; auch 344: Dies./M. Ruck, Regionale Eliten; 356: H. Berghoff/Dies., Fritz K.]. Sie belegt die fortdauernde Bedeutung familiärer Netzwerke des Vertrauens für die kontinuierliche Rekrutierung bürgerlicher Wirtschaftseliten im hermetisch geschlossenen Milieu. Die Lebensführung dieser bürgerlichen Unternehmer der BRD orientierte sich offenkundig an den Normen traditionaler Bürgerlichkeit. R. Vogel [459: Verbände und Netzwerke] hat jüngst in einem Aufriss einer intendierten Geschichte der „Verbände und Netzwerke des deutschen Bürgertums" 1945–1965 mit Nachdruck auf die „Festigung von Gruppen" hingewiesen, die sich aus den bürgerlichen Eliten in Wirtschaft und Wissenschaft rekrutierten. Sie registriert die Formierung informeller Gesprächskreise Gleichgesinnter aus Unternehmerschaft und Hochschullehrern, die durch „ähnliche Positionen im sozialen Raum" verbunden seien. Diese bürgerlichen Gruppen zeichnete Durchsetzungsfähigkeit mittels Interessenwahrnehmung *und* wertorientiertes, zivilgesellschaftliches Handeln aus. Ein ausgeprägtes Elitenbewusstsein, die hohe Identifikation von Bildung und Leistung im Kampf gegen kulturelle „Vermassung" sowie die aktive Integration in sozialen Netzwerken sprächen eindeutig gegen die These von Erosion und Zerfall des Bürger-

(Marginalien: Erforschung familiärer Netzwerke; Renaissance des Bürgertums?*)*

tums. Sie legten es vielmehr nahe, so die dezidierte Feststellung, von einer „Renaissance des Bürgertums" nach 1945 zu sprechen.

3.2 Bürgerliche Milieus

Eng verknüpft mit einer Bürgertumsgeschichte im 20. Jahrhundert ist die Frage nach dem Fortbestand bürgerlicher Milieus. Diskutiert werden die nachlassende Kraft transzendentaler Orientierungen und der Ausprägung säkularer Identitäten und Deutungssysteme im Bürgertum. Der Kulturprotestantismus wird zur Ideologie, die den Führungsanspruch des protestantischen Bürgertums legitimiert [243: G. Hübinger, Kulturprotestantismus]. Wie sich das kulturprotestantisch-bildungsbürgerliche Milieu im 19. Jahrhundert formiert, ist Thema der Arbeit von O. Janz über die Professionalisierung des evangelischen Klerus [153: Pfarrer]. F.-M. Kuhlemann [Bürgerlichkeit, in 213: Ders./O. Blaschke, Religion im Kaiserreich; 161: Ders./H.-W. Schmuhl, Beruf und Religion] zeigt am Beispiel des kirchlichen Berufswesens, wie das konfessionelle Milieumanagement der angestellten Gemeindepfarrer durch die Übernahme bildungsbürgerlicher Sozialstandards „verbürgerlichte". Interpretationen, die konfessionelles Handeln primär von Statusinteressen und bildungsbürgerlichen Strategien der Marktmonopolisierung geleitet sehen, begegnet zunehmend Skepsis. Gegen das Säkularisierungsparadigma und die bildungsbürgerliche Dominanz spricht die Gegenreaktion einer religiösen Erneuerung, auf deren Milieurelevanz W. Schieder [Bemerkungen zur Forschungslage, in 90: Ders., Religion und Gesellschaft, 11–28] und H. Lehmann [in 69: Ders., Säkularisierung, 9–17] eindringlich hingewiesen haben.

Den bürgerlichen Katholizismus sieht R. Schlögl [266: Glaube und Religion] durch eine „Dialektik von Sakralisierung und Säkularisierung" gekennzeichnet. Regionale Studien belegen einen „katholischen Aufschwung" im 19. Jahrhundert mit lang anhaltender Wirkung auf die Milieubildung des katholisch integrierten Bürgertums [212: D. Blackbourn, Marpingen; M. L. Anderson, Die Grenzen der Säkularisierung, in 69: Säkularisierung, 194–222; 265: W. Schieder, Wallfahrt]. Jüngst ist die Rechristianisierung und Rekonfessionalisierung im 19. Jahrhundert als „Zweites Konfessionelles Zeitalter" bezeichnet worden [33: O. Blaschke]. Für die Bürgertumsforschung stellt sich daher die Frage, ob die kulturelle Differenz zwischen ultramontanem Katholizismus und protestantischem Nationalismus eine getrennte Milieusozialisation des Bürgertums zur Folge hatte. Dass sich infolge des Kulturkampfes die konfessionellen Trennlinien innerhalb des Bür-

Säkularisierung protestantischer Milieus

Das Problem der Milieusozialisation

gertums vertieften, ist unbestritten. Allein die kontinuierliche Bedeutung des gut erforschten konfessionellen Vereinswesens bekräftigt diese Annahme [202: S. PALETSCHEK, Frauen und Dissens; 340: J. MOOSER, Katholisches Milieu; 217: D. BURKHARD, Geburtsstunde].

Auch das katholische Bürgertum suchte seine Haltung zu Staat und Gesellschaft neu zu bestimmen, das zeigt die Arbeit von T. MERGEL [169: Katholisches Bürgertum]. Religion als Deutungsmacht sei im bürgerlichen Bildungshorizont relativiert, als quasi parallele, Sinn gebende Lebenswelt in den Prozess rationaler Welterklärung vermittelnd einbezogen worden. Insofern sie die Milieutrennung inzwischen relativiert, ist Mergels Studie von grundsätzlicher Bedeutung für die Frage der Einheit bzw. Fraktionierung des Bürgertums in der Moderne. Sie bestätigt die Erkenntnis, dass die Trennung zwischen religiöser Praxis und säkularer Weltorientierung eher zu einer Annäherung zwischen den konfessionellen Gruppen des Bürgertums führte. Stadtbürgerliche Eliten achteten auf „überpolitischen" Konfliktausgleich und Parität [126: R. ROTH, Frankfurt am Main; 123: G. METTELE, Bürgertum in Köln; 124: F. MÖLLER, Bürgerliche Herrschaft in Augsburg]. Bis ins 20. Jahrhundert hinein blieb deshalb in gemischt-konfessionellen Städten das Projekt einer christlichen „Bürgerreligion" Teil einer auf kulturelle Vergemeinschaftung orientierten kommunalen Politik [118: S. KILL, Bürgertum in Münster]. Anders stellte sich die Situation in homogen protestantischen Gemeinwesen dar [130: A. SCHULZ, Vormundschaft und Protektion; 243: G. HÜBINGER, Kulturprotestantismus]. Oft wuchs hier die Konfliktbereitschaft gegenüber Minderheiten parallel zu der Neigung, den Kulturprotestantismus über ein vermeintliches Bildungsdefizit katholischer Bürger zu erheben. Forschungen zum jüdischen Bürgertum [197: M. A. KAPLAN, Jüdisches Bürgertum; 196: A. HOPP, Jüdisches Bürgertum] haben gezeigt, dass von der konfessionellen Vereinsbewegung insgesamt ein zunehmender Außendruck auf die sehr heterogene jüdische Glaubensgemeinschaft ausging. Selbst das liberale jüdische Bürgertum habe sich zu intensiveren Aktivitäten (Wohlfahrtsvereine) in den jüdischen Gemeinden veranlasst gesehen. Quer zum Projekt der „Verbürgerlichung" und Akkulturation entwickelte sich deshalb ein „Vereinsjudentum" als jüdisch-modernes Identifikationsmerkmal.

Letztlich wurde, so ein Zwischenfazit der Forschung zum Verhältnis von Bürgertum und Religion, die Säkularisierung der Lebenswelt durch die Ausbildung soziokultureller Milieus überlagert, in die sich das Bürgertum aufspaltete. Über die prägende Kraft und Resistenz dieser Milieus noch im 20. Jahrhundert herrscht Konsens, ihre konkrete

(Marginalie:) Relativierung der Milieutheorie

Erforschung hingegen weist erhebliche Lücken auf. Als hoch integriertes „Mustermilieu" gilt das katholische Sozialmilieu. S. WEICHLEIN [351: Sozialmilieus] hat in seiner regionalen Langzeitstudie am Beispiel der katholischen Enklave Fulda überzeugend dargelegt, dass die Milieuhomogenisierung parallel zur Politisierung durch äußere Konflikte verlief. Unter den Belastungen des Nationalsozialismus habe die hohe Integrationskraft des Vereinskatholizismus eine Erosion des Sozialmilieus verhindert und die Position der bürgerlich-kommunalen Organisationseliten gefestigt. C. KÖSTERS [334: Katholische Verbände] wendet ein, dass weltanschauliche Milieuhomogenität nicht gleichbedeutend sei mit Rekonfessionalisierung. Selbst religiöse Vereine seien als starke Kristallisationskerne eines Milieus durch „schleichende Säkularisierung" von innen verändert worden. Von daher scheint es geboten, eher von „Teilkulturen" zu sprechen oder den unspezifischeren Begriff der sozialmoralischen „Lager" zu wählen, den K. ROHE [86: Wahlen und Wählertraditionen] in der Auseinandersetzung mit der klassischen Milieutheorie entwickelt hat. Vom Standpunkt der Bürgertumsforschung wirft das die Milieutheorie vereinfachende Modell eines „Dreilagersystems" sozialdemokratischer, katholischer und nationalbürgerlicher Prägung ähnlich wie das sozialhistorische Klassenmodell grundlegende Fragen auf. Waren nicht die ideologischen Gemeinsamkeiten innerhalb des kirchengebundenen Bürgertums einerseits wie des kirchenfernen Milieus andererseits jeweils tragender als die vermeintlich scharfen Trennlinien zwischen katholischem Bürgertum und national(protestantisch)em Bürgertum? War die protestantische Missionsbewegung nicht geradezu eine kulturkämpferische Antwort auf die bürgerliche Revolution von 1848, auf den wissenschaftlichen Positivismus und das liberale Weltbild des Kulturprotestantismus [243: G. HÜBINGER, Kulturprotestantismus; 172: D. VON REEKEN, Protestantismus; 130: A. SCHULZ, Vormundschaft und Protektion]?

Gegen das Bild einer „Versäulung" [79: W. J. MOMMSEN, Bürgerliche Kultur] des nationalbürgerlichen Lagers spricht zunächst die kommunale Entwicklung. Es war stets Teil bürgerlicher Kommunalpolitik, Interessengegensätze vermittelnd auszugleichen über die Fiktion „unpolitischer", am Gemeinwohl der Kommune orientierter Problemlösungen. H. MATTHIESENS Regionalstudie [338: Bürgertum und NS] zeigt, wie in kleinen und mittleren Städten nach 1918 eine bürgerliche Lagermentalität um sich griff und die traditionellen Milieugrenzen innerhalb des Bürgertums überwölbte. Das Kleinstadtbürgertum habe sich in einer „Wagenburg anti-sozialistischer Überzeugungen" verschanzt und in nationalistischen Verbänden organisiert [Ebd., 214; ähn-

Erforschung katholischer Teilkulturen

Unschärfen der klassischen Milieutheorie

Studien zum Kleinstadtmilieu

lich 337: DERS., Konservatives Milieu; vgl. 351: S. WEICHLEIN, Sozial-
milieus]. In dieser Phase bürgerlichen Lagerdenkens ging die zäh und
erfolgreich behauptete lokale Kulturhegemonie verloren. Ein mitunter
morbides „Niedergangsbewusstsein" verbreitete sich [283: B. BESS-
LICH, Faszination], das Legendenbildung [314: B. ZIEMANN, Erinne-
rung], bürgerliche Fluchtreaktionen und letztlich militante Gegenwehr
auslöste [285: H.-J. BIEBER, Bürgertum; 313: A. WIRSCHING, Bürgerkrieg; 308: D. SCHUMANN, Politische Gewalt; 291: M. H. GEYER, Verkehrte Welt].

Aus der sozialpsychologisch-politischen Perspektive dieser Studien lässt sich nicht mehr von Milieukonstanz, sondern vielmehr von
einem tiefen Einschnitt in der Bewusstseinslage des Bürgertums und
einer labilen Klassensolidarität während der Krise der 1920er Jahre
sprechen. Sie wurde insofern zur Krise des Bürgertums, als sie den
Zusammenbruch des vereinsgestützten Honoratiorenmanagements und
den Aufstieg neuartiger kultureller und politischer Bewegungen in-
duzierte. Im Gegensatz zur sozialdemokratischen Siegeszuversicht, im
Unterschied auch zur transzendental gegründeten „Wetterfestigkeit"
des katholischen Milieus, so das Ergebnis der Regionalstudie von
C. RAUH-KÜHNE [343: Kleinstadtgesellschaft], sei das protestantisch-
bürgerliche „Lager" desintegriert gewesen. Von politischen Divergen-
zen gelähmt, bezog es einen harten Klassenstandpunkt und trat schließlich die Flucht in eine neue, die faktische Bedrohung scheinbar über-
windende Sozialutopie der Volksgemeinschaft an. Dabei handelte es
sich um einen Prozess langsamer Milieuinfiltration, nicht um eine
abrupte politisch-programmatische Kehrtwendung zum Nationalsozialismus, wie R. KOSHAR am Beispiel der Universitätsstadt Marburg
[120: Local Politics] ausführt. Der Rechtsnationalismus bot dem Bürgertum als letzte Zuflucht eine „konservative Integrationsideologie"
[329: O. HEILBRONNER, Stammtisch].

Zersetzung bür-
gerlicher Milieus
nach 1945

Diese Zersetzungsdiagnose wird gestützt durch M. GRESCHAT,
dessen Studie über die Neuformierung der „evangelischen Christenheit
nach 1945" die scharfen Frontstellungen in der Evangelischen Kirche
Deutschlands über die Stuttgarter Schulderklärung der „Bekennenden
Kirche" im Oktober 1945 nachzeichnet [323: Evangelische Christen-
heit]. An der Basis, in den Gemeinden des nationalprotestantischen Milieus sei das Bürgertum dem Versuch selbstkritischer Reinigung mit
schroffer Ablehnung begegnet. Orientierungslos habe sich das protestantische Bürgertum vergeblich um eine Rechristianisierung des Milieus bemüht. Die Kerngemeinde indessen sei nicht mehr erreichbar gewesen, sie wurde durch die Individualisierung der religiösen Praxis und

durch Kirchenaustritte weiter geschwächt. Auch für das katholische Bürgertum liegen vergleichbare Ergebnisse vor. Am Beispiel des „Volksvereins für das Katholische Deutschland" belegen G. KLEIN [332: Volksverein] und D. GROTHMANN [326: Verein der Vereine] die schwindende Macht zentralen Milieumanagements. Von einer Milieueinheit könne bereits vor 1933 nur mit Einschränkungen die Rede sein und auch die bürgerlichen Kerngruppen näherten sich dem NS ideologisch an oder waren unter dem Verfolgungsdruck des Regimes in die religiöse Innerlichkeit emigriert. Die „Austrocknung" des katholisch-bürgerlichen Milieus in der Diktatur sei dem „Zerfall" in den 1960er Jahren vorausgegangen.

Völlig andere Ergebnisse präsentiert F. BÖSCH in seiner Langzeitstudie über das „konservative Milieu" bürgerlicher Honoratioren in den Kleinstädten Celle und Greifswald [317: Vereinskultur], die als norddeutsch-protestantische Beamtenstädte nationalkonservativer Tradition einen eigenen Strukturtypus repräsentieren. Aufgrund der personellen Kontinuität über die System-Transformationen von 1918, 1933 und 1945 hinweg konstatiert Bösch eine „Milieurenaissance", die in teils neuen (Feuerwehren, ADAC), teils umbenannten Vereinen („Kriegerverein") ihre Stütze hatte. Das Milieu ist primär kulturell, als institutionalisierte Deutungskultur kontinuierlicher Wertsysteme und gemeinsamer Traditionspflege definiert. Infolge des Umbruchs 1918/1919 sei eine „qualitative Verdichtung" konservativer Organisationen festzustellen, eine kulturelle „Überformung" bürgerlicher Interessengegensätze. Ihrem Selbstverständnis entsprechend agierten die konservativen Meinungsführer noch 1945 „überparteilich", „unpolitisch" und „bürgerlich", rekurrierten also auf die kommunale Praxis der Vergangenheit. Zu den Milieukonstanz sichernden Werten konservativen Bürgertums zählt Bösch die Kirchenbindung, die Heimatverbundenheit und einen harmonisch-berufsständischen Gesellschaftsentwurf. Nicht zuletzt dank der „milieukonstituierenden Kraft" der Vereine und der Rekrutierung der lokalen Eliten aus den angesessenen Familien, so das Fazit, überstanden die Lokaleliten „trotz ihrer immensen Verflechtung mit dem Nationalsozialismus" die Entnazifizierung.

Böschs Studie revidiert die Lehrmeinung von der „Auflösung" des Bürgertums bzw. bürgerlicher Teilmilieus seit 1918. Vielmehr setze zu diesem Zeitpunkt auf breiter Front eine konservative Milieubildung als abwehrende Krisenreaktion ein. Das konservativ-bürgerliche Milieu sei 1933 nicht „zerstört" oder gleichgeschaltet worden. Das Bürgertum habe den Umbruch mitgetragen, indem es sein Vereins- und Kommunikationsnetz den bei Kommunalwahlen wenig erfolgreichen

Das konservative Milieu

Kontinuität bürgerlicher Kleinstadtmilieus

NS-Aktivisten zur Verfügung stellte. Dadurch seien Nischen habitueller Bürgerlichkeit bestehen geblieben und intakte Strukturen, an die sich nach dem Zusammenbruch 1945 sofort anschließen ließ. Hier berührt sich Böschs Studie mit den Ergebnissen von C. RAUH-KÜHNE/ M. RUCK [343: Kleinstadtgesellschaft]. Auch im katholischen Ettlingen überlebte das bürgerliche Kernmilieu, im Unterschied zum protestantischen Kleinstadtmilieu allerdings durch stärkere Abschottung gegenüber dem Nationalsozialismus. Stabilisierend wirkten hier das treue Gefolgschaftsverhältnis zur Amtskirche und die vergleichsweise hohe Bindekraft des katholischen Milieus. Anders als Bösch behält Rauh-Kühne einen scharfen Blick für gegenläufige Tendenzen der Moderne. Selbst in der Kleinstadt Ettlingen sei die katholische Vereinskultur bereits in den 1920er Jahren von konkurrierenden Freizeitvereinen, die neue Sozialbindungen schufen, unterwandert worden.

Bürgertum in der DDR   Eine dem westdeutschen Kleinstadtmilieu vergleichbare Entwicklung war im sowjetischen Machtbereich nicht möglich, da die SED die bürgerlichen Organisationsstrukturen zerschlug. Dennoch überstanden Reststrukturen bürgerlicher Vereinskultur den Umbruch insbesondere im Umfeld der protestantischen, im geringeren Maße auch der katholischen Kirchengemeinden, wie T. GROSSBÖLTING am Beispiel von Magdeburg und Halle/Saale [325: SED-Diktatur und Gesellschaft] und W. TISCHNER am katholischen Submilieu der DDR herausgearbeitet haben [349: Subgesellschaft; vgl. dazu auch R. BESSEL/ R. JESSEN, 30: Grenzen der Diktatur]. Auch C. KLESSMANN [333: Relikte] geht von einer „pragmatischen Rücksichtnahme" der Machthaber gegenüber bestimmten Traditionsmilieus aus, die den Sinn hatte, die bürgerlichen Mittelschichten für das System zu gewinnen [vgl. 350: M. VESTER/ S. HOFMANN/I. ZIERKE, Soziale Milieus in Ostdeutschland]. A.-S. ERNST [383: Kulturelle Leitbilder] hat darauf verwiesen, dass die Prägekraft bürgerlicher Kultur und Lebensformen erhalten blieb. Angesichts der Traditionslosigkeit der DDR sei es selbst im Kreise der Parteiführung kaum umstritten gewesen, das eigene kulturelle Erbe auf bewährte Leitbilder „solider Bürgerlichkeit" zu stützen.

Zwischenbilanz der Bürgertumsforschung   Unter dem Strich differenzieren die genannten Studien zentrale Ausgangsüberlegungen der Bürgertumsforschung zum 20. Jahrhundert. Von der Vorstellung einer „Auflösung des Bürgertums" in den großen Krisen des Jahrhunderts kann man sich getrost verabschieden. Es wird deutlich, dass bürgerliche Organisationsstrukturen und Lebensweisen die großen Systemtransformationen in erstaunlichem Umfang überlebt haben. Der Erkenntnisgewinn beruht auch darauf, dass ihr Augenmerk nicht allein der Normativität bürgerlicher Werte und Le-

benswelten gilt. Sie zielen verstärkt auf den damit konstitutiv verbundenen Erfahrungs- und Handlungsraum, auf die kommunale Praxis des
Bürgertums. Nur so konnte die Konstanz des bürgerlichen Netzwerks
aus Beziehungen, Vereinen und Verwandtschaft präzise bestimmt werden. Auch eine simplifizierende Annahme der Zerstörung bürgerlicher
Lebenszusammenhänge durch den Nationalsozialismus ist partiell wi-
derlegt worden. Gleichwohl transportieren die genannten Studien auch *Grenzen einer*
die terminologischen Unschärfen des Milieubegriffs. Eine Gleichset- *Neubewertung*
zung des konservativen Milieus oder konservativer Deutungsmuster
mit Bürgertum und Bürgerlichkeit ist in dieser Eindeutigkeit nicht sinnvoll. Selbst wenn man Milieuträger und lokale Meinungsführer als
Honoratioren dezidiert bürgerlichen Selbstverständnisses identifiziert,
ist das Milieu per definitionem schichtenunspezifisch. Die Auswahl
kleiner Städte (Ettlingen, Celle, Greifswald, Emden, Aurich, Eutin
usw.) profiliert ein kleinstädtisches Bürgertum in ländlichem Umfeld
abseits der modernen Großstadt. Die Kongruenz der Ergebnisse mit
den Untersuchungen über dörfliche Strukturen [342: W. PYTA, Dorfge-
meinschaft] und provinzielle Heimatpflege [209: C. APPLEGATE, Nation
of provincials; 345: D. VON REEKEN, Ostfriesland] ist unverkennbar. *Emigration in die*
Möglicherweise liegt aber in dieser selbst induzierten Beschränkung *Provinz?*
der Erkenntnismöglichkeiten der eigentliche Ertrag für die Bürgertumsforschung. Überlebt die bürgerliche Lebenswelt als Traditions-
komplex von Wertvorstellungen und Handlungsorientierungen gerade
am Rande großstädtischer Agglomerationen? Emigrieren Bürgertum
und Bürgerlichkeit in die heimatliche, sozialromantische Provinz abseits der Moderne? Erfährt die abgelebte Vereinsgeselligkeit im kleinstädtischen wie im Vertriebenenmilieu eine Renaissance, wird die in
Schützen-, Heimat-, Turn- und Gesangsvereinen praktizierte Traditionspflege zum Inbegriff bürgerlicher Lebenswelt und Kern eines Rest-
milieus entpolitisierter Bürgerlichkeit?

3.3 Moderne Lebensweisen und Verhaltenswandel

Seit den sozialpsychologischen Studien Erich FROMMS Ende der 1920er
Jahre [7: Arbeiter und Angestellte] gelten die jüngeren, aufstiegsorientierten Angestellten als Vorreiter moderner, urbaner Lebensweisen im
20. Jahrhundert. Einen Schwerpunkt der Erforschung moderner *Forschungsschwer-*
Lebenswelt bildet die Kulturgeschichte des Wohnens, über das eine von *punkt bürgerliche*
der Wüstenrot-Stiftung herausgegebene, fünfbändige Darstellung um- *Wohnwelten*
fassend informiert [v.a. 257: J. REULECKE Bd. 3: Das bürgerliche Zeitalter; 399: G. KÄHLER, Bd. 4: Reform, Reaktion, Zerstörung; 385:

I. FLAGGE Bd. 5: Aufbau, Neubau, Umbau; auch: 418: A. SCHILDT/
A. SYWOTTEK, Massenwohnung und Modernisierung]. Akzentuieren
die Autoren im Allgemeinen den revolutionären Wandel im Zeichen
des Neuen Bauens seit der Jahrhundertwende [bes. 428: A. K. VETTER,
Befreiung des Wohnens], so heben die Arbeiten von W. VOIGT [276:
Bremer Haus] und J. RODRÍGUEZ-LORES/G. FEHL [260: Kleinwohnungs-
frage] die Kontinuität familienbezogener Leitbilder bürgerlichen Wohnens in der abgeschlossenen Welt des Einfamilienhauses hervor. Unter
dem Einfluss der Lebensreform- und Heimatschutzbewegung seien
landschafts- und naturverbundene Siedlungsweisen in städtischer
Randlage bevorzugt worden. J. PETSCH [408: Eigenheim und gute
Stube] vergleicht die großbürgerliche Villenarchitektur im Landhaus-
stil mit dem Eigenheim der bürgerlichen Vorstadtsiedlung. Beide
Architekturformen suchten eine Antwort auf die gesellschaftlichen
Probleme der Großstadt zu geben. In der kultivierten Privatheit des
Einfamilienhauses in ruhiger Lage, in der Sicherheit der „eigenen vier
Wände" [422: G. SELLE, Die eigenen vier Wände] spiegele sich die bürgerliche Sehnsucht nach der „guten alten Zeit". Im trauten Heim habe
sich das Bürgertum eine „Ersatzwelt" inszeniert für den in der Gesellschaft „nicht erreichten sozialen Frieden" [264: A. von Saldern, Im
Hause, zu Hause; 222: J. M. FISCHER, Bürgerliche Möblierung]. Offen-
sichtlich ist die (klein)bürgerliche Wohnkultur weder von den Kriegs-
zerstörungen noch vom gesellschaftlichen Wandel sonderlich berührt
worden. Dies gilt besonders auch für den sozialistischen Mangelalltag
der DDR, der die bewährte bürgerliche Ästhetik im privaten Rückzugsraum konservierte.
Sozialharmonische Vorstellungen des Bürgertums wurden auf die Arbeiterschaft übertragen, um diese im Zuge des „Kleinwohnungsbaus"
und der Eigentumsbildung zu verbürgerlichen. Auf den Sozialraum
Stadt übertragen, konvergierten bürgerliche Ordnungsvorstellungen mit
den sozialhygienischen, „naturgemäßen" Konzeptionen der Städtepla-
ner. Die nach biologischen und ökologischen Grundsätzen gegliederte
Stadt mit einer funktionalen Trennung der Lebensbereiche war ein
städtebauliches Leitbild der 1920er bis 1950er Jahre. M. RODENSTEIN
[259: Gesundheitskonzepte] bringt das Gartenstadtmodell mit der gesellschaftlichen Reformvision einer Stadt in Verbindung, die „Arbeit,
Einkommen und gute Wohnverhältnisse für alle" bieten sollte. A. VON
SALDERN stellt der Utopie die Realität der Siedlungen des neuen Massenwohnungsbaus gegenüber. Die bürgerlichen Bewohner aus dem
neuen Mittelstand hätten sich diese fremden Strukturen angeeignet, aus
dem „Ghettocharakter" eine „quartierliche Identität" entwickelt und

seien so zu Vorreitern moderner Lebensformen geworden [Neues Wohnen, in 419: A. SCHILDT/A. SYWOTTEK, Massenwohnung und Eigenheim, 213; vgl. 427: L. UNGERS, Siedlungen].

Alle Autoren sehen einen grundlegenden Wandel bürgerlicher Wohnformen in den Jahren der klassischen Moderne eintreten. Mit der Städtetechnik, den technischen Neuerungen und der Aktivität des Deutschen Werkbundes änderte sich die Ausstattung der bürgerlichen Haushalte. Nach und nach verwandelte sich das überladene Stilchaos der Einrichtungen in funktionale Sachlichkeit. Die Großwohnanlagen des Neuen Bauens bildeten „Wohnstädte", die als urbane Lebensform seit den 1960er Jahren in den mit Einfamilien-Reihenhäusern bebauten Neubauvierteln zur verbreiteten Wohnform bürgerlicher Schichten geworden sind. Unterschiedlich bewertet werden die Motive des Verhaltenswandels, den diese Wohnkultur anzeigt: Ist er eine Folge des modernen Zwangs zur Rationalisierung der Lebensführung oder signalisiert das bürgerliche Eigenheim in suburbaner Randlage den Wunsch nach Integration und Gemeinschaftsbildung? Jedenfalls scheint das Reihenhaus mit Kleingarten bürgerliche Autonomievorstellungen zeitgemäß zu reproduzieren, ist das austauschbare gutbürgerliche Wohnzimmer Traditionselement und „Kulisse der nationalen Kulturgeschichte" [423: G. SELLE, Geschichte des Designs; 422: DERS., Die eigenen vier Wände].

Wandel bürgerlicher Wohnkultur

Mit der bevorzugten Wohnform eng verbunden war eine familienzentrierte Lebensweise, die im öffentlichen politischen Diskurs stets als Merkmal von „Bürgerlichkeit" reflektiert wurde. Leitbild bürgerlichen Familienlebens blieb bis in die Prosperitätsjahre der Bundesrepublik die geschlechtsspezifische Trennung von männlicher Erwerbsarbeit und weiblicher Haushaltsführung und Kindererziehung. Professionalisierungs- wie Geschlechterforschung belegen, dass sich die an steigenden Studentinnenzahlen andeutende Aufweichung der Rollenerwartungen gerade in den akademischen Berufen noch kaum bemerkbar machte [331: C. HUERKAMP, Bildungsbürgerinnen]. Erste, unter dem unmittelbaren Eindruck der Nachkriegswirren entstandene empirische Studien zur Lage der Familie zeichneten das düstere Bild des Verfalls einer bürgerlichen Institution [24: H. THURNWALD, Berliner Familien; 14: A. KURZ, Lebensverhältnisse; vgl. 4: G. BAUMERT, Deutsche Familien; 17: E. PFEIL, Berufstätigkeit]. H. SCHELSKYS Bestandsaufnahme, die im Blick auf „typische" Nachkriegsschicksale entstanden war, kam zu dem abweichenden Ergebnis, dass die Familie unter den verschärften Bedingungen der 1940er Jahre ein „Stabilitätsrest" in der gesellschaftlichen Krise gewesen sei [18: Wandlungen]. M. NIEHUSS' Studie

Studien zur bürgerlichen Nachkriegsfamilie

[363: Strukturgeschichte] bestätigt die „Restauration der traditionellen Kleinfamilie" in den 1950er Jahren, die auch dazu führte, dass sich insbesondere bürgerliche Frauen wieder in ihre traditionellen Rollenmuster einfügten.

Die Bedeutung der Konsumforschung für die Bürgertumsgeschichte

Von besonderem Gewicht für die Geschichte des Bürgertums im 20. Jahrhundert sind die Ergebnisse der interdisziplinären Konsumforschung [Forschungsüberblick: M. PRINZ, Einleitung, in: 412: DERS., Weg in den Überfluss]. Angeregt durch D. RIESMANS Studie zu historischen „Verhaltensstilen" [The Lonely Crowd, New Haven 1950] wird das 20. Jahrhundert zunehmend als „Zeitalter des Konsums" betrachtet. Riesman zufolge hatte ein *major cultural transfer* vom „innengeleiteten", an den Werten der Arbeitsgesellschaft orientierten Menschen des 19. Jahrhunderts zum „außengeleiteten" (*other directed*) Verbraucher

Entdeckung des Konsumbürgers

der Konsumgesellschaft stattgefunden. Das Bürgertum war die treibende Kraft modernen Konsumverhaltens, es setzte durch demonstrativen Konsum gesellschaftliche Verhaltensmaßstäbe [25: T. VEBLEN, Theorie der feinen Leute]. Exponenten des Bildungsbürgertums haben den historischen Verhaltenswandel kritisch reflektiert. Im Anschluss an das berühmte Kapitel in der „Dialektik der Aufklärung" [444: M. HORKHEIMER/T. ADORNO, 128–177] wurde im intellektuellen Milieu der Bundesrepublik der „Konsumbürger" als seiner selbst „entfremdetes" [393: J. HABERMAS, Kultur und Konsum], von der Werbung und „Bewußtseinsindustrie" manipuliertes [407: V. PACKARD, Die geheimen Verführer] Objekt technischer Sachzwänge und industrieller Machtinteressen dargestellt. Konsumismus erscheint als unverantwortliche Lebenshaltung in einer verhaltenskonformen Massengesellschaft, die soziales Engagement und politische Partizipation den Prinzipien von Ertrag und Verschwendung unterordnet [438: H. FREYER, Gesellschaft und Kultur]. Kern der bildungsbürgerlichen Krisendiagnose ist die Vorstellung, die Erlebnis- und Konsumkultur der Moderne führe zu einem Verlust an Selbstbestimmung und Selbstkontrolle: Im Konsumismus des Konsumenten erlöschen schließlich die Restbestände (staats)bürgerlicher Identität [411: N. POSTMAN, Unterhaltungsindustrie; 396: P. HUNZIKER, Erziehung zum Überfluß].

Bereits D. RIESMAN stellte der Manipulationsthese die Eigenrationalität des Konsumismus entgegen. Auch die neuere Forschung geht von der prinzipiellen Wahlfreiheit des Konsumenten aus. W. KÖNIG, der eine umfassende „Geschichte der Konsumgesellschaft" [402] des 20. Jahrhunderts vorgelegt hat, betrachtet die Wechselwirkungen zwischen neuen Produktionstechnologien und modernen Konsummustern. Die Genese der Konsumgesellschaft werde primär in der „Technisierung

des Konsums" und im „Technikkonsum" nachvollziehbar. Für J. HA-
BERMAS realisiert sich im zweckrationalen Gebrauch von Technik die
Kolonialisierung der Lebenswelt durch die „Systemwelt" [392: Technik und Wissenschaft]. Unabhängig von seiner sozialmoralischen
Bewertung wird Konsumismus als primäre Lebensäußerung status-
bewusster Mittelschichten gedeutet, deren Kaufkraft das moderne Kon-
sumverhalten bestimme. Die Konsumpräferenzen der „geschmacksbil-
denden Klassen" [35: P. BOURDIEU, Die feinen Unterschiede] trugen
entscheidend zur Normierung von Bedürfnissen bei. M. FEATHERSTONE
[437: Consumer Culture] siedelt diese neue Klasse der Kulturkonsu-
menten ebenfalls bei den „Mittelklassen" an. Ihr Geschmacksurteil sei
maßgeblich für die Verbreitung „postmoderner symbolischer Güter",
ihr kulturelles Kapital dem ökonomischen Kapital der alten Bourgeoisie gleichwertig.

Konsumgesellschaft ist zur analytischen Kategorie geworden, die
den sozialen und kulturellen Wandel der bürgerlichen Klassengesellschaft im 20. Jahrhundert bezeichnet. Lebensglück war käuflich geworden, der Konsum schlug „Breschen in die Klassengesellschaft" [178:
U. SPIEKERMANN, Basis der Konsumgesellschaft]. Die Konsumkultur
der Postmoderne ist durch transnationale Kommunikation über Waren
und Kulturgüter verbunden. Sie wird deshalb zunehmend im transatlan-
tischen Vergleich [424: H. SIEGRIST/H. KAELBLE/J. KOCKA, Europäische
Konsumgeschichte; 425: S. STRASSER/C. MCGOVERN/M. JUDT, Getting
and Spending], im Blick auf die kulturelle Leitfunktion der USA auch
unter dem Synonym der „Amerikanisierung" erforscht [299: A.
LÜDTKE/I. MARSSOLECK/A. VON SALDERN, Amerikanisierung; 48: P. GAS-
SERT, Amerikanisierung; 378: A. DOERING-MANTEUFFEL, Amerikanisierung und Westernisierung]. Hinsichtlich der Restbestände bürgerlicher
Kultur ist der Vergleich mit der Konsumkultur der DDR besonders aufschlussreich [406: I. MERKEL, Utopie und Bedürfnis]. Bewährte kleinbürgerliche Verhaltensstile wurden im sozialistischen Mangelalltag
ganz selbstverständlich praktiziert. Nicht eine sozialistische Konsumkultur, sondern die westliche Produktkultur galt als Inbegriff materieller Zivilisation. Im Zuge der Kontroverse über die Anfänge und die
Definitionskriterien der Konsumgesellschaft ist die „Warenkultur"
(*commodity culture*) selbst zum Gegenstand der Forschung [415:
W. RUPPERT, Alltagsdinge] geworden. Konsum und Unterhaltung beanspruchten einen zentralen Wert in einem von Freizeit geprägten Alltag.
Warenbesitz lasse sich nicht auf das Bedürfnis nach ostentativer Abgrenzung zurückführen. Vielmehr entstehe eine „neue Ordnung der
Dinge", die durch eine hohe Wertpräferenz für Konsumgüter und die

Von der Konsum-
kritik zur Konsum-
forschung

Ansätze historischer
Konsumforschung

Orientierung der Bürger an Konsumchancen gekennzeichnet sei [400: G. KATONA, Massenkonsum]. M. WILDT [430: Konsumgesellschaft; 429: DERS., Vom kleinen Wohlstand] und A. ANDERSEN [370: Traum vom guten Leben] plädieren für eine kulturelle Erweiterung der Konsumforschung, die bislang primär an der Entwicklung der Haushaltsökonomie interessiert gewesen sei. Konsum müsse im Kontext eines säkularen Verhaltenswandels betrachtet werden. Konsumieren erscheint als ein komplexer Vorgang der individuellen Aneignung, Konsumismus als die Lebensform der Postmoderne schlechthin.

Die Konsumgesellschaft setzt eine allgemeine Zunahme disponibler Zeit- und Einkommensreserven, mithin Massenwohlstand als Antriebskraft voraus. H. SCHELSKY hat den Prozess sozialer Angleichung zwischen Bürgertum und Arbeiterschaft in der bundesdeutschen Nachkriegsgesellschaft analysiert [18: Wandlungen]. Seine Theorie der „nivellierten Mittelstandsgesellschaft" erinnert an die bürgerliche Sozialutopie des 19. Jahrhunderts. Schelsky registrierte eine allgemeine Erhöhung der sozialen Mobilität nach oben und unten, die „zu einem Abbau der Klassengegensätze, einer Entdifferenzierung der alten, noch ständisch geprägten Berufsgruppen und damit zu einer sozialen Nivellierung in einer verhältnismäßig einheitlichen Gesellschaft" führe. Der Lebensstil der kleinbürgerlich-mittelständischen Gesellschaft der BRD würde durch Teilhabe an den „materiellen und geistigen Gütern des Zivilisationskomforts" bestimmt. Während R. DAHRENDORF scharfe Kritik an Schelskys Modell übte, weil dieses die Ungleichheit von Bildungschancen ignoriere, unterstreicht die Konsumforschung die nivellierende Wirkung des Massenkonsums. M. WILDT [430: Konsumgesellschaft] hält dagegen, dass weniger der Abbau sozialer Ungleichheit, als die „Anhebung des Gesamtniveaus" Voraussetzung des Konsumismus sei. Nicht Nivellierung, sondern Pluralisierung auf hohem Niveau, ein Auseinandertreten verschiedenster sozialer Lagen und Lebensstile, kennzeichne die Konsumgesellschaft.

Zu den entscheidenden Faktoren, die zur Auflösung der Klassenstrukturen der bürgerlichen Gesellschaft führten, zählt die Konsumforschung Vollbeschäftigung, die Ausdehnung der Freizeit, hohe Produktivität und den Anstieg der Massenkaufkraft. Den Berechnungen des Statistischen Bundesamtes und der Gesellschaft für Konsumforschung zufolge verfügten etwa 30–40% der Arbeiter- und Angestelltenhaushalte in Westdeutschland über Einkommensreserven, die den Existenzbedarf für Ernährung, Kleidung, Wohnen überschritten. Zwischen 1960 und 1973 bewegte sich die Konsumquote zwischen 87,2 und 91,5% des Haushaltseinkommens [21: StBA, Wirtschaftsrechnungen]. Die dyna-

Mittelstands-gesellschaft und Konsumgesellschaft

Konsumstatistik

mische Ausweitung der Konsummöglichkeiten produzierte, so die Schlussfolgerung, seit Beginn der 1950er Jahre mehrere „Konsumwellen". Nach der Wiederherstellung der Normalität prägten sich bestimmte Konsummuster in der Reihenfolge der Anschaffung langlebiger Güter aus. A. SCHILDT [416, Moderne Zeiten, 441] charakterisiert den Zeitraum zwischen der Währungsreform 1948 bis zur Mitte der 1960er Jahre als das „formative Jahrzehnt Westdeutschlands". An die Stelle der von Klassengegensätzen und heterogenen Lebenslagen geprägten bürgerlichen Gesellschaft trat, darauf laufen die Ergebnisse der neueren Konsumforschung hinaus, eine hoch mobile, Waren, Technik und Freizeit konsumierende Verbraucher- und Erlebnisgesellschaft [455: G. SCHULZE, Erlebnisgesellschaft]. Wohlstand und Konsum waren Verheißung geworden, Teilhabe am Massenkonsum ein demokratisches Grundrecht [382: L. ERHARD, Wohlstand für Alle]. Im Konsumbürger konkretisierte sich der Sozialtypus der Postmoderne.

Es bleiben Differenzen in der Forschungsdiskussion darüber bestehen, wann der Übergang von der Mangel- zur „Überflussgesellschaft" [439: J. K. GALBRAITH, Gesellschaft im Überfluß] zeitlich anzusetzen ist. Im Unterschied zu W. KÖNIG [402: Konsumgesellschaft] und H. BERGHOFF [371: Konsumpolitik], die bereits für die Zwischenkriegszeit eine „entwickelte Konsumgesellschaft" annehmen, entfaltet sich für A. SCHILDT [416: Moderne Zeiten] und M. WILDT [430: Konsumgesellschaft] erst in den 1950er Jahren die Konsumgesellschaft. Für H.-J. TEUTEBERG ist die „Ernährungsrevolution" die Grundvoraussetzung für den Massenkonsum, er unterstreicht somit die eminente Bedeutung der Modernisierungsjahre zwischen 1948 und 1965 [273: Durchbruch zum Massenkonsum, 36 f.; 413: W. PROTZNER, Kulturgeschichte des Essens]. Der realen Modernisierung korrespondiert die anhaltende, nostalgische Erinnerung an „Wirtschaftswunder" und Wiederaufbau, an jene Jahre, in denen bürgerlicher Biedersinn in der Wohnstube und die Modernisierung der Gesellschaft eine enge Verbindung eingingen [418: A. SCHILDT/A. SYWOTTEK, Wiederaufbau; 391: F. GRUBE/G. RICHTER, Wirtschaftswunder]. Grundtatsache aller lebensweltlichen Erfahrungen sei die Wiederherstellung von Normalität durch die Währungsreform gewesen, insofern bildeten die Jahrzehnte zwischen 1920 und 1960 trotz aller gesellschaftlichen Modernisierungsdynamik der 1950er Jahre eine „sozialhistorische Einheit". Markieren somit die 1950er Jahre erfahrungsgeschichtlich den „Herbst" einer Epoche, an deren Ende erst „lebensweltliche Umbruchprozesse" und eine „gesellschaftsgeschichtliche Zäsur" einsetzten [416: A. SCHILDT, Moderne Zeiten, 33, 447]?

Periodisierungsprobleme einer Konsumgeschichte

3.4 Bürgerliche Gesellschaft – Konsumgesellschaft – Zivilgesellschaft

Paradoxien einer Bürgertumsgeschichte

Das Bürgertum ist terminologisch aus der Gesellschaftsgeschichte der Nachkriegszeit weitgehend eliminiert worden [dagegen: 310: H.-U. WEHLER, Phönix aus der Asche]. Nicht so die „bürgerliche Gesellschaft": L. NIETHAMMER hat den Kontinuitätsbruch der deutschen Nachkriegsgesellschaft in der vermeintlichen „Stunde Null" in der paradoxen Frage nach „der bürgerlichen Gesellschaft im nachbürgerlichen Deutschland" thematisiert. [War die bürgerliche Gesellschaft in Deutschland 1945 am Ende oder am Anfang?, in 80: DERS. u. a., Bürgerliche Gesellschaft in Deutschland]. Der Verlust an Autonomie und die Zerstörung der Grundlagen bürgerlichen Selbstbewusstseins durch den Nationalsozialismus seien durch den „Anschluss an die Westalliierten" als externen Garanten bürgerlicher Interessen kompensiert worden. Aufgrund der erzwungenen Anpassung an westliche Ordnungssysteme sei die Alternative „Neubeginn oder Restauration" bereits vor der Staatsgründung entschieden worden. Die bürgerliche Ordnung wurde durch die beschleunigte Transformation von oben restrukturiert, das Bürgertum dadurch der Verantwortung für die Nachkriegslasten enthoben. Ohne sich konkret auf eine Erörterung des Problems einzulassen, geht L. NIETHAMMER von einer externen Restauration der sozialen Strukturen aus. Auch H. SIEGRISTS gedankenreiche Betrachtungen zum „Ende der Bürgerlichkeit?" [91] lassen verhaltene Skepsis hinsichtlich der Endzeit-Diagnose erkennen. Seine Auswertung zeitgenössischer Lexika und sozialwissenschaftlicher Abhandlungen aus den Nachkriegsjahren deckt latente Widersprüche soziologischer Gegenwartsanalysen auf. Einerseits verschwinde Bürgertum und Bürgerlichkeit als soziales Phänomen und kulturelles Bezugssystem aus der Wissenschafts- und Umgangssprache. Zugleich aber hielten die Selbstentwürfe der Postmoderne materiell und begrifflich an den Grundgedanken der „Bürgergesellschaft" fest bzw. erfänden sie neu in der Wortschöpfung der „Zivilgesellschaft" [436: R. DAHRENDORF, Civil Society].

These des Legitimationsdefizits

Auf einen tiefer gehenden Bruch mit dem bürgerlichen Kulturerbe deuten historische Überblicksdarstellungen hin. Der neu formierten deutschen Nachkriegsgesellschaft werden grundsätzliche Legitimationsdefizite bescheinigt. Als eklatanter Mangel der Rekonstruktionsphase gilt die fehlende innere Partizipation der Bürger am Aufbau einer demokratischen Ordnung. W. ABELSHAUSER hat die Bundesrepublik als Gesellschaft ohne zivilen Gründungskonsens, als „Wirtschaft auf der Suche nach einem politischen Daseinszweck" beschrie-

ben [27: Wirtschaftsgeschichte, 8]. Erneut wird diese vermeintlich fehlende Eigenidentität als Resultat der erzwungenen „Westintegration"
in den Zeithorizont der säkularen „Amerikanisierung" im 20. Jahrhundert gestellt, die nach 1945 in der „Westernisierung" Europas aufgehe.
Die aus der bürgerlichen Gesellschaft hervorgehende Nachkriegsordnung entfalte sich als „Konsumdemokratie" in Angleichung an das
„amerikanische Paradigma der Massenkonsumgesellschaft" [376: V.
DE GRAZIA, Leitbilder der Konsum-Moderne]. Ihre Eigendynamik und
Legitimität beruhten auf Wohlstand und Sicherheit, die einen materiellen Gründungskonsens stifteten [80: L. NIETHAMMER, Bürgerliche Ge-
sellschaft].

Über die Ausformung des nordamerikanischen Entwicklungs-
paradigmas, das die westliche Zivilisation normiert, liegen bislang nur
wenige empirische Vergleichsstudien vor. Nach wie vor dominieren
Studien, die bestimmte Diskurse im Kontext zeitgenössischer Moderni-
sierungserfahrungen erforschen. A. VON SALDERN [Überfremdungs-
ängste, in 299: Amerikanisierung] hält die spannungsgeladene Gleich-
zeitigkeit von der Begeisterung für Technik und Rationalisierung
einerseits und die Ablehnung der kommerziellen Massenkultur für das
signifikante Merkmal der Debatte um die Amerikanisierung. Beide
Tendenzen repräsentierte seit den 1920er Jahren die USA, doch verwiesen die widersprüchlichen Elemente des zeitgenössischen Amerika-
bildes auf bürgerliche Zukunftserwartungen im Blick auf die eigene
nationalkulturelle Entwicklung. Insbesondere das Bildungsbürgertum
habe sich auf vermeintlich wertvollere Tugenden einer spezifisch deutschen Geisteskultur berufen und sich wiederholt der Rhetorik einer
„Überformung" durch einen „kultur- und seelenlosen" Materialismus
bedient. Indem das Bürgertum eine qualitative Differenz zwischen
deutscher „Kultur" und nordamerikanischer „Zivilisation" zu betonen
suchte, akzentuierte es die vor 1914 vor allem auf England gemünzte
Ideologie eines „deutschen Weges" [A. LÜDTKE/A. VON SALDERN, Einleitung, in 299: Amerikanisierung]. Vom Fortwirken der Idee eines kulturellen deutschen Sonderweges im Bürgertum geht auch A. DOERING-
MANTEUFFEL aus [378: Amerikanisierung]. Er sieht eine verzögerte Tendenz zur Westernisierung Deutschlands, die 1933 radikal unterbrochen
wurde und nach 1945 erst zum Durchbruch gelangen konnte [vgl. auch
103: H. A. WINKLER, Der lange Weg]. Hinsichtlich der Ausstrahlung
des amerikanischen Zivilisationsmodells bleiben viele Fragen offen,
zumal weder der zeitgenössische noch der forschungspraktische
Begriff der Amerikanisierung klar umrissen ist: Zum einen steht ganz
allgemein der Durchbruch der modernen Massen- und Konsumenten-

Studien zur
Amerikanisierung

Unklarheit der
Begriffe „Amerika-
nisierung"/„Wester-
nisierung"

kultur zur Debatte, der sich ebenso gut auf eigene europäisch-bürger-
liche Traditionen zurückführen ließe. Im Konkreten werden häufig
einzelne Elemente moderner Lebensstile und Verhaltensformen, vom
sozialen Nonkonformismus der Kleidung über Fastfood-Ernährung bis
zur Verbreitung von Pop-Musik als spezifische Amerikanismen ange-
führt.

Inzwischen zeichnet sich ein breiter Forschungskonsens über die
transnationale Bedeutung des fundamentalen Verhaltenswandels in der
bürgerlichen Moderne ab. Fraglich scheint indes, ob jene Verhaltensweisen, die der Konsumgesellschaft eigen sein sollen, als Definitions-
merkmale ausreichen. Begründet der selektive Konsum von Aufsteigern eine neue Sozialhierarchie des Geschmacks oder zeichnet sich die
Konsumgesellschaft nicht gerade durch die massenindustrielle Präfor-
mation vermeintlich individueller Lebensstile aus? Schließt Massenkonsum die manipulatorische Gleichschaltung differenter Lebensstile
ein, wird durch Werbung, Reproduktion und Warenästhetik ein wirk-
samer Konformitätszwang erzeugt? Werden Arbeiter wie Bürger gleichermaßen zu willenlosen Abnehmern industrieller *life style*-Produkte,
reduziert sich die Identität des Konsumenten auf die gleichberechtigte
Teilhabe an der globalen Warenkultur? Folgt man den wiederkehren-
den Argumentationsschleifen der Konsum- und Technizismuskritik der
1950er Jahre über die Kulturrevolte der „1968er" bis zum Ökologis-
mus der Umwelt- und Naturschutzbewegungen der 1980er Jahre, dann
schälen sich bemerkenswerte Übereinstimmungen heraus: Das seiner
selbst wie der ihm äußeren Natur entfremdete Individuum ist zum Objekt von globalen Wirtschaftsinteressen geworden; der selbständige,
bildungsstolze, am Gemeinwesen partizipierende Aktivbürger hat sich
in der profanen Erlebniswelt des Konsumenten verloren; das „Plebiszit
des Verbrauchers", so formulierte H. M. ENZENSBERGER pointiert [381:
Bewußtseins-Industrie], führe in eine „kleinbürgerliche Hölle" aus
kulturellem „Unrat"; und schließlich begrenzen Naturzerstörung und
Ressourcenverbrauch die Perspektive der Konsumgesellschaft.

Perspektiven und
Defizite moderner
Konsumforschung

Ohne eine Analyse der Konsumgewohnheiten, ohne genaue
Kenntnisse von Konsumentenwünschen und -bedürfnissen bewegen
sich historische Bewertungen von Konsumgesellschaft und Massenkonsum auf dünner Grundlage. Zu erforschen wäre, inwiefern die Konsummuster der Postmoderne einem bestimmten Design folgen, die den
Leitbildern bürgerlicher Lebensweise entsprechen. Sport, Reisen und
Technikkonsum gehörten zweifellos zum Repertoire adliger wie bürgerlicher Lebensformen im 19. Jahrhundert. Dass exklusive kulturelle
Praktiken zum Allgemeingut modernen Massenvergnügens werden

konnten, war aus der Sicht des Bildungsbürgertums ein bedauerlicher Verlust an kultureller Hegemonie. Die Ausweitung von Konsum und Freizeit bedeutete aber Demokratisierung und Teilhabe und in der Konsumbefriedigung der Massen realisierten sich zentrale bürgerliche Werte. Um den damit verbundenen strukturellen Wandel sozialer Beziehungen zu erfassen, müssten Formen des Massenkonsums klarer profiliert werden. Konsum ist als ein kulturelles Handlungsfeld zu verstehen, die Erforschung des Verhaltens des Konsumenten eröffnet Einblicke in die durch ihn freigesetzte gesellschaftliche Dynamik [429: M. WILDT, Wohlstand]. Und schließlich hängt von der Kenntnis des privaten Verbrauchs die Antwort auf die Frage ab, inwiefern dieser eine Erlebniskultur konstituierte, die eine Transformation zentraler Leitbegriffe der bürgerlichen Gesellschaft bewirkte. Nicht der Gebrauchswert, sondern Wertzuschreibungen, der imaginäre Status der Waren, bestimmen die Beziehungen des/der Konsumenten zum Produkt.

Durch die Einbeziehung demoskopischer Umfragedaten [2: ALLENSBACH, Eine Generation später] in die Sozialgeschichte der Bundesrepublik sind die Konturen der Konsumgesellschaft schärfer geworden. Die Ergebnisse der Meinungsforschung bestätigen Konsumstatistiken, denen die Abkoppelung der Lebensgewohnheiten von Klassenstrukturen und Einkommensgruppen zu entnehmen ist. Die Jugendgeneration des ersten Nachkriegsjahrzehnts 1945/1955 erhält so das eigenständige Profil der ersten anpassungsfähigen, pragmatischen und materialistischen Konsumgeneration. Durch ihren nüchternen Realismus und eine skeptische Geisteshaltung gegenüber Ideologien habe sie die Erosion des autoritären Staates und damit auch eine prinzipielle Offenheit gegenüber neuen Lebensentwürfen befördert. Neue Ausdrucksformen wie Jazz-Tanz und Bebop, aber auch „Halbstarkenkrawalle" seien signifikant für einen jugendspezifischen Verhaltens- und Konsumstil. Als zweite wichtige Trägergruppe der Konsumgesellschaft treten Frauen, insbesondere aus den unteren Angestelltenschichten hervor [17: E. PFEIL, Berufstätigkeit]. V. DE GRAZIA/E. FURLOGH [377: Sex of things] stellen die „Verwalterin des Haushaltsbudgets" ins Zentrum einer von weiblichen Konsumpräferenzen geprägten Kultur. Konsumentinnen spielten in der Welt der Dinge eine entscheidende Rolle.

Mit dem Erreichen eines Zustandes der „Sättigung" um 1970, als der „Nachkriegshunger" der Westdeutschen gestillt und ein hohes Wohlstandsniveau erreicht war, diagnostizierten Kritiker der Konsumgesellschaft Symptome eines beginnenden Überflusses [439: J. K. GALBRAITH, Gesellschaft im Überfluß]. Die Entscheidungssouveränität des

Demoskopie als Quelle historischer Verhaltensforschung

Generationsprofile und Konsumgruppen

Überflussgesellschaft

Konsumenten im Konsumrausch wurde zunehmend in Zweifel gezogen. Er liefere sich den Verführungskünsten der Werbung aus, die durch abstrakte Assoziationen Wünsche erzeuge, die an keine konkreten Bedürfnisse mehr geknüpft seien [407: V. Packard, Geheime Verführer]. Die Konsumgesellschaft wurde nach einem moralischen Wert, nicht nach ihrem materiellen Endzweck beurteilt. Von Beginn an konzentrierte sich der Diskurs auf die Natur der Konsum*freiheit*. Reduzierte sich die Wahlfreiheit des Konsumbürgers für H. M. Enzensberger [381: Bewußtseins-Industrie] auf den „Flächeninhalt einen Selbstbedienungsladens", so war Massenkonsum anderen gleichbedeutend mit der Befreiung des Menschen „aus materieller Not und Enge" [382: L. Erhard, Wohlstand für Alle].

Zivilgesellschaft und Kommunitarismus

Der Diskussion um die Kultur der Wohlstandsdemokratie blieb stets eine intensive Sinnsemantik eigen. Sie gipfelte schließlich in einer erstaunlichen Rückbesinnung auf die historischen Grundlagen bürgerlicher Kultur. Unter dem normativen Begriff der „Zivilgesellschaft" werden derzeit Vorstellungen einer am Gemeinwohl orientierten zivilen Handlungspraxis diskutiert, deren Verwandtschaft mit der Utopie der bürgerlichen Gesellschaft unübersehbar ist. Obgleich A. Bauerkämper [Einleitung, in 432: Ders., Zivilgesellschaft] sich um eine sozialwissenschaftlich-historische Definition bemüht, ist er sich doch der Normativität des Konzepts „Zivilgesellschaft" bewusst. Es schließt zentrale Merkmale der historischen Ausformung der bürgerlichen Gesellschaft ein: Selbstorganisation und Autonomie als Handlungsmaximen, Assoziationsfreiheit, Gemeinwohl-Rhetorik [451: H. Münkler/H. Bluhm, Gemeinwohl und Gemeinsinn]. Im Rekurs auf den Kommunitarismus [453: R. Putnam, Bowling Alone; 443: A. Honneth, Kommunitarismus] ist die neuzeitliche Stadt als lebensweltlicher Bezugsraum bürgerlichen Handelns neu entdeckt worden.

Bürgerliche Wurzeln der Zivilgesellschaft

Bei der Erörterung der historischen Grundlagen zivilgesellschaftlichen Handelns fließen gegenwärtig Ansätze einer bürgerlichen Selbstverständigung mit ein [445: J. Keane, Civil Society; 442: M. Hildermeier/J. Kocka/C. Conrad, Europäische Zivilgesellschaft, darin ein begriffsgeschichtlicher Problemaufriss; 446: J. Kocka, Zivilgesellschaft]. Inwieweit diese Wiederanknüpfung an bürgerliche Traditionsbestände auch eine ideologische Positionsbestimmung der westlichen „Zivilgesellschaft" gegenüber aktuellen Herausforderungen ist, lässt sich noch nicht mit Bestimmtheit sagen. H.-U. Wehler erklärt den Wiederaufstieg des Bürgertums nach 1945 – „wie Phönix aus der Asche" [310] – mit der unverminderten Attraktivität des politischen Projekts der „bürgerlichen Gesellschaft". Die „Akteure der Zivilgesell-

schaft" [454: D. Rucht] allerdings seien nicht mehr mit einer spezifischen Schicht oder Gruppe identifizierbar, weil die Wertpräferenzen
und Lebensformen, die das Bürgertum West- und Mitteleuropas verkörperte, in allen Bevölkerungsgruppen normative Gültigkeit erlangt
hätten.

4. Nachtrag 2014 – Tendenzen der Forschung seit 2005

Bürgertum und bürgerlich – lassen sich sozialhistorische Kategorien,
die zur Beschreibung der Gesellschaft des 19. Jahrhunderts entwickelt
wurden, auf postmoderne Lebenswelten übertragen? Diese Frage stellt
sich auch nach über drei Jahrzehnten Bürgertumsforschung noch [vgl.
521: C. Rauh, Bürgertum, und 520: Dies. Kontinuitäten? sowie 536:
M. Schäfer, Bürgerliche Werte]. Was ist das kulturelle Erbe der bürgerlichen Epoche zwischen Aufklärung und Moderne? Dass die Kriege
und Krisen des 20. Jahrhunderts die Vorherrschaft des Bürgertums beendeten, war in der Forschung lange unumstritten, und der postmoderne Wertepluralismus wirkte wie die Antithese bürgerlicher Kultur.
Das unvollendete Projekt einer universalen „Zivilgesellschaft" belebt   Das Projekt
die Debatte allerdings neu. Begriff und Inhalt erinnern an bürgerliche   einer universalen
Werte, mit deren Aktualisierung sich der Sammelband „Bürgertum   „Zivilgesellschaft"
nach dem bürgerlichen Zeitalter" [474: G. Budde/E. Conze/C. Rauh]
befasst. Er thematisiert Bürgertum und Bürgerlichkeit als historisches
Referenzsystem zivilgesellschaftlicher Diskurse. Ohne den massiven
Kulturbruch im Dritten Reich zu relativieren, betrachten die Heraus-
geber ihren Gegenstand in bemerkenswerter Entschiedenheit als fort-
wirkendes „Kulturmuster" und soziales Gegenwartsphänomen. Bürgerliche Wert- und Ordnungsvorstellungen hätten sich, so die von den
meisten Autoren akzeptierte Prämisse, als tragfähiger Grundkonsens
der Bundesrepublik wie des wiedervereinigten Deutschlands erwiesen.
Und selbst in der „entbürgerlichten" DDR, die jeden Ansatz von Selbständigkeit unterband, sei die bürgerliche Gesellschaft stets die attrak-
tivere Alternative gewesen.

Von einer Rekonstruktion bürgerlicher Lebenswelten gehen auch   Rekonstruktion
neuere Gesamtdarstellungen der westdeutschen Nachkriegsgeschichte   bürgerlicher Lebens-
aus. H.-U. Wehlers Sozialdiagnose lautet, das Bürgertum habe alle   welten
Krisen – Inflation, Krieg und Diktatur – „erstaunlich gut überstanden"
[548: Gesellschaftsgeschichte, 116]. In der Gesellschaft der Bundesrepublik existierten keine scharfen Klassengrenzen mehr, wohl aber

feine kulturelle Unterschiede und soziale Trennlinien. Über gesellschaftliche Spitzenpositionen entscheide nicht allein die Vermögens-
und Einkommensverteilung, so das Fazit, sondern die soziale Distink-

Kulturelles Kapital tionsfähigkeit der Aspiranten. Auch Wirtschaftseliten benötigten
kulturelles Kapital, um gesellschaftliche Anerkennung zu erwerben:
souveränes „Auftreten und Umgangsformen", Geschmackssicherheit,
unternehmerischen Zweckrationalismus, Optimismus und „klare Le-
bensziele" [548: Gesellschaftsgeschichte, 135].

Die Akzentuierung kultureller Bürgerlichkeit verbindet WEHLERS
*Gesellschafts*geschichte mit der *Kultur*geschichte der Bundesrepublik
von A. SCHILDT und D. SIEGFRIED [537]. Die Autoren sehen allerdings

Diskreditierung und eine scharfe Zäsur zur bürgerlichen Welt der 1920er Jahre. Das Bürger-
Rehabilitation tum war diskreditiert, eine Rehabilitation setzte das Eingeständnis seines moralischen Versagens und den Beweis seiner politischen Lernfä-
higkeit voraus; ein neuer kultureller Grundkonsens konnte erst durch
den Bruch mit der bürgerlichen Vergangenheit entstehen. Auf dieser
Grundlage habe sich unter Kuratel der Besatzungsmächte ein westlich
orientierter Lebensstil entwickelt, der Bürgerlichkeit und Populärkultur
erfolgreich integrierte. Um die Kultur dieses Neuanfangs genauer zu
bestimmen, müssten aber, so der Appell der Autoren, transnationale
Einflüsse auf „deutsche Traditionen der Bürgerlichkeit" stärker berück-
sichtigt werden [536: Deutsche Kulturgeschichte, 13].

Cultural turn Neue Ansatzpunkte der Bürgertumsforschung haben sich durch
die Horizontverschiebung des *cultural turn* ergeben. Das Interesse galt
jetzt Räumen, Praktiken und Diskursen, die bürgerlich geprägt sind:
Familie, Verein, Stadt, Universität, Musikkultur, Stiftungswesen – um
nur die wichtigsten, hier exemplarisch behandelten Forschungsthemen
zu nennen. Besonders viele Neuerscheinungen kommen aus dem Be-

Städteforschung reich der Städteforschung. Die hypothetische Frage nach dem Verbleib
des Bürgertums gab den Impuls, den Zeithorizont über Zäsuren hinweg
ins 20. Jahrhundert auszudehnen. Im Anschluss an Studien von A. v.
SALDERN und L. SEEGERS [534: Inszenierter Stolz] betrachtet J. GUCKES
„Konstruktionen bürgerlicher Identität" [484] in „Selbstbildern" ausge-
wählter Großstädte von der Wende zum 20. Jahrhundert bis 1960. Dis-
kursiv-visuell erzeugte Selbstentwürfe verdichten sich seiner Beobachtung nach zum Image einer Stadt, deren kulturelles Profil von den
Konstrukteuren als unverändert bürgerliches Habitat stadtplanerisch
revitalisiert wird [vgl. 543: S. SCHÜRMANN, Kulturelle Urbanisierung].
M. UMBACH [546: Bourgeois Modernism] untersucht die kulturelle Infrastruktur deutscher Städte in der Hochphase der klassischen Moderne
1890 bis 1924. In der Verbindung von Historismus und Modernis-

mus wurde die Stadt zur „theatrical stage of bourgeois identity perfor-
mances". Stadtbilder, so das Resultat der genannten Studien, lieferten
Identitätsangebote, die Einwohner (wieder) zu aktiven Bürgern machten und der Tendenz zur *global city* ein unverwechselbares kulturelles
Profil entgegensetzten. Wen die Visionen der Modernisten ansprachen,
wird aber nicht weiter erörtert: War die imaginierte bürgerliche Stadt
ein Phantasma der Reformer? Konnte sie in den segmentierten Sozialmilieus urbaner Agglomerationen ein ideeller Referenz- und projekti-
ver Handlungsraum aktiver Bürgerlichkeit werden? [zum Stadtmarketing Berlins im 19. Jahrhundert vgl. 471: T. BISKUP/M. SCHALENBERG,
Selling Berlin; zur Inszenierung von Frankfurt am Main als bürgerliche
Kulturstadt vgl. 539: G.-C. SCHIMPF, Kulturpolitik].

Stärker ins Blickfeld treten bürgerliche Stadtbewohner in Forschungen über soziale (Lebensstil-)Milieus [504: A. LIESKE, Arbeiterkultur; 524: S. REICHARDT/D. SIEGFRIED, Das alternative Milieu; 540:
S. SCHRAUT, Bürgerinnen], Vereine [514: K. PILGER, Zentral-Dombau-
verein; 489: C. ILBRIG u. a. Kulturelle Überlieferung; 492: E. KLITZSCH-
MÜLLER, Magdeburger Gesellschaft], Sozialgruppen- und Berufs-
organisationen [470: C. BIGGELEBEN, Bollwerk des Bürgertums;
535: M. SCHÄFER, Familienunternehmen; 483: B. GREWING, Mentalität],
Familien [550: B. WÖRNER, Frankfurter Bankiers; 512: U. MORGEN-
STERN, Schücking] oder kulturelle Praktiken des Bürgertums [469:
S. BIETZ, Erbschaften; 498: S. KUHRAU, Kunstsammler; 549: M. WER-
NER, Stiftungsstadt].

Der vermeintliche Untergang des Bürgertums steht längst nicht   Die Aktualität
mehr zur Debatte, belegen die Ergebnisse der Forschung doch die   bürgerlicher Kultur-
Aktualität bürgerlicher Kulturtraditionen. So zeigt etwa die Korrespon-   traditionen
denz bürgerlicher Familien während des Ersten Weltkriegs, dass die ge-
wohnte „bürgerliche Lebensführung" in der Krise existentielle Orientierung vermittelte [511: D. MOLTHAGEN, Ende der Bürgerlichkeit?].
M. FÖLLMER, der nationale Identitätsentwürfe von Industriellen und
Spitzenbeamten zwischen 1900 und 1930 untersucht [480: Verteidi-
gung], sieht bürgerliche Deutungsmuster durch Kriegsniederlage und
Krisenerfahrung sogar gestärkt: Nicht das Bürgertum, sondern das Volk
habe versagt. Bürgerlichkeit wird hier zum Modus alltäglicher Krisenbewältigung durch diskursiv-symbolische Selbstvergewisserung.

Widerlegen die Ergebnisse der Krisen- und Kriegserfahrungsfor-
schung die sozialgeschichtliche Abstiegsthese? Zuletzt hat sie M. SCHÄ-
FER [307: Bürgertum in der Krise] neu belebt, der an die sozialpsychologischen Folgen des Vertrauensverlusts des tief verunsicherten bürgerlichen Mittelstandes erinnert. Dass die liberale Bürgergesellschaft

durch soziale Radikalisierung zerstört wurde, lässt sich durch neuere mentalitätsgeschichtliche Forschungen zur latenten Gewaltneigung bürgerlicher Eliten belegen. Ihr zufolge bewirkte die permanente Präsenz von Krieg und Militarismus im öffentlichen Kult der gefechtsbereiten Nation, dass viril-aggressive Verhaltensdispositionen Bestandteil bürgerlicher Erziehung wurden [532: H. SACK, Krieg in den Köpfen; 502: J. LEONHARD, Bellizismus und Nation; 475: N. BUSCHMANN, Treue und Verrat]. T. KÜHNE argumentiert mit der emotionalen Gruppendynamik soldatischer Kameradschaft, die „neue Regeln des Zusammenlebens" bis hin zu rassistischen Gemeinschaftsutopien definierte [497: Zärtlichkeit und Zynismus, 199; vgl. 523: D. VON REEKEN/M. THIESSEN, Volksgemeinschaft]. Zu diskutieren wäre, ob der egalitäre Männlichkeits- und Kameradschaftskult bürgerliche Werthaltungen nachhaltig veränderte oder generationsspezifisch blieb.

Auch Forschungen zur zweiten Nachkriegszeit widmen sich der Stadt als bürgerlichem Identifikationsraum. S. MECKINGS Studie über die Gebietsreform in Nordrhein-Westfalen thematisiert den Widerstand von „unmittelbar in ihrer Lebenswelt" betroffenen Bürgern [510: Bürgerwille, 435]. Im aktiven Protest konstituiere sich, so ihre These, ein neues partizipatorisches Bürgerbewusstsein. Überzeugend ist der Ansatz, Bürger nicht als soziale Formation, sondern als politische Akteure der „Bürgerkommune" zu betrachten. Er ermöglicht es, Bürgerproteste in der globalen Stadt des 20. Jahrhunderts im historischen Kontext bürgerlicher Partizipationskultur zu deuten. Politikwissenschaftliche Studien zur Protestkultur der Bundesrepublik bestätigen die These einer Revitalisierung politischer Bürgerlichkeit in Form von Bürger-*initiativen* gegen großräumige Planungsutopien [zur Phänomenologie 547: F. WALTER u. a. (Hrsg.), Macht der Bürger, und 466: C. BAUMANN u. a., Protest]. Wie ein Reflex der symbolischen Inbesitznahme urbaner Räume verwalteter Städte wirkt der Appell an den „mündigen Bürger", der laut H. KNOCH [494: Mündige Bürger] den politischen Paradigmenwechsel der 1960/70er Jahre signalisiere. Er situiert den neu mobilisierten Bürgeraktivismus im Kontext der „intellektuellen Gründungsgeschichte" und politischen Liberalisierung der Bundesrepublik [486: J. HACKE, Bürgerlichkeit; 496: T. KROLL/T. REITZ, Intellektuelle]. Zivilgesellschaftliches Engagement transformierte die Stadt zur Bürgerkommune, den Einwohner zum Staatsbürger.

Auch als Raum kultureller Selbstrepräsentation bleibt die Großstadt des 20. Jahrhunderts ein attraktives Forschungsfeld [546: M. UMBACH, Bourgeois Modernism]. So verleitet die bürgerliche Signatur einzelner Stadtviertel und Gebäude womöglich dazu, die Persistenz bür-

Krieg und Militarismus

Partizipatorisches Bürgerbewusstsein

Großstädte als Raum kultureller Selbstrepräsentation

gerlicher Kulturmuster überzubewerten. G. B. CLEMENS verweist auf
die kulturelle Präsenz des Adels im modernen Berlin, dessen Repräsen-
tationsstil in privaten Kunstsammlungen und großbürgerlichen Stadt-
palais von Industriellen und Bankiers imitiert werde [476: Sammler
und Mäzene; zur Übernahme adliger Lebensformen vgl. 472: G. BÖN-
NEN/F. WERNER (Hrsg.), von Heyl, und 490: E. ILLNER (Hrsg.), von der
Heydt]. Differenzierter urteilt S. KUHRAU [498: Kunstsammler] über
den Kunstbesitz der großbürgerlich-adligen Oberschicht der Jahrhundertwende, die Bildung und kulturelle Deutungsmacht zu erwerben
hoffte. Die Wohnkulturforschung bestätigt die urbane Segmentierung
adlig-großbürgerlicher „Wohnwelten". H. REIF und seine Forschergruppe [526: Berliner Villenleben] betrachten die Villenkolonien der
Berliner Gesellschaft vor allem als Phänomen soziokultureller Segregation und Suburbanisierung. Während die elitäre Wohnkultur von
Hof- und Finanzwelt um 1900 ebenso wie die Entstehung moderner
„Mietskasernen" gut erforscht ist, fehlen vergleichbare Erkenntnisse
zur Häuslichkeit bürgerlicher Eigenheim- und Reihenhausbesitzer
[eine Überblicksskizze bei 533: A. VON SALDERN, Wohnformen].

   Zu den bevorzugten Orten bürgerlicher Selbstinszenierung zählte
zweifellos die Oper. So wie die private Wohnarchitektur gehobenes Stil-
empfinden signalisierte, symbolisierte der Opernbesuch ästhetische
Kompetenz. In der Oper zelebrierte die Gemeinschaft bürgerlicher Mu-
sikliebhaber kulturelle Distanz zum Massenkonsum – insofern blieb die
Oper ein Ort der Bürgerlichkeit und eine sozial chiffrierte Praxis wie die
exklusive Bildungsreise oder der ostentative Verzicht auf TV und – in
neuester Zeit – *social media* [545: P. THER, Operntheater; 467: F. BIEN,
Oper im Schaufenster; 513: S. O. MÜLLER (Hrsg.), Oper im Wandel].

   Von den distinkten Formen kultivierten Konsums hebt sich die
Lebenswelt „kleinbürgerlicher Geborgenheit" [538: A. SCHILDT, Kleinbürgerliche Geborgenheit] ab, in der sich auch größere Teile der Arbeiterschaft einrichteten. Häuslichkeit, Konsum und Sekurität konstituierten die Lebenswelt der „Bundesbürger" und in kargerer Beschaffenheit
ebenso die Alltagspraxis der „DDR-Bürger" – eine Kultur unpolitisch-
angepasster Normalität, von der sich kritische Intellektuelle und Aktivbürger (siehe oben) im Westen nachdrücklich distanzierten. Die Konsumorientierung und Konsumkritik der postindustriellen Gesellschaften sind gut erforscht; weniger bekannt ist hingegen, wie unterschied-
liche Konsumgewohnheiten in kulturelles Kapital transformiert wurden
und wie daraus neue Milieuschranken entstanden. Dies könnte ein loh-
nendes Thema einer stärker vernetzten Bürgertums- und Konsumforschung sein.

Adlig-großbürger-liche Wohnwelten

Orte bürgerlicher Selbstinszenierung

Konsum

Historische Bildungsforschung   Substantielle Erkenntnisse über soziale Differenzierungen liefert die historische Bildungsforschung. P. LUNDGREEN [507: Chancengleichheit und Bildungsbeteiligung] hat unlängst erneut an die fortwirkende soziale Exklusivität höherer Bildungsabschlüsse erinnert. Ohne auf die Frage einzugehen, ob akademische Bildung ein bürgerliches Privileg geblieben ist, hält er als Ergebnis fest, dass trotz der schulischen Bildungsexpansion der 1970er Jahre am Ende „Bildungsaspirationen" des Elternhauses den Ausschlag gaben und somit „herkunftsbedingte Disparitäten" perpetuiert wurden. Höhere Bildung, so die Schlussfolgerung, bleibt Statusmerkmal und Voraussetzung der Reproduktion bürgerlicher Lebenswelten. Bürgerliche Familienbiographien bestätigen, dass Bildung in der intergenerationellen Erziehungspraxis und Alltagskommunikation höchste Priorität zukam [550: B. WÖRNER, Frankfurter Bankiers und 512: U. MORGENSTERN, Schücking; vgl. dagegen z. T. deutlich abweichende Muster einer handwerklich-praktischen Sozialisation bei Unternehmerfamilien in 535: M. SCHÄFER, Familienunternehmen]. Bildungsaffinität lässt sich auch in dezidiert anti-autoritären Erziehungskonzepten oder in der gegenkulturellen Bildungsinfrastruktur linker Buchläden der „1968er" beobachten. Die Protagonisten einer antibürgerlichen Gesellschaftsreform kannten den klassischen Bildungskanon des Bürgertums, den sie selektiv adaptierten und neu konstituierten [525: S. REICHARDT, Authentizität und Gemeinschaft].

Bildung blieb ein Leitwert bürgerlicher Erziehung, Statusmerkmal und Medium sozialer Vergemeinschaftung. Fraglos war Bildung auch ein Instrument der Selbstreproduktion bürgerlicher Eliten, wie die unmittelbar nach dem Kriegsende 1945 einsetzende Universitätsreformdebatte exemplarisch verdeutlicht. Laut B. WOLBRING erwies sich die Aktualität bürgerlicher Bildungsideale in ihrer politischen Funktion als Stabilitätsanker einer demokratischen Umerziehung [551: Wertewandels-   Trümmerfeld der bürgerlichen Welt]. Ob Bildung in der Postmoderne forschung   weiterhin diese hohe Priorität genoss, ist ein elementarer Aspekt der historischen Wertewandelsforschung [477: B. DIETZ/C. NEUMAIER/ A. RÖDDER (Hrsg.), Gab es den Wertewandel?]. Sie konstatiert nämlich einen „Wertewandelschub", der eine Transformation bildungsbürgerlicher Orientierungen bewirkt habe. Normative Werte wurden zur Diskussion gestellt, weil sie durch eine veränderte soziale Praxis längst in Frage gestellt worden waren – neben Bildungsinhalten betreffe dies auch die Geschlechterordnung oder das christlich-bürgerlich geprägte Familienideal. Obgleich die empirische Wertewandelsforschung noch am Anfang steht, gibt ihre Theorie einer postmodernen „Pluralisierung

und Entnormativierung" bürgerlicher Werte einen wichtigen Diskussi-
onsanstoß [529: A. Rödder, Wertewandel und Postmoderne, 33].

Mit dem Anspruch, das Paradigma der Postmoderne sozialhisto-
risch zu verifizieren, setzt die Wertewandelsforschung neue Impulse.
Ihre Ausgangshypothese ist das Gegenmodell zum normativen Projekt
der Zivilgesellschaft. Postuliert dieses die Aktualisierung bürgerlicher
Werte, unterstellt jenes deren irreversible Dissoziation. Beide Ver-
laufsmodelle resultieren aus der langfristigen Beobachtung kultureller
Praktiken und Verhaltensnormen. In der Bürgertumsforschung gelten
die organisierten Formen des Stiftens und Förderns als Idealbeispiele
wandlungsfähiger Wertsysteme. Die strategische Bedeutung kollekti-　Bürgerliche
ver Stifternetzwerke im 19. Jahrhundert ist gut erforscht, doch fehlten　Stiftungskultur
bis vor kurzem jegliche Erkenntnisse zur Stiftungskultur der neuesten
Zeit. Für die Bürgertumsgeschichte war dies ein empfindliches
Manko, gilt doch Stiften bis heute, wie unlängst J. Kocka bemerkte
[495: Stiften, Schenken, Prägen], als Inbegriff zivilgesellschaftlichen
Engagements. Den historischen Referenzrahmen stellt T. Adams klar
heraus, wenn er Stiften als „Tat eines Bürgers" definiert, der „bestimmte Räume der Gesellschaft entsprechend seinen Vorstellungen
zu gestalten sucht" [463: Stiften in deutschen Bürgerstädten, 51]. Dass
die Utopie gesellschaftlicher Selbstorganisation in der sozialen Praxis
des Stiftens selbst im Kraftfeld des Interventionsstaates attraktiv blieb,
zeigt M. Werners Studie über Hamburg [549: Stiftungsstadt und Bür-
gertum]. Im Weimarer Sozial- und Kulturstaat entwickelte sich das
Stiften von einer gemeinbürgerlich-kollektiven Organisationsform
zum exklusiven Betätigungsfeld einer mit der staatlichen Kommunal-　Die soziale
bürokratie eng vernetzten bürgerlichen Oberschicht. Die soziale　Grammatik
Grammatik des Stiftens aber blieb für jedermann lesbar: Der persön-　des Stiftens
liche Verzicht als öffentlicher Appell an den Gemeinsinn beglaubigte
stets die Bürgerlichkeit des Stifters. In einer zeitlich an M. Werners
Arbeit anschließenden Studie über Hamburger Großstifter und Unter-
nehmensstiftungen der Bundesrepublik konstatiert C. Bach [465: Bürgersinn und Unternehmergeist], dass „mittelständisch-bürgerliche
Wertvorstellungen" relevante Motivationsfaktoren blieben. Ungeachtet staatlich-korporativer Verflechtung und trotz der Individualisierung
der Stiftungszwecke symbolisierte Stiften nach wie vor moralökono-
misches Handeln. Vergleichbare Resultate präsentiert G. Lingelbach
[506: Spenden und Sammeln] über die Spendenpraxis in Westdeutschland. Obwohl sie nur noch entfernt an den Philanthropismus erinnere,
sei die Alltäglichkeit organisierten Spendens ein signifikantes Indiz
der Wertschätzung dieser Praxis. Auch die gegenwärtige Stiftungskul-

tur repräsentiert geradezu exemplarisch Formwandel und Beständig-
keit bürgerlicher Handlungsmuster.

Die Ergebnisse der Stiftungsforschung machen auch deutlich, dass
bürgerliche Praktiken nicht mehr in homogenen Sozialmilieus verankert
waren. Diese Beobachtung trifft auch, wie bereits gesehen, auf die
living culture moderner Wohnwelten [491: J. JENKINS, Domesticity;
488: S. HELLGARDT, Zehn Zimmer; 499: S. KUSSEK, Wandbilder], die
Freizeitgestaltung [518: P. PREIN, Bürgerliches Reisen] oder auf Konsumgewohnheiten zu [528: J. L. RISCHBIETER, Mikro-Ökonomie; 500:
L. LANGER, Revolution im Einzelhandel]. Insbesondere die materielle
Kultur der privaten Umgebung repräsentiert nur Ausschnitte einer von
unterschiedlichen Akteuren geteilten Alltagspraxis. Eine Klassifizie-
rung sozialer Lebensstile erscheint deshalb problematisch, zumal die
moderne Massenkultur Differenzierungen eher nivelliert. Anderseits
lässt sich argumentieren, dass die Vielfalt der Wahlmöglichkeiten und
der Konsumformen zur Ausdifferenzierung von Teilkulturen und Submilieus führte [533: A. VON SALDERN, Wohnformen]. Diese Milieustrukturen scheinen äußerst volatil, innere Kohäsion entsteht, wenn überhaupt,
nur über die symbolische Kommunikation subtil codierter Alltagsprak-
tiken. Deshalb verschiebt sich die Bürgertumsforschung von den sozialen Milieus, die noch für die 1920und 1930er Jahre gut erforscht sind,
auf Handlungskontexte und Kommunikationsnetze einzelner Akteurs-
gruppen. Dass bürgerliche Verhaltensnormen primär durch soziale In-
teraktion reproduziert und aktualisiert werden, hat zuletzt K. PILGER
[514: Zentral-Dombauverein] beispielhaft am Kölner Dombauverein
demonstriert. Er blieb ein Ort sozialer Kommunikation, der selbst in
Kulturkampf- und Krisenzeiten Konsensfähigkeit bewahrte. Das bürgerliche Vereinsprinzip der Vergemeinschaftung durch Interessenme-
diation bewies seine Wirksamkeit auch in kompetitiver Umgebung, wie
C. BIGGELEBEN [470: Bollwerk des Bürgertums] an der Korporation der
Berliner Kaufmannschaft zeigt. So wurden auch nach der Aufnahme
Industrieller kaufmännisch-bürgerliche Werte hochgehalten, und die
gleichgeschaltete Berliner Handelskammer gerierte sich im Nationalsozialismus als „Bollwerk des Bürgertums". Erneut erweist sich so die
Schlüsselfunktion des Vereinsprinzips als Agentur der (Neu-)Konsti-
tuierung bürgerlicher Eliten – eine Erkenntnis, die in der zeitgeschicht-
lichen Bürgertumsforschung viel zu wenig Beachtung findet [eine seltene Ausnahme: 517: M.-C. POTTHOFF, Rotary und Lions Clubs].

Bürgerliche Kulturtraditionen waren mit der funktionalen Rationalität wirtschaftlicher Interessenverbände offenbar kompatibel. Wirt-
schaftshistoriker betrachten deshalb Unternehmer zunehmend auch als

Marginalien:

Milieustrukturen

Das bürgerliche
Vereinsprinzip

Kulturell orientierte
„Wirtschaftsbürger"

kulturell orientierte „Wirtschaftsbürger". [516: W. Plumpe/C. Reuber, Unternehmen und Wirtschaftsbürgertum; 515: W. Plumpe (Hrsg.), Bürgertum und Bürgerlichkeit; zu Unternehmerinnen vgl. 478: C. Eifert, Deutsche Unternehmerinnen]. Die Biografie August Thyssens widmet sich daher auch der „Lebenswelt eines Wirtschaftsbürgers" [503: J. Lesczenski, Thyssen]. Das Privatleben des eher ungeselligen Protagonisten gibt jedoch wenig Anlass, der kulturellen Bürgerlichkeit im Verhältnis zu den Unternehmeraktivitäten allzu großes Gewicht beizumessen. Welchen Einfluss kulturelle Prägungen auf unternehmerische Entscheidungen hatten, wird immer wieder im Kontext der Verstrickung in NS-Verbrechen kontrovers erörtert [481: N. Frei/T. Schanetzky (Hrsg.), Unternehmen im Nationalsozialismus]. Im Hause Reemtsma [505: E. Lindner] blieb die Privatsphäre von der freiwilligen Kooperation mit den NS-Eliten anscheinend unberührt. Auch die Biographie Hermann J. Abs' zeigt, dass die distanzierte Haltung des Bildungsbürgers zur Volksgemeinschaftsideologie mit dem wirtschaftlichen Machtstreben des Bankiers im NS-Staat vereinbar war [482: L. Gall, Der Bankier]. Als Erklärung für die Selbstgleichschaltung von Unternehmenseliten lässt C. Rauh [522: Wirtschaftsbürger] nicht allein ökonomische Interessen gelten, sondern ebenso das Motiv der Prävention gegen Repression und Diskreditierung. Während der Entnazifizierung erwies sich diese Argumentation als plausibel genug, um den „Verlust bürgerlicher Werte" moralisch zu relativieren.

Verlust bürgerlicher Werte

Angesichts der erfolgreichen Rehabilitierung und des raschen Wiederaufstiegs der deutschen Wirtschaftseliten findet die These vom Untergang des Bürgertums inzwischen kaum mehr Resonanz. Das Forschungsinteresse gilt zuletzt der besonderen Dialektik von Restauration und Reform in Folge der fortwirkenden „kalten Amnestie" entnazifizierter Funktions- und Wirtschaftseliten. Die anhaltend kritische Diskussion über das intolerable Ausmaß des Versagens und Verschweigens bewirkte jenen Schub zivilgesellschaftlich-bürgerlichen Engagements seit den 1960er Jahren, der den kulturellen Gründungskonsens vertiefte.

Empirische Grundlagen einer Wirtschafts- und Kulturgeschichte des Bürgertums finden sich in neueren Familien- und Einzelbiographien. Von besonderer Aussagekraft sind die mustergültig edierten Tagebücher des Hamburger Bürgerschaftssekretärs und Rechtsanwaltes Ferdinand Beneke [486: F. Hatje u.a. (Hrsg.), Ferdinand Beneke]. Die monumentale Quellenedition entfaltet ein selbstreflexives Narrativ, das die Lebenswelt einer gutsituierten, gebildeten und politisch aktiven bürgerlichen Familie der ersten Hälfte des 19. Jahrhunderts (1792–

Familien- und Einzelbiographien

1848) repräsentiert. Im Welthorizont des Tagebuchautors erschließt sich die Paradoxie des bürgerlichen Alltags, im dem sich Autonomie in kultureller Gleichförmigkeit verwirklicht. Die aktive Aneignung der Kulturmuster bürgerlicher Lebensführung ist inzwischen auf verschiedenen sozialen Niveaus breit erforscht – in der Geschichte einer verzweigten Frankfurter Bankiers- und Kaufmannsfamilie [550], im herrschaftlichen Umfeld einer nobilitierten Lederfabrikantendynastie in Worms [472], einer respektablen Gelehrtenfamilie aus der westfälischen Provinz [512] oder im jüdischen Bürgertum [544: H. Specht, Die Feuchtwangers]. In Familienbiographien werden das kulturelle Profil und die Nachhaltigkeit des intergenerationellen Wertetransfers im 20. Jahrhundert ebenso sichtbar wie die praktische Relevanz bürgerlicher Geschlechterkonstruktionen [normative Texte erörtern 464: J. D. Askey, Good Girls; 468: I. Biermann Weiblichkeitsentwürfe; 508: J. Martschukat/O. Stieglitz, Männlichkeiten].

Gender studies   Ein aktuelles Thema der *gender studies* ist die geschlechtsspezifische Emotionalitätserziehung. Sie erforscht den langfristigen Trend der Neukonstruktion binärer Verhaltensnormen von Weiblichkeit und Männlichkeit, der zur Dekomposition tradierter Geschlechterrollen führt. Zu beobachten sei, wie das bürgerliche Ideal männlicher Affektkontrolle nonkonformistischen „Männlichkeiten" weiche [473: M. Borutta/N. Verheyen (Hrsg.), Präsenz der Gefühle].

Jüdisches Bürgertum   Erkenntnisse über die gelebte Praxis der Geschlechterbeziehungen kamen zuletzt von der *gender history* des jüdischen Bürgertums [zum Forschungsstand 487: K. Heinsohn/S. Schüler-Springorum (Hrsg.), Geschlechtergeschichte]. Die Entdeckung der dynamischen Veränderung der Geschlechterordnung im jüdischen Bürgertum revidiert das Klischee der vermeintlich konservativen Weiblichkeit jüdischer Frauen. S. Lässig entwirft in ihren Studien zur Verbürgerlichung des Judentums im 19. Jahrhundert ein neues Bild der jüdischen Frau. Die „Priesterin des Hauses" feminisierte die religiöse Praxis und brach so das „religiös sanktionierte Bildungsprivileg des jüdischen Mannes" [501: Religiöse Modernisierung, 61]. Schriftliche Zeugnisse weiblich-jüdischer Selbstemanzipation sind aber noch immer rar. Die Korrespondenz der Autodidaktin Jeanette Wohl ist ein frühes Beispiel für die aktive Rolle jüdischer Frauen im 19. Jahrhundert. Gebildete Jüdinnen beförderten die kulturelle Verbürgerlichung des Judentums, ohne dabei ihre jüdische Identität aufzugeben [542: A. Schulz/R. Heuer (Hrsg.), L. Börne und J. Wohl].

Innovative Impulse verdankt die Bürgertumsforschung Individualbiographien, sofern sie, wie beispielsweise L. Galls Biografie über

Hermann J. Abs [482] oder J. LESCZENSKIS Studie über den „Wirtschaftsbürger" Thyssen [503], dem kulturellen Wahrnehmungshorizont ihrer Protagonisten Beachtung schenken. Die Bundespräsidenten Heinemann [479: T. FLEMMING, Ein deutscher Citoyen] und Heuss [519: J. RADKAU, Theodor Heuss] wirken als „Bürgerpräsidenten" auf den ersten Blick wie exemplarische Repräsentanten erfolgreicher Bürgerlichkeit im 20. Jahrhundert. Gustav Heinemanns Bürgerlichkeit wird indes nicht näher erörtert, ebenso wenig wie das Leitmotiv „kultivierter Gelassenheit", die den Bürger Theodor Heuss über persönliche Krisen und politische Zäsuren hinweg bis in das höchste Staatsamt trug – war dieser Habitus individuelles Persönlichkeitsmerkmal, ein funktionaler Verständigungsmodus unter Bildungsbürgern seiner Zeit, eine Überlebensstrategie während der Diktatur? Die Einbeziehung der Referenzliteratur der Bürgertumsforschung hätte weitere Erkenntnissen erwarten lassen [vgl. die Rezension von T. HERTFELDER: <http://hsozkult. geschichte.hu-berlin.de/rezensionen/2014-1-053>]. So ist die Heuss-Biographie symptomatisch für den aktuellen Stand der Bürgertumsgeschichte des 20. Jahrhunderts: ein reiches Tableau solitärer Leistungen und Fallstudien zu Einzelaspekten bürgerlicher Kultur, die den Forschungsdiskurs beleben, einstweilen aber kein scharf konturiertes Bild ergeben.

Bürgerlichkeit im 20. Jahrhundert

III. Quellen und Literatur

Es gelten die Abkürzungen der Historischen Zeitschrift.

A. Quellen

Statistiken, soziologische Untersuchungen und Demoskopie

1. W. ABELSHAUSER/D. PETZINA (Hrsg.), Sozialgeschichtliches Arbeitsbuch. Bd. III: Materialien zur Geschichte des Deutschen Reiches 1914–1945. München 1978.
2. Institut für Demoskopie ALLENSBACH: Eine Generation später. BRD 1953–1979. Eine Allensbacher Langzeitstudie. Allensbach 1981.
3. K. R. ALLERBECK, Demokratisierung und sozialer Wandel in der BRD. Sekundäranalyse von Umfragedaten 1953–1974. Opladen 1976.
4. G. BAUMERT, Deutsche Familien nach dem Kriege. Darmstadt 1954.
5. BEVÖLKERUNG UND WIRTSCHAFT 1872–1972, hrsg. v. Statistischen Bundesamt. Stuttgart 1972.
6. J. FLEMMING, Familienleben im Schatten der Krise. Dokumente und Analysen zur Sozialgeschichte der Weimarer Republik 1918–1933. Düsseldorf 1988.
7. E. FROMM, Arbeiter und Angestellte am Vorabend des Dritten Reiches. Eine sozialpsychologische Untersuchung (1929), hrsg., übers. u. bearb. v. W. Bonß. Stuttgart 1980.
8. T. GEIGER, Die soziale Schichtung des deutschen Volkes. Stuttgart 1932.
9. T. GEIGER, Klassengesellschaft im Schmelztiegel. Hagen/Köln 1949.
10. H.-G. HAUPT (Hrsg.), Die radikale Mitte: Lebensweise und Politik von Handwerkern und Kleinhändlern. München 1985.
11. G. HOHORST u.a. (Hrsg.), Sozialgeschichtliches Arbeitsbuch. Bd. 2: Materialien zur Statistik des Kaiserreiches 1871–1914. München 1975.

12. S. KRACAUER, Schriften. Bd. 1: Die Angestellten, hrsg. v. K. Witte. Frankfurt/Main 1978.

13. W. KRAUSHAAR (Hrsg.), Frankfurter Schule und Studentenbewegung. Von der Flaschenpost zum Molotowcocktail 1946–1995. 3 Bde. Hamburg 1998.

14. K. KURZ, Lebensverhältnisse der Nachkriegsjugend. Eine soziologische Studie. Bremen 1949.

15. E. LEMBERG/F. EDDING (Hrsg.), Die Vertriebenen in Westdeutschland. 3 Bde. Kiel 1959.

16. H. W. OPASCHOWSKI, Konsum in der Freizeit. Zwischen Freisein und Anpassung. Hamburg 1987.

17. E. PFEIL, Die Berufstätigkeit von Müttern. Eine empirisch-soziologische Erhebung an 900 Müttern von vollständigen Familien. Tübingen 1966.

18. H. SCHELSKY, Wandlungen der deutschen Familie in der Gegenwart. Darstellung und Deutung einer empirisch-soziologischen Tatbestandsaufnahme. Dortmund 1953.

19. R. SKIBA, Das westdeutsche Lohnniveau zwischen den beiden Weltkriegen und nach der Währungsreform. Köln 1974.

20. W. SOMBART, Die deutsche Volkswirtschaft im Neunzehnten Jahrhundert. Berlin 1903.

21. STATISTISCHES BUNDESAMT (Hrsg.), Fachserie Preise, Löhne, Wirtschaftsrechnungen. Reihe 13: Wirtschaftsrechnungen. Stuttgart 1949 ff.

22. STATISTISCHES BUNDESAMT (Hrsg.), Fachserie M, Reihe 18: Ausstattung der privaten Haushalte mit ausgewählten langlebigen Gebrauchsgütern 1962/63. Stuttgart/Mainz 1964.

23. O. SUHR, Die Angestellten in der deutschen Wirtschaft, in: Afa-Bund (Hrsg.), Angestellte und Arbeiter. Wandlungen in Wirtschaft und Gesellschaft. Berlin 1928, 13–38.

24. H. THURNWALD, Gegenwartsprobleme Berliner Familien. Eine soziologische Untersuchung an 498 Familien. Berlin 1948.

25. T. VEBLEN, Theorie der feinen Leute. Eine ökonomische Untersuchung der Institutionen (engl.: The Theory of the Leisure Class, 1899). Frankfurt/Main 1993.

B. Literatur

1. Überblicksdarstellungen, Handbücher, Forschungsberichte, Theorie

26. W. ABELSHAUSER, Die Langen Fünfziger Jahre. Wirtschaft und Gesellschaft der BRD 1949–1966. Düsseldorf 1987.

27. W. ABELSHAUSER, Wirtschaftsgeschichte der Bundesrepublik Deutschland 1945–1980. Frankfurt/Main 1983.

28. P. L. BERGER/T. LUCKMANN, Die gesellschaftliche Konstruktion der Wirklichkeit. Eine Theorie der Wissenssoziologie. Frankfurt/Main 1970.

29. W. BERGMANN, Lebenswelt, Lebenswelt des Alltags oder Alltagswelt? Ein grundbegriffliches Problem „alltagstheoretischer" Ansätze, in: KZSS 33 (1981) 50–72.

30. R. BESSEL/R. JESSEN, Die Grenzen der Diktatur. Staat und Gesellschaft in der DDR. Göttingen 1996.

31. D. BLACKBOURN/R. J. EVANS (Hrsg.), The German Bourgeoisie. Essays on the Social History of the German Middle Class from the late Eighteenth to the early Twentieth Century. London 1991.

32. D. BLACKBOURN/G. ELEY, Mythen deutscher Geschichtsschreibung: die gescheiterte Revolution von 1848. Frankfurt/Main/Berlin 1980.

33. O. BLASCHKE, Das 19. Jahrhundert. Ein Zweites Konfessionelles Zeitalter?, in: GG 26 (2000) 38–76.

34. G. BOLLENBECK, Bildung und Kultur. Glanz und Elend eines deutschen Deutungsmusters. Frankfurt/Main 1994.

35. P. BOURDIEU, Die feinen Unterschiede. Kritik der gesellschaftlichen Urteilskraft. Frankfurt/Main 1982.

36. H. BRAUN, Helmut Schelskys Konzept einer „nivellierten Mittelstandsgesellschaft". Würdigung und Kritik, in: AfS 29 (1989) 199–224.

37. J. BREUILLY, The Elusive Class. Some Critical Remarks on the Historiography of the Bourgeoisie, in: AfS 38 (1998) 385–395.

38. C. CHARLE, La crise des sociétés impériales. Allemagne, France, Grande-Bretagne 1900–1940. Paris 2001.

39. W. CONZE, Mittelstand, in: Geschichtliche Grundbegriffe, Bd. 4, Stuttgart 1978, 49–92.

40. G. ELEY/J. RETALLACK (Hrsg.), Wilhelminism and its Legacies.

German Modernities, Imperialism, and the Meanings of Reform, 1890–1930. New York/Oxford 2003.

41. U. ENGELHARDT, „Bildungsbürgertum". Begriffs- und Dogmengeschichte eines Etiketts. Stuttgart 1986.

42. E. FEHRENBACH (Hrsg.), Adel und Bürgertum in Deutschland 1770–1847. München 1994.

43. U. FREVERT, Bürgertumsgeschichte als Familiengeschichte, in: GG 16 (1990) 491–501.

44. M. FREY, Macht und Moral des Schenkens. Staat und bürgerliche Mäzene vom späten 18. Jahrhundert bis zur Gegenwart. Berlin 1999.

45. C. FÜHR/C.-L. FURCK, (Hrsg.), Handbuch der deutschen Bildungsgeschichte. Bd. VI,1: Bundesrepublik Deutschland. München 1998.

46. L. GALL, Liberalismus und „bürgerliche Gesellschaft". Zu Charakter und Entwicklung der liberalen Bewegung in Deutschland, in: HZ 220 (1975) 324–356.

47. L. GALL, Bürgertum in Deutschland. Die Bassermanns. Berlin 1989.

48. P. GASSERT, Amerikanismus, Antiamerikanismus, Amerikanisierung. Neue Literatur zur Sozial-, Wirtschafts- und Kulturgeschichte des amerikanischen Einflusses in Deutschland und Europa, in: AfS 39 (1999) 531–561.

49. P. GAY, Die Republik der Außenseiter. Geist und Kultur in der Weimarer Zeit. Frankfurt/Main 1970.

50. R. GRATHOFF, Milieu und Lebenswelt. Einführung in die phänomenologische Soziologie und die sozialphänomenologische Forschung. Frankfurt/Main 1995.

51. H.-W. HAHN, Bürgertum in Thüringen im 19. Jahrhundert: Forschungsdesiderate und Forschungskonzepte, in: 114, 7–27.

52. U. HALTERN, Die Gesellschaft der Bürger, in: GG 19 (1993) 100–134.

53. W. HARDTWIG, Genossenschaft, Sekte, Verein in Deutschland. Bd. 1: Vom Spätmittelalter bis zur Französischen Revolution. München 1997.

54. W. HARDTWIG, Nationalismus und Bürgerkultur in Deutschland 1500–1914. Ausgewählte Aufsätze. Göttingen 1994.

55. H.-G. HAUPT, Mittelstand und Kleinbürgertum in der Weimarer Republik. Zu Problemen und Perspektiven ihrer Erforschung, in: AfS 26 (1986) 217–238.

56. H.-G. Haupt/G. Crossick, Die Kleinbürger. Eine europäische Sozialgeschichte des 19. Jahrhunderts. München 1998.

57. K. Hausen, Die Polarisierung der Geschlechtscharaktere. Eine Spiegelung der Dissoziation von Erwerbs- und Familienleben, in: W. Conze (Hrsg.), Sozialgeschichte der Familie in der Neuzeit Europas. Stuttgart 1976, 367–393.

58. D. Hein, Bürger, Bürgertum, in: Fischer Lexikon Geschichte. Frankfurt/Main 2003, 162–179.

59. L. Herbst (Hrsg.), Westdeutschland 1945–1955. München 1986.

60. G. Hübinger, Politische Werte und Gesellschaftsbilder des Bildungsbürgertums, in: NPL 32 (1987) 189–210.

61. K.-E. Jeismann/P. Lundgreen, (Hrsg.), Handbuch der deutschen Bildungsgeschichte. Bd. III: 1800–1870. Von der Neuordnung Deutschlands bis zur Gründung des Deutschen Reiches. München 1987.

62. H. Kaelble, Soziale Mobilität und Chancengleichheit im 19. und 20. Jahrhundert. Göttingen 1983.

63. J. Kocka, Die Angestellten in der deutschen Geschichte 1850–1980. Vom Privatbeamten zum angestellten Arbeitnehmer. Göttingen 1981.

64. R. Koselleck, Drei bürgerliche Welten? Zur vergleichenden Semantik der bürgerlichen Gesellschaft in Deutschland, England und Frankreich, in: 171, 14–58.

65. R. Koselleck, Zur anthropologischen und semantischen Struktur der Bildung, in: Ders. (Hrsg.), Bildungsbürgertum, Bd. 2. Stuttgart 1990, 11–46.

66. E.-V. Kotowski/J. H. Schoeps/H. Wallenborn (Hrsg.), Handbuch zur Geschichte der Juden in Europa. Bd. 2: Religion, Kultur, Alltag. Darmstadt 2001.

67. D. Langewiesche, Liberalismus in Deutschland. Frankfurt/Main 1988.

68. D. Langewiesche, Liberalismus und Bürgertum in Europa, in: 157, Bd. 3, 360–394.

69. H. Lehmann (Hrsg.), Säkularisierung, Dechristianisierung, Rechristianisierung im neuzeitlichen Europa. Bilanz und Perspektiven der Forschung. Göttingen 1997.

70. F. Lenger, Bürgertum, Stadt und Gemeinde zwischen Frühzeit und Moderne, in: NPL 40 (1995) 14–29.

71. F. Lenger, Sozialgeschichte der deutschen Handwerker seit 1800. Frankfurt/Main 1988.

72. M. R. Lepsius, Bürgertum als Gegenstand der Sozialgeschichte,

in: W. Schieder/V. Sellin (Hrsg.), Sozialgeschichte in Deutschland, Bd. 4. Göttingen 1987, 61–80.

73. M. R. Lepsius, Parteiensystem und Sozialstruktur. Zum Problem der Demokratisierung der deutschen Gesellschaft, in: W. Abel u.a. (Hrsg.), Wirtschaft, Geschichte und Wirtschaftsgeschichte. Stuttgart 1966, 371–393.

74. R. M. Lepsius, Zur Soziologie des Bürgertums und der Bürgerlichkeit, in: 158, 79–101.

75. P. Lundgreen, Akademiker und „Professionen" in Deutschland, in: HZ 254 (1992) 657–670.

76. K. Maase, Grenzenloses Vergnügen. Der Aufstieg der Massenkultur 1850–1970. Frankfurt/Main 1997.

77. E. Mai/P. Paret (Hrsg.), Sammler, Stifter und Museen. Köln/Weimar/Wien 1993.

78. W. J. Mommsen, Das Ringen um den nationalen Staat 1850–1890. Berlin 1993.

79. W. J. Mommsen, Bürgerliche Kultur und künstlerische Avantgarde. Kultur und Politik im deutschen Kaiserreich 1870–1918. Frankfurt/Main/Berlin 1994.

80. L. Niethammer, Bürgerliche Gesellschaft in Deutschland. Historische Einblicke, Fragen, Perspektiven. Frankfurt/Main 1990.

81. T. Nipperdey, Deutsche Geschichte 1800–1866. Bürgerwelt und starker Staat. 6. Aufl. München 1993.

82. T. Nipperdey, Deutsche Geschichte 1866–1918. Bd. 1: Arbeitswelt und Bürgergeist. 3. Aufl. München 1993; Bd. 2: Machtstaat vor der Demokratie, 2. Aufl. München 1993.

83. D. J. K. Peukert, Die Weimarer Republik. Krisenjahre der klassischen Moderne. Frankfurt/Main 1987.

84. H. Reif (Hrsg.), Adel und Bürgertum in Deutschland. Entwicklungslinien und Wendepunkte im 19. Jahrhundert. Berlin 2000.

85. M. Riedel, Bürger, Staatsbürger, Bürgertum, in: Geschichtliche Grundbegriffe, Bd. 1. Stuttgart 1972, 672–725.

86. K. Rohe, Wahlen und Wählertraditionen in Deutschland. Kulturelle Grundlagen deutscher Parteien und Parteiensysteme im 19. und 20. Jahrhundert. Frankfurt/Main 1992.

87. P. E. Schramm, Neun Generationen. 300 Jahre deutscher „Kulturgeschichte" im Lichte der Schicksale einer Hamburger Bürgerfamilie (1648–1948). 2 Bde. Göttingen 1963/64.

88. A. Schütz/T. Luckmann, Strukturen der Lebenswelt. Darmstadt/Neuwied 1975.

89. H.-P. Schwarz, Die Ära Adenauer. Gründerjahre der Republik, 1949–1957. Stuttgart/Wiesbaden 1981.

90. W. Schieder (Hrsg.), Religion und Gesellschaft im 19. Jahrhundert. Stuttgart 1993.

91. H. Siegrist, Ende der Bürgerlichkeit? Die Kategorien „Bürgertum" und „Bürgerlichkeit" in der westdeutschen Gesellschaft und Geschichtswissenschaft der Nachkriegsperiode, in: GG 20 (1994) 549–583.

92. J. Sperber, Bürger, Bürgertum, Bürgerlichkeit, Bürgerliche Gesellschaft: Studies of the German (Upper) Middle Class and Its Sociocultural World, in: JModH 69 (1997) 271–297.

93. K. Tenfelde, Stadt und Bürgertum im 20. Jahrhundert, in: 94, 317–353.

94. K. Tenfelde/H.-U. Wehler (Hrsg.), Wege zur Geschichte des Bürgertums. Göttingen 1994.

95. R. Vierhaus, Die Rekonstruktion historischer Lebenswelten, in: H. Lehmann (Hrsg.), Wege zu einer neuen Kulturgeschichte. Göttingen 1995, 7–28.

96. R. Vierhaus, Bildung, in: Geschichtliche Grundbegriffe, Bd. 1. Stuttgart 1972, 508–551.

97. S. Volkov, Die Juden in Deutschland 1780–1918. 2. Aufl. München 2000.

98. S. Volkov, Die Verbürgerlichung der Juden in Deutschland als Paradigma, in: Dies., Jüdisches Leben und Antisemitismus im 19. und 20. Jahrhundert. Zehn Essays. München 1990, 111–130.

99. H.-U. Wehler, Deutsche Gesellschaftsgeschichte. 4 Bde. München 1987/2003.

100. H.-U. Wehler, Wie „bürgerlich" war das Deutsche Kaiserreich?, in: Ders., Aus der Geschichte lernen? Essays. München 1988, 191–217.

101. H.-U. Wehler, Das deutsche Kaiserreich 1871–1918. 7. Aufl. Göttingen 1994 (1973).

102. E. Weis, Der Durchbruch des Bürgertums (1776–1847). Berlin 1978.

103. H.-A. Winkler, Der lange Weg nach Westen. Deutsche Geschichte 1806–1933. München 2000.

104. A. Wirsching (Hrsg.), Die Bundesrepublik Deutschland nach der Wiedervereinigung. Eine interdisziplinäre Bilanz. München 2000.

105. B. Wunder, Literaturbericht. Zur Geschichte der deutschen Beamtenschaft 1945–1985, in: GG 17 (1991) 256–277.

2. Bürgertum im 19. Jahrhundert

2.1 Stadt und Bürgertum

106. U. BECKS-MALORNY, Der Kunstverein in Barmen 1866–1946. Bürgerliches Mäzenatentum zwischen Kaiserreich und Nationalsozialismus. Wuppertal 1992.

107. G. u. W. BRAUN, (Hrsg.), Mäzenatentum in Berlin. Bürgersinn und kulturelle Kompetenz unter sich verändernden Bedingungen. Berlin/New York 1993.

108. V. FISCHER, Stadt und Bürgertum in Kurhessen. Kommunalreform und Wandel der städtischen Gesellschaft 1814–1848. Kassel 2000.

109. L. GALL, „ … ich wünschte ein Bürger zu sein." Zum Selbstverständnis des deutschen Bürgertums im 19. Jahrhundert, in: HZ 245 (1987) 601–623.

110. L. GALL (Hrsg.), Stadt und Bürgertum im Übergang von der traditionalen zur modernen Gesellschaft. München 1993.

111. L. GALL (Hrsg.), Vom alten zum neuen Bürgertum. Die mitteleuropäische Stadt im Umbruch 1780–1820. München 1991.

112. L. GALL (Hrsg.), Stadt und Bürgertum im 19. Jahrhundert. München 1990.

113. H.-W. HAHN, Altständisches Bürgertum zwischen Beharrung und Wandel. Wetzlar 1689–1870. München 1991.

114. H.-W. HAHN/W. GREILING/K. RIES (Hrsg.), Bürgertum in Thüringen. Lebenswelt und Lebenswege im frühen 19. Jahrhundert. Rudolstadt/Jena 2001.

115. D. HEIN, Soziale Konstituierungsfaktoren des Bürgertums, in: 110, 151–183.

116. D. HEIN, „Stadt und Bürgertum im 19. Jahrhundert". Ein Frankfurter Forschungsprojekt, in: IfS, H. 1 (1991) 15–21.

117. H. KAELBLE, Berliner Unternehmer während der frühen Industrialisierung. Herkunft, sozialer Status und politischer Einfluß. Berlin/New York 1972.

118. S. KILL, Das Bürgertum in Münster 1770–1870. Bürgerliche Selbstbestimmung im Spannungsfeld von Kirche und Staat. München 2001.

119. R. KOCH, Grundlagen bürgerlicher Herrschaft. Verfassungs- und sozialgeschichtliche Studien zur bürgerlichen Gesellschaft Frankfurts am Main (1612–1866). Wiesbaden 1983.

120. R. KOSHAR, Social Life, Local Politics and Nazism. Marburg 1880–1925. Chapel Hill 1986.

121. A. LIEDHEGENER, Christentum und Urbanisierung. Katholiken und Protestanten in Münster und Bochum 1830–1933. Paderborn 1997.

122. B. MEIER/H. SCHULTZ (Hrsg.), Die Wiederkehr des Stadtbürgers. Städtereformen im europäischen Vergleich 1750 bis 1850. Berlin 1994.

123. G. METTELE, Bürgertum in Köln 1775–1870. Gemeinsinn und freie Association. München 1998.

124. F. MÖLLER, Bürgerliche Herrschaft in Augsburg 1790–1880. München 1998.

125. J. MÜLLER, Von der alten Stadt zur neuen Munizipalität. Die Auswirkungen der Französischen Revolution in den linksrheinischen Städten Speyer und Koblenz. Koblenz 1990.

126. R. ROTH, Stadt und Bürgertum in Frankfurt am Main. Ein besonderer Weg von der ständischen zur modernen Bürgergesellschaft 1760–1914. München 1996.

127. P. SARASIN, Stadt der Bürger. Bürgerliche Macht und städtische Gesellschaft. Basel 1846–1914. Göttingen 1997.

128. K. SCHAMBACH, Stadtbürgertum und industrieller Umbruch. Dortmund 1780–1870. München 1996.

129. H.-W. SCHMUHL, Die Herren der Stadt. Bürgerliche Eliten und städtische Selbstverwaltung in Nürnberg und Braunschweig vom 18. Jahrhundert bis 1918. Gießen 1998.

130. A. SCHULZ, Vormundschaft und Protektion. Eliten und Bürger in Bremen 1750–1880. München 2001.

131. A. SCHULZ, Weltbürger und Geldaristokraten. Hanseatisches Bürgertum im 19. Jahrhundert, in: HZ 259 (1994) 627–671.

132. M. WALKER, German Home Towns. Community, State and General Estate 1648–1871. Ithaca/London 1971.

133. T. WEICHEL, Die Bürger von Wiesbaden. Von der Landstadt zur Weltkurstadt 1780–1914. München 1997.

134. R. ZERBACK, München und sein Stadtbürgertum. Eine Residenzstadt als Bürgergemeinde 1780–1870. München 1997.

2.2 Bürgertum, Bürgerlichkeit und Modernisierung

135. D. L. AUGUSTINE, Patricians and Parvenus. Wealth and High Society in Wilhelmine Germany. Oxford 1994.

136. H. BERGHOFF/R. MÖLLER, Unternehmer in Deutschland und England 1870–1914, in: HZ 255 (1993) 353–386.

137. R. BOCH, Grenzenloses Wachstum? Das rheinische Wirtschaftsbürgertum und seine Industrialisierungsdebatte 1814–1857. Göttingen 1991.

138. R. Bölling, Sozialgeschichte der deutschen Lehrer. Göttingen 1983.

139. E. Bolenz, Vom Baubeamten zum freiberuflichen Architekten: technische Berufe im Bauwesen. Frankfurt/Main/Bern/New York 1991.

140. S. Brakensiek, Fürstendiener, Staatsbeamte, Bürger. Amtsführung und Lebenswelt der Ortsbeamten in niedersächsischen Kleinstädten (1750–1830). Göttingen 1999.

141. W. Conze/J. Kocka (Hrsg.), Bildungsbürgertum im 19. Jahrhundert. Tl. 1: Bildungssystem und Professionalisierung in internationalen Vergleichen. Stuttgart 1985.

142. A. Flügel, Kaufleute und Manufakturen in Bielefeld. Sozialer Wandel und wirtschaftliche Entwicklung im proto-industriellen Leinengewerbe von 1650 bis 1850. Bielefeld 1993.

143. U. Frevert, Ehrenmänner: das Duell in der bürgerlichen Gesellschaft. München 1991.

144. H. Glaser, Bildungsbürgertum und Nationalismus. Politik und Kultur im Wilhelminischen Deutschland. München 1993.

145. I. Götz von Olenhusen, Klerus und abweichendes Verhalten. Zur Sozialgeschichte katholischer Priester im 19. Jahrhundert: die Erzdiözese Freiburg. Göttingen 1994.

146. B. Groethuysen, Die Entstehung der bürgerlichen Welt- und Lebensanschauung in Frankreich. Ndr. 2 Bde. Frankfurt/Main 1978 (Halle 1927).

147. H. Henning, Die deutsche Beamtenschaft im 19. Jahrhundert. Zwischen Stand und Beruf. Stuttgart 1984.

148. H. Henning, Das westdeutsche Bürgertum in der Epoche der Hochindustrialisierung 1860–1914. Soziales Verhalten und soziale Strukturen. Tl. 1: Das Bildungsbürgertum in den preußischen Westprovinzen. Wiesbaden 1972.

149. M. Hettling, Bürgerliche Kultur – Bürgerlichkeit als kulturelles System, in: 165, 319–339.

150. M. Hettling, Politische Bürgerlichkeit. Der Bürger zwischen Individualität und Vergesellschaftung in Deutschland und der Schweiz von 1860 bis 1918. Göttingen 1999.

151. C. von Hodenberg, Die Partei der Unparteiischen. Der Liberalismus der preußischen Richterschaft 1815–1848/49. Göttingen 1996.

152. C. Huerkamp, Der Aufstieg der Ärzte im 19. Jahrhundert. Vom gelehrten Stand zum professionellen Experten: das Beispiel Preußens. Göttingen 1985.

153. O. Janz, Bürger besonderer Art. Pfarrer in Preußen 1850–1914. Berlin 1994.

154. H. Kaelble, Französisches und deutsches Bürgertum 1870–1914, in: 157, Bd. 1, 107–140.

155. W. Kaschuba, Deutsche Bürgerlichkeit nach 1800. Kultur als symbolische Praxis, in: 157, Bd. 3, 9–44.

156. J. Kocka (Hrsg.), Bildungsbürgertum im 19. Jahrhundert. Tl. 4: Politischer Einfluß und gesellschaftliche Formation. Stuttgart 1989.

157. J. Kocka (Hrsg.), Bürgertum im 19. Jahrhundert. Deutschland im europäischen Vergleich. 3 Bde. München 1988.

158. J. Kocka (Hrsg.), Bürger und Bürgerlichkeit im 19. Jahrhundert. Göttingen 1987.

159. R. Koselleck, (Hrsg.), Bildungsbürgertum im 19. Jahrhundert. Tl. 2: Bildungsgüter und Bildungswissen. Stuttgart 1988.

160. F.-M. Kuhlemann, Bürgerlichkeit und Religion. Zur Sozial- und Mentalitätsgeschichte evangelischer Pfarrer in Baden 1860–1914. Göttingen 1999.

161. F.-M. Kuhlemann/H. W. Schmuhl (Hrsg.), Beruf und Religion im 19. und 20. Jahrhundert. Stuttgart 2003.

162. D. Langewiesche, Bildungsbürgertum und Liberalismus im 19. Jahrhundert, in: 156, Tl. 4, 95–113.

163. R. M. Lepsius, Das Bildungsbürgertum als ständische Vergesellschaftung, in: 164, 9–19.

164. R. M. Lepsius, (Hrsg.), Bildungsbürgertum im 19. Jahrhundert. Tl. 3: Lebensführung und ständische Vergesellschaftung. Stuttgart 1992.

165. P. Lundgreen (Hrsg.), Sozial- und Kulturgeschichte des Bürgertums. Eine Bilanz des Bielefelder SFB (1986–1997). Göttingen 2000.

166. P. Lundgreen/A. Grelon (Hrsg.), Ingenieure in Deutschland, 1770–1990. Frankfurt/Main 1994.

167. M. Maurer, Die Biographie des Bürgers. Lebensformen und Denkweisen in der formativen Phase des deutschen Bürgertums (1660–1815). Göttingen 1996.

168. I. McNeely, The Emancipation of Writing. German Civil Society in the Making, 1790s-1820s. Berkeley/Los Angeles/London 2003.

169. T. Mergel, Zwischen Klasse und Konfession. Katholisches Bürgertum im Rheinland 1794–1914. Göttingen 1994.

170. T. Pierenkemper, Die westfälischen Schwerindustriellen 1852–1913. Göttingen 1979.

171. H.-J. Puhle, (Hrsg.), Bürger in der Gesellschaft der Neuzeit. Göttingen 1991.

172. D. von Reeken, Kirchen im Umbruch zur Moderne. Milieubildungsprozesse im nordwestdeutschen Protestantismus 1849–1914. Gütersloh 1999.

173. J. Requate, Journalismus als Beruf. Entstehung und Entwicklung des Journalistenberufs im 19. Jahrhundert. Göttingen 1995.

174. J. Schlumbohm, Freiheit: die Anfänge der bürgerlichen Emanzipationsbewegung im Spiegel ihres Leitwortes (1760–1800). Düsseldorf 1975.

175. D. Schumann, Bayerns Unternehmer in Gesellschaft und Staat, 1834–1914. Fallstudien zu Herkunft und Familie, politischer Partizipation und staatlichen Auszeichnungen. Göttingen 1992.

176. H. Siegrist, Advokat, Bürger und Staat. Sozialgeschichte der Rechtsanwälte in Deutschland, Italien und der Schweiz (18.–20. Jahrhundert). 2 Bde. Frankfurt/Main 1996.

177. H. Siegrist (Hrsg.), Bürgerliche Berufe. Zur Sozialgeschichte der freien und akademischen Berufe. Göttingen 1988.

178. U. Spiekermann, Basis der Konsumgesellschaft. Entstehung und Entwicklung des Kleinhandels in Deutschland 1850–1914. München 1999.

179. W. Steinmetz, Die schwierige Selbstbehauptung des deutschen Bürgertums, in: R. Wimmer (Hrsg.), Das 19. Jahrhundert, Berlin 1991, 12–40.

180. R. Vierhaus, Bürger und Bürgerlichkeit im Zeitalter der Aufklärung. Heidelberg 1981.

181. M. Wienfort, Ländliche Gesellschaft und bürgerliches Recht. Patrimonialgerichtsbarkeit in Preußen 1770–1848/49. Bielefeld 1999.

182. O. Willett, Sozialgeschichte Erlanger Professoren 1743–1933. Göttingen 2001.

183. F. Zunkel, Das Verhältnis des Unternehmertums zum Bildungsbürgertum zwischen Vormärz und Erstem Weltkrieg, in: 164, Tl. 3, 82–101.

184. F. Zunkel, Der rheinisch-westfälische Unternehmer 1854–1879. Ein Beitrag zur Geschichte des Bürgertums im 19. Jahrhundert. Köln 1962.

2.3 Familien- und Geschlechtergeschichte

185. F. J. BAUER, Bürgerwege und Bürgerwelten. Familienbiographische Untersuchungen zum deutschen Bürgertum im 19. Jahrhundert. Göttingen 1991.

186. P. BORSCHEID, Geld und Liebe. Zu den Auswirkungen des Romantischen auf die Partnerwahl im 19. Jahrhundert, in: Ders./H.-J. Teuteberg (Hrsg.), Ehe, Liebe, Tod. Münster 1983, 112–134.

187. R. BRIDENTHAL (Hrsg.), Becoming visible: women in European history. 3. Aufl. Boston 1998.

188. G.-F. BUDDE, Auf dem Weg ins Bürgerleben. Kindheit und Erziehung in deutschen und englischen Bürgerfamilien 1840–1914. Göttingen 1994.

189. U. FREVERT, „Mann und Weib, Weib und Mann". Geschlechter-Differenzen in der Moderne. München 1995.

190. U. FREVERT (Hrsg.), Bürgerinnen und Bürger. Geschlechterverhältnisse im 19. Jahrhundert. Göttingen 1988.

191. U. FREVERT, Frauen-Geschichte. Zwischen Bürgerlicher Verbesserung und Neuer Weiblichkeit. Frankfurt/Main 1986.

192. U. FREVERT, Verhältnisse und Verhinderungen. Frauenarbeit, Familie und Rechte der Frauen im 19. Jahrhundert. Frankfurt/Main 1978.

193. R. HABERMAS, Frauen und Männer des Bürgertums. Eine Familiengeschichte (1750–1850), Göttingen 2000.

194. K. HAGEMANN, Familie – Staat – Nation: Das aufklärerische Projekt der „Bürgergesellschaft" in geschlechtergeschichtlicher Perspektive, in: 442, 57–84.

195. K. HAUSEN (Hrsg.), Geschlechterhierarchie und Arbeitsteilung. Zur Geschichte ungleicher Erwerbschancen von Männern und Frauen. Göttingen 1993.

196. A. HOPP, Jüdisches Bürgertum in Frankfurt am Main im 19. Jahrhundert. Stuttgart 1997.

197. M. A. KAPLAN, Jüdisches Bürgertum. Frau, Familie und Identität im Kaiserreich. Hamburg 1997.

198. J. KATZ, Aus dem Ghetto in die bürgerliche Gesellschaft. Jüdische Emanzipation 1770–1870. Frankfurt/Main 1986.

199. E. KRAUS, Die Familie Mosse. Deutsch-jüdisches Bürgertum im 19. und 20. Jahrhundert. München 1999.

200. B. KUHN, Familienstand: Ledig. Ehelose Frauen und Männer im Bürgertum (1850–1914). Köln 2000.

201. U. MACHTEMES, Leben zwischen Trauer und Pathos. Bildungsbürgerliche Witwen im 19. Jahrhundert. Osnabrück 2001.

202. S. PALETSCHEK, Frauen und Dissens. Frauen im Deutschkatholizismus und in den freien Gemeinden 1841–1852. Göttingen 1990.

203. U. PROKOP, Die Illusion vom großen Paar. 2 Bde. Frankfurt/Main 1991.

204. T. VON RAHDEN, Juden und andere Breslauer. Die Beziehungen zwischen Juden, Protestanten und Katholiken in einer deutschen Großstadt von 1860 bis 1925. Göttingen 2000.

205. H. ROSENBAUM, Formen der Familie. Untersuchungen zum Zusammenhang von Familienverhältnissen, Sozialstruktur und sozialem Wandel in der deutschen Gesellschaft des 19. Jahrhunderts. Frankfurt/Main 1982.

206. H. STEKL (Hrsg.), Bürgerliche Familien. Lebenswege im 19. und 20. Jahrhundert. Wien 2000.

207. A.-C. TREPP, Sanfte Männlichkeit und selbständige Weiblichkeit: Frauen und Männer im Hamburger Bürgertum zwischen 1770–1840. Göttingen 1996.

208. K. WOLFF, Stadtmütter. Bürgerliche Frauen und ihr Einfluss auf die Kommunalpolitik im 19. Jahrhundert (1860–1900). Königstein 2003.

2.4 Kultur, Alltag, Lebensformen

209. C. APPLEGATE, A nation of provincials. The German idea of Heimat. Berkeley 1990.

210. U. A. J. BECHER, Geschichte des modernen Lebensstils. Essen, Wohnen, Freizeit, Reisen. München 1990.

211. R. BENTHAM/M. MÜLLER, Die Villa als Herrschaftsarchitektur: eine kunst- und sozialgeschichtliche Analyse. Frankfurt/Main 1992.

212. D. BLACKBOURN, „Wenn ihr sie wieder seht, fragt wer sie sei". Marienerscheinungen in Marpingen. Aufstieg und Fall des deutschen Lourdes. Reinbek 1997.

213. O. BLASCHKE/F. M. KUHLEMANN (Hrsg.), Religion im Kaiserreich. Milieus – Mentalitäten – Krisen. Gütersloh 1996.

214. K. BUCHHOLZ u.a. (Hrsg.), Die Lebensreform. Entwürfe zur Neugestaltung von Leben und Kunst um 1900. 2 Bde. Darmstadt 2001.

215. T. BUDDENSIEG (Hrsg.), Villa Hügel. Das Wohnhaus Krupp in Essen. Berlin 2001.

216. C. BÜRGER, Der Ursprung der bürgerlichen Institution Kunst im höfischen Weimar. Frankfurt/Main 1977.

217. D. BURKHARD, 1848 als Geburtsstunde des deutschen Katholizismus? Unzeitgemäße Betrachtungen zur Erforschung des „Katholischen Vereinswesens", in: Saeculum 49 (1998) 61–106.

218. O. DANN (Hrsg.), Vereinswesen und bürgerliche Gesellschaft in Deutschland. München 1984.

219. A. DAUM, Wissenschaftspopularisierung im 19. Jahrhundert. Bürgerliche Kultur, naturwissenschaftliche Bildung und die deutsche Öffentlichkeit 1848–1914. 2. Aufl. München 2002.

220. U. DÖCKERT, Die Ordnung der bürgerlichen Welt. Verhaltensideale und soziale Praktiken im 19. Jahrhundert. Frankfurt/Main 1994.

221. M. DOERRY, Übergangsmenschen. Die Mentalität der Wilhelminer und die Krise des Kaiserreiches. Weinheim/München 1986.

222. J. M. FISCHER, Imitieren und Sammeln. Bürgerliche Möblierung und künstlerische Selbstinszenierung, in: H.-U. Gumbrecht/K. L. Pfeiffer (Hrsg.), Stil, Geschichten und Funktionen eines kulturwissenschaftlichen Diskurselements. Frankfurt/Main 1986, 371–393.

223. M. FREY, Der reinliche Bürger. Entstehung und Verbreitung bürgerlicher Tugenden in Deutschland, 1760–1860. Göttingen 1997.

224. G. FREYTAG, Bilder aus der deutschen Vergangenheit. Eschborn 1994.

225. T. GAEHTGENS, Der Bürger als Mäzen. Opladen 1998.

226. P. GAY, Die zarte Leidenschaft. Liebe im bürgerlichen Zeitalter. München 1987.

227. P. GAY, Kult der Gewalt. Aggression im bürgerlichen Zeitalter. München 1996.

228. W. GRASSKAMP, Museumsgründer und Museumsstürmer. Zur Sozialgeschichte des Kunstmuseums. München 1981.

229. A. HANSERT, Bürgerkultur und Kulturpolitik in Frankfurt am Main. Eine historisch-soziologische Rekonstruktion. Frankfurt/Main 1992.

230. W. HARDTWIG, Strukturmerkmale und Entwicklungstendenzen des Vereinswesens in Deutschland 1789–1848, in: 218, 11–50.

231. W. HARDTWIG, Großstadt und Bürgerlichkeit in der politischen Ordnung des Kaiserreiches, in: 112, 19–64.

232. T. HARLANDER (Hrsg.), Villa und Eigenheim. Suburbaner Städtebau in Deutschland. München 2001.

233. K. HARTMANN, Deutsche Gartenstadtbewegung. Kulturpolitik und Gesellschaftsreform. München 1976.

234. D. HEIN, Die Kultur der Geselligkeit. 200 Jahre Harmoniegesellschaft Mannheim, in: 200 Jahre von der Tradition zur Zukunft,

hrsg. v. d. Harmonie-Gesellschaft von 1803. Mannheim 2003, 27–72.

235. D. HEIN, Das Stiftungswesen als Instrument bürgerlichen Handelns im 19. Jahrhundert, in: B. Kirchgässner/H.-P. Becht (Hrsg.), Stadt und Mäzenatentum. Sigmaringen 1997, 75–93.

236. D. HEIN/A. SCHULZ (Hrsg.), Bürgerkultur im 19. Jahrhundert. Bildung, Kunst und Lebenswelt. München 1996.

237. U. HERRMANN (Hrsg.), „Die Bildung des Bürgers". Die Formierung der bürgerlichen Gesellschaft und die Gebildeten im 18. Jahrhundert. Weinheim/Basel 1982.

238. M. HETTLING/S.-L. HOFFMANN (Hrsg.), Der bürgerliche Wertehimmel. Innenansichten des 19. Jahrhunderts. Göttingen 2000.

239. L. HÖLSCHER, Die Religion des Bürgers. Bürgerliche Frömmigkeit und protestantische Kirche im 19. Jahrhundert, in: HZ 250 (1990) 595–630.

240. S.-L. HOFFMANN, Geselligkeit und Demokratie. Vereine und zivile Gesellschaft im transnationalen Vergleich 1750–1914. Göttingen 2003.

241. S.-L. HOFFMANN, Die Politik der Geselligkeit. Freimaurerlogen in der deutschen Bürgergesellschaft 1840 bis 1918. Göttingen 2000.

242. G. HUCK (Hrsg.), Sozialgeschichte der Freizeit. 2. Aufl. Wuppertal 1982.

243. G. HÜBINGER, Kulturprotestantismus und Politik. Zum Verhältnis von Liberalismus und Protestantismus im wilhelminischen Deutschland. Tübingen 1994.

244. M. KAZMEIER, Die deutsche Grabrede im 19. Jahrhundert. Aspekte ihrer Funktion innerhalb der bürgerlichen Bestattungsfeierlichkeiten. Tübingen 1977.

245. D. KERBS/J. REULECKE (Hrsg.), Handbuch der deutschen Reformbewegungen 1880–1933. Wuppertal 1998.

246. J. KOCKA/M. FREY (Hrsg.), Bürgertum und Mäzenatentum im 19. Jahrhundert. Berlin 1998.

247. W. KRABBE, Gesellschaftsveränderung durch Lebensreform. Strukturmerkmale einer sozialreformerischen Bewegung im Deutschland der Industrialisierungsperiode. Göttingen 1974.

248. C. KRETSCHMANN, Wissenskanonisierung und -popularisierung in Museen des 19. Jahrhunderts – das Beispiel des Senckenberg-Museums in Frankfurt am Main, in: L. Gall/A. Schulz (Hrsg.), Wissenskommunikation im 19. Jahrhundert. Stuttgart 2003, 171–213.

249. A. LINKE, Sprachkultur und Bürgertum. Zur Mentalitätsgeschichte des 19. Jahrhunderts. Stuttgart/Weimar 1996.

250. G. Mayer, Der deutsche Bildungsroman. Von der Aufklärung bis zur Gegenwart. Stuttgart 1992.

251. T. Maentel, Zwischen weltbürgerlicher Aufklärung und stadtbürgerlicher Emanzipation. Bürgerliche Geselligkeitskultur um 1800, in: 236, 140–155.

252. G. Mettele, Der private Raum als öffentlicher Ort. Geselligkeit im bürgerlichen Haus, in: 236, 155–169.

253. F. Möller, Zwischen Kunst und Kommerz. Bürgertheater im 19. Jahrhundert, in: 236, 19–34.

254. L. Niethammer (Hrsg.), Wohnen im Wandel. Beiträge zur Geschichte des Alltags in der bürgerlichen Gesellschaft. Wuppertal 1979.

255. T. Nipperdey, Verein als soziale Struktur in Deutschland im späten 18. und frühen 19. Jahrhundert, in: Ders., Gesellschaft, Kultur, Theorie. Göttingen 1976, 174–205.

256. M. Nitsch, Private Wohltätigkeitsvereine im Kaiserreich. Die praktische Umsetzung der bürgerlichen Sozialreform in Berlin. Berlin 1999.

257. J. Reulecke, Geschichte des Wohnens. Bd. 3: 1800–1918. Das bürgerliche Zeitalter. Stuttgart 1997.

258. J. Reulecke, Formen bürgerlich-sozialen Engagements in Deutschland und England im 19. Jahrhundert, in: J. Kocka (Hrsg.), Arbeiter und Bürger im 19. Jahrhundert. München 1986, 261–285.

259. M. Rodenstein, „Mehr Licht, mehr Luft". Gesundheitskonzepte im Städtebau seit 1750. Frankfurt/Main 1988.

260. J. Rodríguez-Lores/G. Fehl (Hrsg.), Die Kleinwohnungsfrage. Zu den Ursprüngen des sozialen Wohnungsbaus in Europa. Hamburg 1988.

261. A. Rooch, Zwischen Museum und Warenhaus. Ästhetisierungsprozesse und sozial-kommunikative Raumerzeugungen des Bürgertums 1823–1920. Oberhausen 2001.

262. R. Roth, Das Vereinswesen in Frankfurt am Main als Beispiel einer nichtstaatlichen Bildungsstruktur, in: Archiv für Frankfurts Geschichte und Kunst 64 (1998) 143–211.

263. R. Roth, Katholisches Bürgertum in Frankfurt am Main 1800–1914. Zwischen Emanzipation und Kulturkampf, in: Archiv für mittelrheinische Kirchengeschichte 46 (1994) 207–246.

264. A. von Saldern, Im Hause, zu Hause. Wohnen im Spannungsfeld von Gegebenheiten und Aneignungen, in: 257, 145–332.

265. W. Schieder, Religion und Revolution. Die Trierer Wallfahrt von 1844. Vierow 1996.

266. R. Schlögl, Glaube und Religion in der Säkularisierung. Die katholische Stadt. Köln, Aachen, Münster 1700–1840. München 1995.

267. A. Schulz, Mäzenatentum und Wohltätigkeit – Ausdrucksformen bürgerlichen Gemeinsinns in der Neuzeit, in: 246, 240–262.

268. A. Schulz, Der Künstler im Bürger. Dilettanten im 19. Jahrhundert, in: 236, 34–53.

269. M. Sobania, Vereinsleben. Regeln und Formen bürgerlicher Assoziationen im 19. Jahrhundert, in: 236, 170–191.

270. U. Spiekermann, Basis der Konsumgesellschaft. Entstehung und Entwicklung des modernen Kleinhandels in Deutschland 1850–1914. München 1999.

271. G. Stanitzek, Bildung und Roman als Momente bürgerlicher Kultur. Zur Frühgeschichte des deutschen „Bildungsromans", in: Deutsche Vierteljahresschrift für Literaturwissenschaft und Geistesgeschichte 62 (1988) 416–450.

272. K. Tenfelde, Die Entfaltung des Vereinswesens während der industriellen Revolution in Deutschland (1850–1914), in: 218, 55–114.

273. H.-J. Teuteberg (Hrsg.), Durchbruch zum modernen Massenkonsum. Lebensmittelmärkte und Lebensmittelqualität im Städtewachstum des Industriezeitalters. Münster 1987.

274. H.-J. Teuteberg, Homo habitans. Zur Sozialgeschichte des ländlichen und städtischen Wohnens in der Neuzeit. Münster 1985.

275. E. Treichel, Erinnerungskultur und Repräsentationsstreben. Begräbniskultur in der bürgerlichen Gesellschaft des 19. Jahrhunderts, in: 236, 289–309.

276. W. Voigt, Das Bremer Haus. Wohnungsreform und Städtebau in Bremen 1880–1940. Hamburg 1992.

277. U. Weckel, Der „mächtige Geist der Assoziation". Ein- und Ausgrenzung bei der Geselligkeit der Geschlechter im späten 18. und frühen 19. Jahrhundert, in: AfS 38 (1999) 57–77.

278. B. Wedemeyer, Der Verein für Körperkultur, in: 214, Bd. 1, 441–443.

279. T. Weichel, Bürgerliche Villenkultur im 19. Jahrhundert, in: 236, 234–252.

280. B. Wolbring, „Auch ich in Arkadien!" Die bürgerliche Kunst- und Bildungsreise im 19. Jahrhundert, in: 236, 82–102.

281. F. Zunkel, Die gesellschaftliche Bedeutung der Kommunikation

in Bürgergesellschaften und Vereinen vom 18. bis zum 20. Jahrhundert, in: H. Pohl (Hrsg.), Die Bedeutung der Kommunikation für Wirtschaft und Gesellschaft. Stuttgart 1989, 255–283.

3. Bürgertum im 20. Jahrhundert

3.1 Krisenerfahrungen und Krisendiskurse

282. H. AFFLERBACH/C. CORNELISSEN (Hrsg.), Sieger und Besiegte. Ideelle und materielle Neuorientierungen seit 1945. Tübingen 1997.

283. B. BESSLICH, Faszination des Verfalls. Thomas Mann und Oswald Spengler. Berlin 2002.

284. B. BESSLICH, Wege in den „Kulturkrieg". Zivilisationskritik in Deutschland 1890–1914. Darmstadt 2000.

285. H.-J. BIEBER, Bürgertum in der Revolution. Bürgerräte und Bürgerstreiks in Deutschland 1918–1920. Hamburg 1992.

286. C. CONTI, Abschied vom Bürgertum. Reinbek 1984.

287. V. DREHSEN/W. SPARN (Hrsg.), Vom Weltbildwandel zur Weltanschauungsanalyse. Krisenwahrnehmung und Krisenbewältigung um 1900. Berlin 1996.

288. M. ERMARTH, „Amerikanisierung" und deutsche Kulturkritik 1945–1965, in: 398, 315–334.

289. G. D. FELDMAN, The Great Disorder. Politics, Economics, and Society in the German Inflation 1914–1924. New York 1993.

290. K. FRITZSCHE, Politische Romantik und Gegenrevolution. Fluchtwege in der Krise der bürgerlichen Gesellschaft: das Beispiel des „Tat"-Kreises. Frankfurt/Main 1976.

291. M. H. GEYER, Verkehrte Welt. Revolution, Inflation und Moderne. München 1914–1924. Göttingen 1998.

292. A. HALFELD, Amerika und der Amerikanismus. Kritische Betrachtungen eines Deutschen und Europäers. Jena 1927.

293. J. HERF, Reactionary Modernism. Technology, Culture, and Politics in Weimar and the Third Reich. Cambridge 1984.

294. K. H. JARAUSCH, Die Krise des deutschen Bildungsbürgertums im ersten Drittel des 20. Jahrhunderts, in: 156, 180–205.

295. L. E. JONES, „The Dying Middle". Weimar Germany and the Fragmentation of Bourgeois Politics, in: CEH 5 (1972) 23–54.

296. J. KOCKA, Klassengesellschaft im Krieg. Göttingen 1978.

297. W. LAQUEUR, Weimar. Die Kultur der Republik. Berlin/Frankfurt am Main 1976.

298. U. LINSE, Barfüßige Propheten. Erlöser der Zwanziger Jahre. Berlin 1983.

299. A. Lüdtke/I. Marssoleck/A. von Saldern (Hrsg.), Amerikanisierung: Traum und Alptraum im Deutschland des 20. Jahrhunderts. Stuttgart 1996.

300. H. Marcuse, Der eindimensionale Mensch. Neuwied 1979.

301. F. Meinecke, Die deutsche Katastrophe. Wiesbaden 1946.

302. H. Möller, Bürgertum und bürgerlich-liberale Bewegung nach 1918, in: L. Gall (Hrsg.), Bürgertum und bürgerlich-liberale Bewegung in Mitteleuropa seit dem 18. Jahrhundert. München 1997, 293–342.

303. H. Mommsen, Die Auflösung des Bürgertums seit dem späten 19. Jahrhundert, in: Ders., Der Nationalsozialismus und die deutsche Gesellschaft. Reinbek 1991, 11–38.

304. H. Plessner, Das Schicksal deutschen Geistes im Ausgang seiner bürgerlichen Epoche. Zürich 1935.

305. T. Rohrkrämer, Eine andere Moderne? Zivilisationskritik, Natur und Technik in Deutschland 1880–1933. Paderborn/Münster 1999.

306. A. von Saldern, Überfremdungsängste. Gegen die Amerikanisierung der deutschen Kultur in den zwanziger Jahren, in: 299, 213–244.

307. M. Schäfer, Bürgertum in der Krise. Städtische Mittelschichten in Edinburgh und Leipzig 1890–1930. Bielefeld 2003.

308. D. Schumann, Politische Gewalt in der Weimarer Republik 1918–1933. Kampf um die Straße und Furcht vor dem Bürgerkrieg. Essen 2001.

309. F. Stern, Kulturpessimismus als politische Gefahr. Eine Analyse nationaler Ideologie in Deutschland. München 1986 (zuerst: 1961).

310. H.-U. Wehler, Deutsches Bürgertum nach 1945: Exitus oder Phönix aus der Asche?, in: GG 27 (2001) 617–634.

311. K. Weigand (Hrsg.), Heimat. Konstanten und Wandel im 19./20. Jahrhundert. Vorstellungen und Wirklichkeiten. München 1997.

312. B. Weisbrod, Gewalt in der Politik. Zur politischen Kultur in Deutschland zwischen den beiden Weltkriegen, in: GWU 43 (1992) 391–404.

313. A. Wirsching, Vom Weltkrieg zum Bürgerkrieg? Politischer Extremismus in Deutschland und Frankreich 1918–1993: Berlin und Paris im Vergleich. München 1998.

314. B. Ziemann, Die Erinnerung an den Ersten Weltkrieg in den Milieukulturen der Weimarer Republik, in: T. A. Schmidt (Hrsg.), Kriegserlebnis und Legendenbildung. Osnabrück 1999, 249–270.

3.2 Bürgerliche Milieus und Sozialgruppen

315. H. Band, Mittelschichten und Massenkultur. Siegfried Kracauers publizistische Auseinandersetzung mit der populären Kultur und der Kultur der Mittelschichten in der Weimarer Republik. Berlin 1999.

316. W. Bialas/G. Iggers (Hrsg.), Intellektuelle in der Weimarer Republik. Frankfurt/Main 1996.

317. F. Bösch, Das konservative Milieu. Vereinskultur und lokale Sammlungspolitik in ost- und westdeutschen Regionen (1900–1960). Göttingen 2002.

318. M. Brenner, Jüdische Kultur in der Weimarer Republik. München 2000.

319. M. Dorrmann, Eduard Arnhold (1849–1925). Eine biographische Studie zu Unternehmer- und Mäzenatentum im Deutschen Kaiserreich. Berlin 2002.

320. P. Erker, Vom Heimatvertriebenen zum Neubürger. Sozialgeschichte der Flüchtlinge in einer agrarischen Region Mittelfrankens 1945–1955. Stuttgart 1988.

321. R. Fattmann, Bildungsbürger in der Defensive. Die akademische Beamtenschaft im „Reichsbund der höheren Beamten" in der Weimarer Republik. Göttingen 2001.

322. H. Franz, „Lateinische Kaufleute". Betriebswirte im Spannungsfeld von Bildungs- und Wirtschaftsbürgertum (1900–1945). Göttingen 1997.

323. M. Greschat, Die evangelische Christenheit und die deutsche Geschichte nach 1945. Weichenstellungen in der Nachkriegszeit. Stuttgart 2002.

324. C. Groppe, Identität durch Bildung. Das deutsch-jüdische Bürgertum in seinen Selbstbeschreibungen am Beispiel des George-Kreises vor und nach 1933, in: Jahrbuch für historische Bildungsforschung 5 (1999) 167–196.

325. T. Grossbölting, SED-Diktatur und Gesellschaft. Bürgertum, Bürgerlichkeit und Entbürgerlichung in Magdeburg und Halle. Halle/Saale 2001.

326. D. Grothmann, „Verein der Vereine?" – Der Volksverein für das katholische Deutschland im Spektrum des politischen und sozialen Katholizismus der Weimarer Republik. Köln 1997.

327. M. Hartmann, Der Mythos von den Leistungseliten. Spitzenkarrieren und soziale Herkunft in Wirtschaft, Politik, Justiz und Wissenschaft. Frankfurt/Main 2002.

328. O. Heilbronner, Wohin verschwand das katholische Bürgertum? Der Ort des katholischen Bürgertums in der neueren deutschen Historiographie, in: ZReGG 47 (1995) 320–337.

329. O. Heilbronner, Der verlassene Stammtisch. Vom Verfall der bürgerlichen Infrastruktur und dem Aufstieg der NSDAP am Beispiel der Region Schwarzwald, in: GG 19 (1993) 178–201.

330. W. E. Heinrichs, Das Judenbild im Protestantismus des Deutschen Kaiserreichs. Ein Beitrag zur Mentalitätsgeschichte des deutschen Bürgertums in der Krise der Moderne. Köln 2000.

331. C. Huerkamp, Bildungsbürgerinnen. Frauen an den Universitäten und in akademischen Berufen, 1900–1945. Göttingen 1996.

332. G. Klein, Der Volksverein für das katholische Deutschland 1890–1933. Geschichte, Bedeutung, Untergang. Paderborn 1996.

333. C. Klessmann, Relikte des Bildungsbürgertums in der DDR, in: H. Kaelble/J. Kocka/H. Zwahr (Hrsg.), Sozialgeschichte der DDR. Stuttgart 1994, 254–270.

334. C. Kösters, Katholische Verbände und moderne Gesellschaft. Organisationsgeschichte und Vereinskultur im Bistum Münster 1918–1945. Paderborn/München 1999.

335. A. Kunz, Civil servants and the politics of inflation in Germany 1914–1924. Berlin 1986.

336. F. Lenger, Werner Sombart (1863–1941). Eine Biographie. München 1994.

337. H. Matthiesen, Greifswald in Vorpommern. Konservatives Milieu im Kaiserreich, in Demokratie und Diktatur 1900–1990. Düsseldorf 2000.

338. H. Matthiesen, Bürgertum und Nationalsozialismus in Thüringen. Das bürgerliche Gotha von 1918 bis 1930. Jena 1994.

339. A. Meyer, In guter Gesellschaft. Der Verein der Freunde der Nationalgalerie Berlin 1929 bis heute. Berlin 1998.

340. J. Mooser, Das katholische Milieu in der bürgerlichen Gesellschaft. Vom Vereinswesen des Katholizismus im späten deutschen Kaiserreich, in: 213, 59–92.

341. M. Prinz, Vom neuen Mittelstand zum Volksgenossen. Die Entwicklung des sozialen Status der Angestellten von der Weimarer Republik bis zum Ende der NS-Zeit. München 1986.

342. W. Pyta, Dorfgemeinschaft und Parteipolitik. Die Verschränkung von Milieu und Parteien in den protestantischen Landgebieten Deutschlands in der Weimarer Republik. Düsseldorf 1995.

343. C. Rauh-Kühne, Katholisches Milieu und Kleinstadtgesellschaft. Ettlingen 1918–1939. Sigmaringen 1991.

344. C. Rauh-Kühne/M. Ruck (Hrsg.), Regionale Eliten zwischen Diktatur und Demokratie: Baden und Württemberg 1930–1952. München 1993.

345. D. von Reeken, Ostfriesland zwischen Weimar und Bonn. Eine Fallstudie zum Problem der historischen Kontinuität am Beispiel der Städte Aurich und Emden. Hildesheim 1991.

346. F. K. Ringer, Die Gelehrten. Der Niedergang der deutschen Mandarine. Stuttgart 1983 (engl.: 1969).

347. A. von Saldern, Mittelstand im „Dritten Reich". Handwerker – Einzelhändler – Bauern. Frankfurt/Main/New York 1979.

348. K. Teppe (Hrsg.), Der gesellschaftsgeschichtliche Ort der „68er"-Bewegung. Münster 1998.

349. W. Tischner, Katholische Kirche in der SBZ/DDR 1945–1951. Die Formierung einer Subgesellschaft im entstehenden sozialistischen Staat. Paderborn u.a. 2001.

350. M. Vester/S. Hofmann/I. Zierke, Soziale Milieus in Ostdeutschland. Gesellschaftliche Strukturen zwischen Zerfall und Neubildung. Köln 1994.

351. S. Weichlein, Sozialmilieus und politische Kultur in der Weimarer Republik. Lebenswelt, Vereinskultur, Politik in Hessen. Göttingen 1996.

352. H.-A. Winkler, Mittelstand, Demokratie und Nationalsozialismus. Die politische Entwicklung von Handwerk und Kleinhandel in der Weimarer Republik. Köln/Berlin 1972.

353. W. Zapf, Wandlungen der deutschen Eliten: ein Zirkulationsmodell deutscher Führungsgruppen 1919–1961. München 1965.

354. D. Ziegler, Die wirtschaftsbürgerliche Elite im 20. Jahrhundert: eine Bilanz, in: 355, 7–31.

355. D. Ziegler (Hrsg.), Großbürger und Unternehmer. Die deutsche Wirtschaftselite im 20. Jahrhundert. Göttingen 2000.

3.3 Familie, Jugend, Geschlechter

356. H. Berghoff/C. Rauh-Kühne, Fritz K.: ein deutsches Leben im 20. Jahrhundert. München 2000.

357. H. Fend, Sozialgeschichte des Aufwachsens. Lebensbedingungen, Erziehungsverhältnisse und Jugendgestalten in der Bundesrepublik Deutschland. Frankfurt/Main 1987.

358. G. Fiedler, Jugend im Krieg. Bürgerliche Jugendbewegung, Erster Weltkrieg und sozialer Wandel 1914–1923. Köln 1989.

359. M. Gebhardt, Das Familiengedächtnis. Erinnerung im deutsch-jüdischen Bürgertum 1890 bis 1932. Stuttgart 1999.

360. T. Grotum, Die Halbstarken. Zur Geschichte der Jugendkultur der
     50er Jahre. Frankfurt/Main 1994.
361. A. Klönne, Jugend in der deutschen Gesellschaft von 1900 bis in
     die Fünfziger Jahre. Hagen 1998.
362. H. H. Muchow, Jugend im Wandel. Die anthropologische Situa-
     tion der heutigen Jugend. Schleswig 1953.
363. M. Niehuss, Familie, Frau und Gesellschaft. Studien zur Struktur-
     geschichte der Familie in Westdeutschland 1945–1960. Göttingen
     2001.
364. M. Niehuss, Kontinuität und Wandel der Familie in den 50er Jah-
     ren, in: 418, 316–334.
365. L. Rölli-Alkemper, Familie im Wiederaufbau. Katholizismus und
     bürgerliches Familienideal in der Bundesrepublik Deutschland
     1945–1965. Paderborn 2000.
366. H. Schelsky, Die skeptische Generation. Eine Soziologie der
     deutschen Jugend. Düsseldorf/Köln 1957.
367. K. von Soden/M. Schmidt (Hrsg.), Neue Frauen – Die Zwanziger
     Jahre. Berlin 1988.
368. T. von Trotha, Zum Wandel der Familie, in: KZSS 42 (1990)
     452–473.
369. J. Zinnecker, Jugendkultur 1940–1985. Opladen 1987.

3.4   Verhaltenswandel, Lebensweisen, Mentalität

370. A. Andersen, Der Traum vom guten Leben. Alltags- und Kon-
     sumgeschichte vom Wirtschaftswunder bis heute. Frankfurt/Main
     1997.
371. H. Berghoff (Hrsg.), Konsumpolitik. Die Regulierung des priva-
     ten Verbrauchs im 20. Jahrhundert. Göttingen 1999.
372. F. Böckelmann/H. Nagel (Hrsg.), Subversive Aktion. Der Sinn
     der Organisation ist ihr Scheitern. Frankfurt/Main 2002.
373. P. Bourdieu, Die feinen Unterschiede. Kritik der gesellschaft-
     lichen Urteilskraft. Frankfurt/Main 1987 (frz.: 1979).
374. H. Braun, Das Streben nach „Sicherheit" in den 50er Jahren.
     Soziale und politische Ursachen und Erscheinungsweisen, in: AfS
     18 (1978) 279–306.
375. H.-J. Buderer, Neue Sachlichkeit. Bilder auf der Suche nach der
     Wirklichkeit. München 1994.
376. V. de Grazia, Amerikanisierung und wechselnde Leitbilder der
     Konsum-Moderne (consumer-modernity) in Europa, in: 424,
     109–137.

377. V. DE GRAZIA/E. FURLOGH (Hrsg.), The Sex of Things. Gender and Consumption in Historical Perspective. Berkeley 1996.

378. A. DOERING-MANTEUFFEL, Wie westlich sind die Deutschen? Amerikanisierung und Westernisierung im 20. Jahrhundert. Göttingen 1999.

379. K. DUSSEL/M. FREESE, Von traditionaler Vereinskultur zu moderner Massenkultur? Vereins- und Freizeitangebote in einer südwestdeutschen Kleinstadt 1920–1960, in: AfS 33 (1993) 59–105.

380. C. EISENBERG, Massensport in der Weimarer Republik. Ein statistischer Überblick, in: AfS 33 (1993) 137–177.

381. H. M. ENZENSBERGER, Einzelheiten I. Bewußtseins-Industrie. Frankfurt/Main 1962.

382. L. ERHARD, Wohlstand für alle. Aktualisierte Neuausgabe. Düsseldorf 1990 (1957).

383. A.-S. ERNST, Erbe und Hypothek. (Alltags-)Kulturelle Leitbilder in der SBZ/DDR 1945–1961, in: Kultur und Kulturträger in der DDR, Berlin 1993, 9–72.

384. C. FINK/P. GASSERT/D. JUNKER (Hrsg.), 1968: The World Transformed. New York 1998.

385. I. FLAGGE (Hrsg.), Geschichte des Wohnens. Bd. 5: 1945 bis heute. Aufbau, Neubau, Umbau. Stuttgart 1999.

386. W. FÖRSTER, Automobil und Gesellschaft in den Zwanziger Jahren. Die Motorisierung des Bürgertums als Vorläufer der Massenmotorisierung, in: Räder, Autos und Traktoren, Mannheim 1986, 116–132.

387. K.-H. FÜSSL, Die Umerziehung der Deutschen. Jugend und Schule unter den Siegermächten des Zweiten Weltkriegs 1945 bis 1955. Paderborn 1994.

388. I. GILCHER-HOLTEY, Die 68er Bewegung. Deutschland – Westeuropa – USA. München 2001.

389. S. GRÄBE (Hrsg.), Lebensform Einpersonenhaushalt: Herausforderung an Wirtschaft, Gesellschaft und Politik. Frankfurt/Main 1994.

390. G. GRÖTZINGER (Hrsg.), Das Single. Gesellschaftliche Folgen eines Trends. Opladen 1994.

391. F. GRUBE/G. RICHTER, Das Wirtschaftswunder. Unser Weg in den Wohlstand. Hamburg 1983.

392. J. HABERMAS, Technik und Wissenschaft als „Ideologie". Frankfurt/Main 1968.

393. J. HABERMAS, Notizen zum Mißverhältnis von Kultur und Konsum, in: Merkur 10 (1956) 212–228.

394. U. HERLYN, Wohnverhältnisse in der Bundesrepublik. Frankfurt/ Main 1983.
395. T. A. HERZ, Der Wandel von Wertvorstellungen in westlichen Industriegesellschaften, in: KZSS 31 (1979) 282–302.
396. P. HUNZIKER, Erziehung zum Überfluß. Soziologie des Konsums. Stuttgart 1972.
397. K. HURRELMANN, Konsum-Kinder. Was fehlt, wenn es an gar nichts fehlt. Freiburg 2001.
398. K. H. JARAUSCH/H. SIEGRIST (Hrsg.), Amerikanisierung und Sowjetisierung in Deutschland 1945–1970. Frankfurt/Main 1997.
399. G. KÄHLER (Hrsg.), Geschichte des Wohnens. Bd. 4: 1918–1945. Reform, Reaktion, Zerstörung. Stuttgart 1996.
400. G. KATONA, Der Massenkonsum. Düsseldorf 1965.
401. G. KESSMEIER, Sportlich, sachlich, männlich. Das Bild der „Neuen Frau" in den zwanziger Jahren. Zur Konstruktion geschlechtsspezifischer Körperbilder in der Mode der Jahre 1920–1929. Dortmund 2000.
402. W. KÖNIG, Geschichte der Konsumgesellschaft. Stuttgart 2000.
403. W. KRAUSHAAR, 1968 als Mythos, Chiffre und Zäsur. Hamburg 2000.
404. D. LANGEWIESCHE, Freizeit und „Massenbildung". Zur Ideologie und Praxis der Volksbildung in der Weimarer Republik, in: 242, 223–249.
405. K. MAASE, BRAVO Amerika. Erkundungen zur Jugendkultur der Bundesrepublik in den fünfziger Jahren. Hamburg 1992.
406. I. MERKEL, Utopie und Bedürfnis. Die Geschichte der Konsumkultur in der DDR. Köln/Weimar/Wien 1999.
407. V. PACKARD, Die geheimen Verführer. Der Griff nach dem Unbewußten in Jedermann. Düsseldorf 1958 (engl.: 1957).
408. J. PETSCH, Eigenheim und gute Stube. Zur Geschichte des bürgerlichen Wohnens. Köln 1989.
409. O. PETERS, Neue Sachlichkeit und Nationalsozialismus. Affirmation und Kritik 1931–1947. Bonn 1998.
410. U. G. POIGER, Jazz, Rock and Rebels. Cold War Politics and American Culture in a Divided Germany. Berkeley u.a. 2000.
411. N. POSTMAN, Wir amüsieren uns zu Tode. Urteilsbildung im Zeitalter der Unterhaltungsindustrie. Frankfurt/Main 1994.
412. M. PRINZ (Hrsg.), Der lange Weg in den Überfluss. Anfänge und Entwicklung der Konsumgesellschaft seit der Vormoderne. Paderborn 2003.
413. W. PROTZNER (Hrsg.), Vom Hungerwinter zum kulinarischen

Schlaraffenland. Aspekte einer Kulturgeschichte des Essens in der BRD. Wiesbaden 1987.

414. H. Reif (Hrsg.), Suburbanisierung, in: Informationen zur modernen Stadtgeschichte H. 2 (2002) 5–94.

415. W. Ruppert (Hrsg.), Fahrrad, Auto, Kühlschrank. Zur Kulturgeschichte der Alltagsdinge. Frankfurt/Main 1993.

416. A. Schildt, Moderne Zeiten. Freizeit, Massenmedien und „Zeitgeist" in der Bundesrepublik der 50er Jahre. Hamburg 1995.

417. A. Schildt u.a. (Hrsg.), Dynamische Zeiten. Die 60er Jahre in den beiden deutschen Gesellschaften. Hamburg 2000.

418. A. Schildt/A. Sywottek (Hrsg.), Modernisierung im Wiederaufbau. Die westdeutsche Gesellschaft der 50er Jahre. Bonn 1993.

419. A. Schildt/A. Sywottek (Hrsg.), Massenwohnung und Eigenheim. Wohnungsbau und Wohnen in der Großstadt seit dem Ersten Weltkrieg. Frankfurt/Main 1988.

420. H. Schissler (Hrsg.), The Miracle Years. A Cultural History of West Germany, 1949–1968. Princeton/Oxford 2001.

421. W. Schmied, Neue Sachlichkeit und Magischer Realismus in Deutschland 1918–1933. Hannover 1969.

422. G. Selle, Die eigenen vier Wände. Zur verborgenen Geschichte des Wohnens. Frankfurt/Main/New York 1993.

423. G. Selle, Die Geschichte des Designs in Deutschland von 1870 bis heute. Entwicklung der industriellen Produktkultur. Köln 1978.

424. H. Siegrist/H. Kaelble/J. Kocka (Hrsg.), Europäische Konsumgeschichte. Zur Gesellschafts- und Kulturgeschichte des Konsums (18.-20. Jahrhundert). Frankfurt/Main 1997.

425. S. Strasser/C. McGovern/M. Judt (Hrsg.), Getting and Spending. European and American Consumer Societies in the 20th Century. Cambridge 1998.

426. B. Taut, Die neue Wohnung. Die Frau als Schöpferin. Leipzig 1924.

427. L. Ungers, Die Suche nach einer neuen Wohnform. Siedlungen der 20er Jahre damals und heute. Stuttgart 1983.

428. A. K. Vetter, Die Befreiung des Wohnens. Tübingen 2000.

429. M. Wildt, Vom kleinen Wohlstand. Eine Konsumgeschichte der fünfziger Jahre. Frankfurt/M. 1996.

430. M. Wildt, Am Beginn der „Konsumgesellschaft". Mangelerfahrung, Lebenshaltung, Wohlstandshoffnung in Westdeutschland in den fünfziger Jahren. Hamburg 1994.

431. J. WILLETT, Explosion der Mitte. Kunst und Politik 1917–1933. München 1981.

3.5 Bürgerliche Gesellschaft, Zivilgesellschaft, Postmoderne

432. A. BAUERKÄMPER (Hrsg.), Die Praxis der Zivilgesellschaft. Akteure, Handeln und Strukturen im internationalen Vergleich. Frankfurt/Main/New York 2003.

433. Z. BAUMANN, Ansichten der Postmoderne. Hamburg 1995.

434. D. BELL, Die nachindustrielle Gesellschaft. Frankfurt/Main/New York 1989.

435. R. DAHRENDORF, Gesellschaft und Demokratie in Deutschland. München 1966.

436. R. DAHRENDORF, Die gefährdete Civil Society, in: 449, 247–263.

437. M. FEATHERSTONE, Consumer Culture & Postmodernism. London 1991.

438. H. FREYER, Gesellschaft und Kultur, in: G. Mann (Hrsg.), Propyläen Weltgeschichte. Eine Universalgeschichte. Bd. 10: Die Welt von Heute, Berlin 1961, 499–591.

439. J. K. GALBRAITH, Gesellschaft im Überfluß. München/Zürich 1963 (engl.: 1958).

440. A. GEHLEN, Über kulturelle Kristallisation, in: 461, 133–144.

441. F.-W. GRAF (Hrsg.), Soziales Kapital in der Bürgergesellschaft. Stuttgart/Berlin/Köln 1999.

442. M. HILDERMEIER/J. KOCKA/C. CONRAD (Hrsg.), Europäische Zivilgesellschaft in Ost und West. Begriff, Geschichte, Chancen. Frankfurt/Main 2000.

443. A. HONNETH (Hrsg.), Kommunitarismus. Eine Debatte über die moralischen Grundlagen moderner Gesellschaften. Frankfurt/Main 1995.

444. M. HORKHEIMER/T. ADORNO, Dialektik der Aufklärung. Philosophische Fragmente. Frankfurt/Main 1989 (1944).

445. J. KEANE, Civil Society. Old Images, New Visions. Oxford 1998.

446. J. KOCKA, Zivilgesellschaft als historisches Problem und Versprechen, in: 442, 13–39.

447. P. KONDYLIS, Der Niedergang der bürgerlichen Denk- und Lebensform. Die liberale Moderne und die massendemokratische Postmoderne. 1991.

448. J.-F. LYOTARD, Das postmoderne Wissen. Ein Bericht. 4. Aufl. Wien 1999.

449. K. MICHALSKI (Hrsg.), Europa und die Civil Society. Stuttgart 1991.

450. H. Münkler (Hrsg.), Bürgerreligion und Bürgertugend. Baden-Baden 1996.

451. H. Münkler/H. Bluhm (Hrsg.), Gemeinwohl und Gemeinsinn. Historische Semantiken politischer Leitbegriffe. Berlin 2001.

452. P. Nolte, Die Ordnung der deutschen Gesellschaft. Selbstentwurf und Selbstbeschreibung im 20. Jahrhundert. München 2000.

453. R. D. Putnam, Bowling Alone. The Collapse of American Community. New York 2000.

454. D. Rucht, Zivilgesellschaftliche Akteure und transnationale Politik, in: 432, 371–389.

455. G. Schulze, Die Erlebnisgesellschaft. Kultursoziologie der Gegenwart. Frankfurt/Main 1993.

456. D. Sternberger, Bürgertum und Bürgerschaft. Rede zu einem Stadtjubiläum, in: Ders., Die Stadt als Urbild. Frankfurt/Main 1985, 34–46.

457. F. H. Tenbruck, Die kulturellen Grundlagen der Gesellschaft. Der Fall der Moderne. 2. Aufl. Opladen 1990.

458. F. H. Tenbruck, Bürgerliche Kultur, in: F. Neidhardt/M. R. Lepsius/J. Weiss (Hrsg.), Kultur und Gesellschaft. Opladen 1986, 263–285.

459. R. Vogel, Felder zivilgesellschaftlichen Handelns? Verbände und Netzwerke des deutschen Bürgertums 1945–1965, in: 432, 251–273.

460. H.-U. Wehler, Geschichte und Zielutopie der deutschen „bürgerlichen Gesellschaft", in: Ders., Aus der Geschichte lernen? Essays. München 1988, 241–255.

461. W. Welsch (Hrsg.), Wege aus der Moderne. Schlüsseltexte der Postmoderne-Diskussion. Weinheim 1988.

462. P. V. Zima, Moderne/Postmoderne. 2. Aufl. Tübingen/Basel 2001.

4. Nachtrag 2014

463. T. Adam, Stiften in deutschen Bürgerstädten vor dem Ersten Weltkrieg: das Beispiel Leipzig, in: GG 33 (2007), 46–73.

464. J. D. Askey, Good Girls, Good Germans. Girls' Education and Emotional Nationalism in Wilhelminian Germany. Rochester/New York 2013.

465. C. Bach, Bürgersinn und Unternehmergeist. Stifter und Stiftungen in Hamburg nach 1945. Baden-Baden 2014.

466. C. Baumann/N. Büchse/S. Gehrig: Protest und gesellschaftlicher Wandel in den 1970er Jahren, in: Dies. (Hrsg.), Linksalternative

Milieus und Neue Soziale Bewegungen in den 1970er Jahren. Heidelberg 2011.

467. F. BIEN, Oper im Schaufenster. Die Berliner Opernbühnen in den 1950er Jahren als Orte nationaler kultureller Repräsentation. Wien/Köln/Weimar 2012.

468. I. BIERMANN, Die einfühlsame Hälfte. Weiblichkeitsentwürfe des 19. und frühen 20. Jahrhunderts in Familienratgebern und Schriften der Frauenbewegung. Bielefeld 2002.

469. S. BIETZ, Erbschaften im Bürgertum. Eigentum und Geschlecht in Sachsen (1865–1900). Leipzig 2012.

470. C. BIGGELEBEN, Das „Bollwerk des Bürgertums". Die Berliner Kaufmannschaft (1870–1920). München 2006.

471. T. BISKUP/M. SCHALENBERG (Hrsg.), Selling Berlin. Imagebildung und Stadtmarketing von der preußischen Residenz bis zur Bundeshauptstadt. Stuttgart 2008.

472. G. BÖNNEN/F. WERNER (Hrsg.), Die Wormser Industriellenfamilie von Heyl. Öffentliches und privates Wirken zwischen Bürgertum und Adel. Worms 2010.

473. M. BORUTTA/N. VERHEYEN (Hrsg.), Die Präsenz der Gefühle. Männlichkeit und Emotion in der Moderne. Bielefeld 2010.

474. G. BUDDE/E. CONZE/C. RAUH (Hrsg.), Bürgertum nach dem bürgerlichen Zeitalter. Leitbilder und Praxis seit 1945. Göttingen 2010.

475. N. BUSCHMANN, Treue und Verrat. Zur Semantik politischer Loyalität in Deutschland von den Befreiungskriegen bis zur Weimarer Republik, in: 473, 129–153.

476. G. B. CLEMENS, Sammler und Mäzene im Europa des 19. Jahrhunderts, in: 472, 11–21.

477. B. DIETZ/C. NEUMAIER/A. RÖDDER (Hrsg.), Gab es den Wertewandel? Neue Forschungen zum gesellschaftlich-kulturellen Wandel seit den 1960er Jahren. München 2014.

478. C. EIFERT, Deutsche Unternehmerinnen im 20. Jahrhundert. München 2011.

479. T. FLEMMING, Gustav W. Heinemann. Ein deutscher Citoyen. Essen 2013.

480. M. FÖLLMER, Die Verteidigung der bürgerlichen Nation. Industrielle und hohe Beamte in Deutschland und Frankreich 1900–1930. Göttingen 2002.

481. N. FREI/T. SCHANETZKY (Hrsg.), Unternehmen im Nationalsozialismus. Göttingen 2010.

482. L. GALL, Der Bankier: Hermann Josef Abs. Eine Biographie. München 2004.

483. B. GREWING, Die Mentalität des „neuen Bürgertums" im 19. Jahrhundert. Studien zur rheinischen Gymnasiallehrerschaft im Kontext bürgerlicher Aufbrüche. Siegburg 2008.

484. J. GUCKES, Konstruktionen bürgerlicher Identität. Städtische Selbstbilder in Freiburg, Dresden und Dortmund 1900–1960. Paderborn 2011.

485. J. HACKE, Philosophie der Bürgerlichkeit: die liberalkonservative Begründung der Bundesrepublik. Göttingen 2006.

486. F. HATJE u. a. (Hrsg.), Ferdinand Beneke. Die Tagebücher I (1792–1801). Band 1 bis 5. Göttingen 2012.

487. K. HEINSOHN/S. SCHÜLER-SPRINGORUM (Hrsg.), Deutsch-jüdische Geschichte als Geschlechtergeschichte. Studien zum 19. und 20. Jahrhundert. Göttingen 2006.

488. S. HELLGARDT, Zehn Zimmer. Die bürgerliche Stadtwohnung des 19. Jahrhunderts. Eine Analyse nach Norbert Elias. Köln 2011.

489. C. ILBRIG/B. KORTLÄNDER/E. STAHL (Hrsg.), Kulturelle Überlieferung. Bürgertum, Literatur und Vereinswesen im Rheinland 1830–1945. Düsseldorf 2008.

490. E. ILLNER (Hrsg.), Eduard von der Heydt. Kunstsammler, Bankier, Mäzen. München 2013.

491. J. JENKINS, Domesticity, Design and the Shaping of the Social, in: German History (Special issue) 25 (2007), 465–489.

492. E. KLITZSCHMÜLLER, Die Magdeburger Gesellschaft zur Zeit des Deutschen Kaiserreichs von 1871 bis 1918 auf der Grundlage der bürgerlichen Vereine. Magdeburg 2008.

493. H. KNOCH (Hrsg.), Bürgersinn mit Weltgefühl. Politische Moral und solidarischer Protest in den sechziger und siebziger Jahren. Göttingen 2007.

494. H. KNOCH, „Mündige Bürger", oder: Der kurze Frühling einer partizipatorischen Vision. Einleitung, in: 493, 9–53.

495. J. KOCKA/G. STOCK (Hrsg.), Stiften, Schenken, Prägen. Zivilgesellschaftliche Wissenschaftsförderung im Wandel. Frankfurt am Main 2011.

496. T. KROLL/T. REITZ (Hrsg.), Intellektuelle in der Bundesrepublik Deutschland. Verschiebungen im politischen Feld der 1960er und 1970er Jahre. Göttingen 2013.

497. T. KÜHNE, Zärtlichkeit und Zynismus. Militärische Vergemeinschaftung 1918–1945, in: 473, 179–203.

498. S. Kuhrau, Der Kunstsammler im Kaiserreich. Kunst und Repräsentation in der Berliner Privatsammlerkultur. Kiel 2005.

499. S. Kussek, Von Bildern umgeben: Wandbilder einer bürgerlichen Familie des 19. Jahrhunderts. Essen 2010.

500. L. Langer, Revolution im Einzelhandel. Die Einführung der Selbstbedienung in Lebensmittelgeschäften der BRD (1949–1973). Köln 2013.

501. S. Lässig, Religiöse Modernisierung, Geschlechterdiskurs und kulturelle Verbürgerlichung. Das deutsche Judentum im 19. Jahrhundert, in: 487, 46–85.

502. J. Leonhard, Bellizismus und Nation. Kriegsdeutung und Nationsbestimmung in Europa und den Vereinigten Staaten 1750–1914. München 2008.

503. J. Lesczenski, August Thyssen 1842–1926. Lebenswelt eines Wirtschaftsbürgers. Essen 2008.

504. A. Lieske, Arbeiterkultur und bürgerliche Kultur in Pilsen und Leipzig. Bonn 2007.

505. E. Lindner, Die Reemtsmas. Geschichte einer deutschen Unternehmerfamilie. Hamburg 2007.

506. G. Lingelbach, Spenden und Sammeln. Der westdeutsche Spendenmarkt bis in die frühen 1980er Jahre. Göttingen 2009.

507. P. Lundgreen, Chancengleichheit und Bildungsbeteiligung in der deutschen bürgerlichen Gesellschaft nach 1945. Ergebnisse der sozialwissenschaftlichen Forschung, in: 474, 205–223.

508. J. Martschukat/O. Stieglitz, Geschichte der Männlichkeiten. Frankfurt am Main 2008.

509. P. W. Marx, Ein theatralisches Zeitalter. Bürgerliche Selbstinszenierungen um 1900. Tübingen 2008.

510. S. Mecking, Bürgerwille und Gebietsreform. Demokratieentwicklung und Neuordnung von Staat und Gesellschaft in Nordrhein-Westfalen 1965–2000. München 2012.

511. D. Molthagen, Das Ende der Bürgerlichkeit? Liverpooler und Hamburger Bürgerfamilien im Ersten Weltkrieg. Göttingen 2007.

512. U. Morgenstern, Bürgergeist und Familientradition. Die liberale Gelehrtenfamilie Schücking im 19. und 20. Jahrhundert. Paderborn 2012.

513. S. O. Müller (Hrsg.), Die Oper im Wandel der Gesellschaft. Kulturtransfers und Netzwerke des Musiktheaters im modernen Europa. München 2010.

514. K. Pilger, Der Kölner Zentral-Dombauverein im 19. Jahrhundert.

Konstituierung des Bürgertums durch formale Organisation. Köln 2004.

515. W. PLUMPE (Hrsg.), Bürgertum und Bürgerlichkeit zwischen Kaiserreich und Nationalsozialismus. Mainz 2009.

516. W. PLUMPE/C. REUBER, Unternehmen und Wirtschaftsbürgertum im 20. Jahrhundert, in: 474, 151–165.

517. M.-C. POTTHOFF, Traditionelle Bürgerlichkeit im internationalen Kontext: Rotary und Lions Clubs nach 1945, in: 474, 81–101.

518. P. PREIN, Bürgerliches Reisen im 19. Jahrhundert: Freizeit, Kommunikation und soziale Grenzen. Münster 2005.

519. J. RADKAU, Theodor Heuss. München 2013.

520. C. RAUH, Bürgerliche Kontinuitäten? Ein Vergleich deutsch-deutscher Selbstbilder und Realitäten seit 1945, in: HZ 287 (2008), 341–362.

521. C. RAUH, Bürgertum als normative Instanz in der deutschen Geschichte nach 1945, in: Westend. Neue Zeitschrift für Sozialforschung 2009, 107–116.

522. C. RAUH, Wirtschaftsbürger im „Doppelstaat". Zur Kritik der neueren Forschung, in: 481, 100–115.

523. D. VON REEKEN/M. THIESSEN (Hrsg.), „Volksgemeinschaft" als soziale Praxis. Neue Forschungen zur NS-Gesellschaft vor Ort. Paderborn 2013.

524. S. REICHARDT/D. SIEGFRIED (Hrsg.), Das alternative Milieu: antibürgerlicher Lebensstil und linke Politik in der Bundesrepublik und Europa 1968–1983. Göttingen 2010.

525. S. REICHARDT, Authentizität und Gemeinschaft. Linksalternatives Leben in den siebziger und frühen achtziger Jahren. Frankfurt am Main 2014.

526. H. REIF (Hrsg.), Berliner Villenleben: die Inszenierung bürgerlicher Wohnwelten am grünen Rand der Stadt um 1900. Berlin 2008.

527. H. REIF, Das Tiergartenviertel, in: 526, 133–163.

528. J. L. RISCHBIETER, Mikro-Ökonomie der Globalisierung. Kaffee, Kaufleute und Konsumenten im Kaiserreich 1870–1914. Köln 2011.

529. A. RÖDDER: Wertewandel und Postmoderne. Gesellschaft und Kultur der Bundesrepublik Deutschland 1965–1990, Stuttgart 2004.

530. A. RÖDDER/W. ELZ (Hrsg.), Alte Werte – Neue Werte. Schlaglichter des Wertewandels. Göttingen 2008.

531. A. Rödder, Wertewandel in historischer Perspektive. Ein For-
     schungskonzept, in: 477, 17–41.
532. H. Sack, Der Krieg in den Köpfen. Die Erinnerung an den Drei-
     ßigjährigen Krieg in der deutschen Krisenerfahrung zwischen Ju-
     lirevolution und deutschem Krieg. Berlin 2008.
533. A. von Saldern, Bürgerliche Repräsentationskultur. Konstanz
     und Wandel der Wohnformen im Deutschen Reich und in der
     Bundesrepublik (1900–1980), in: HZ 284 (2007), 345–384.
534. A. von Saldern/L. Seegers (Hrsg.), Inszenierter Stolz. Stadt-
     repräsentationen in drei deutschen Gesellschaften (1935–1975).
     Stuttgart 2005.
535. M. Schäfer, Familienunternehmen und Unternehmerfamilien.
     Zur Sozial- und Wirtschaftsgeschichte der sächsischen Unterneh-
     mer (1850–1940). München 2007.
536. M. Schäfer, „Bürgerliche Werte" im Wandel. Zur Begriffsbildung
     des Bürgerlichen in der historischen Bürgertumsforschung, in:
     477, 121–141.
537. A. Schildt/D. Siegfried: Deutsche Kulturgeschichte. Die Bundes-
     republik – 1945 bis zur Gegenwart. München 2009.
538. A. Schildt, Bürgerliche Gesellschaft und kleinbürgerliche Gebor-
     genheit. Zur Mentalität im westdeutschen Wiederaufbau der 50er
     Jahre, in: Ders., Annäherungen an die Westdeutschen. Sozial- und
     kulturgeschichtliche Perspektiven. Göttingen 2011, 159–179.
539. G.-C. Schimpf, Geld – Macht – Kultur. Kulturpolitik in Frankfurt
     am Main zwischen Mäzenatentum und öffentlicher Finanzierung
     1866–1933. Frankfurt am Main 2007.
540. S. Schraut, Bürgerinnen im Kaiserreich. Biografie eines Lebens-
     stils. Stuttgart 2013.
541. A. Schulz, „Bürgerliche Werte", in: 530, 29–36.
542. A. Schulz/R. Heuer (Hrsg.), Ludwig Börne und Jeanette Wohl:
     Briefwechsel. Band 1: 1818–1824. Berlin 2012.
543. S. Schürmann, Dornröschen und König Bergbau. Kulturelle Ur-
     banisierung und bürgerliche Repräsentationen am Beispiel der
     Stadt Recklinghausen (1930–1960). Paderborn 2005.
544. H. Specht, Die Feuchtwangers. Familie, Tradition und jüdisches
     Selbstverständnis im deutsch-jüdischen Bürgertum des 19. und
     20. Jahrhunderts. Göttingen 2006.
545. P. Ther, In der Mitte der Gesellschaft. Operntheater in Zentral-
     europa 1815–1914. München 2006.
546. M. Umbach, German Cities and Bourgeois Modernism, 1890–
     1924. Oxford 2009.

547. F. Walter u. a. (Hrsg.), „Die neue Macht der Bürger". Was motiviert Protestbewegungen? Reinbek 2013.

548. H.-U. Wehler, Deutsche Gesellschaftsgeschichte. Band 5: Bundesrepublik und DDR 1949–1990. München 2008.

549. M. Werner, Stiftungsstadt und Bürgertum. Hamburgs Stiftungskultur vom Kaiserreich bis in den Nationalsozialismus. München 2011.

550. B. Wörner, Frankfurter Bankiers, Kaufleute und Industrielle. Werte, Lebensstil und Lebenspraxis 1870 bis 1930. Frankfurt am Main 2011.

551. B. Wolbring, Trümmerfeld der bürgerlichen Welt. Universität in den gesellschaftlichen Reformdiskursen der westlichen Besatzungszonen (1945–1949). Göttingen 2014.

Register

1. Personenregister

Weber, Alfred 30
Weber, Carl Maria von 24
Weber, Max 27, 55f., 58
Wedemeyer, B. 81
Wehler, H.-U. 53, 55f., 58, 64, 69, 72, 78, 98, 102f.
Weichel, T. 75
Weichlein, S. 33, 87f.
Weis, E. 53
Weisbrod, B. 80
Welsch, W. 54
Werner, F. 107
Werner, M. 105, 109
Wienfort, M. 57
Wildt, M. 96f., 101
Willett, J. 81
Winkler, H. A. 58, 78, 80, 99
Wirsching, A. 79, 88
Wohl, Jeanette 112
Wolbring, B. 108
Wolff, K. 68
Wörner, B. 105, 108

Zapf, W. 84
Zerback, R. 63
Ziegler, D. 82–84
Ziemann, B. 88
Zierke, I. 90
Zunkel, F. 69f., 74, 83

2. Sach- und Ortsregister

Adel 18, 21, 69–72, 107
Amerikanisierung/Westernisierung 35–37, 44f., 95, 99
Angestellte s. Mittelstand
Antibürgerlicher Protest/„1968" 1, 50–52, 100
Antisemitismus 18f., 35, 66
Arbeit/Leistung 21, 23, 36, 47, 49, 68f., 73, 84f., 94
Arbeiter 21, 25f., 30f., 36, 39–47, 72, 77, 79f., 92, 96, 100
Aufklärung 6f., 10, 19, 74, 80
Augsburg 62, 86
Aurich 91
Automobil 46–48

Barmen 14
Bayern 41
Bayreuth 24
Beamte 12f., 15, 23, 29–31, 46, 56, 69f., 77, 80f., 83f., 89
Berlin 16, 24f., 35, 37, 40, 51, 84, 107, 110
Bielefelder Bürgertumsforschung 55–64
Bildung 5, 10f., 16, 19–22, 24f., 38, 44, 46, 48, 53, 56, 60, 62, 67, 70, 73, 75, 82, 84, 96, 108
Bildungs-/Wirtschaftsbürgertum 2, 15, 30, 40, 50–52, 54–62, 66, 76f., 79, 83f., 98
Bremen 16, 40f.
Bürgerinitiativen 52
Bürgerliche Gesellschaft 11, 14, 42, 45f., 54–61, 67, 74, 77f., 96–103
Bürgerlichkeit/Bürgerliche 24, 37, 45, 55–61, 64, 66, 69, 72, 77, 80–84, 90f., 93, 98
Bürgerrecht 16, 18
Bundesrepublik 45–52, 82–85, 88–103

Celle 89, 91
cultural turn 104

DDR 44f., 50, 90, 92, 95
Demographischer Wandel 4, 30–33, 40–43
Demoskopie 101
Dresden 24, 29

Ehe/Heiratspolitik 5f., 15, 43, 67–69, 83
Eigentum/Vermögen 39f., 45–51, 62, 69f., 73, 83, 92f.
Einheit/Vergemeinschaftung 10, 12–14, 33, 62–64, 67f., 72f., 86
Eliten 11f., 17, 23, 33–37, 46, 50, 57, 60–62, 69–76, 82–87, 89, 104
Emden 91
England 73, 78, 99
Entbürgerlichung 25, 44

Enzyklopädie deutscher Geschichte
Themen und Autoren

Mittelalter

Agrarwirtschaft, Agrarverfassung und ländliche Gesellschaft im Mittelalter (Werner Rösener) 1992. EdG 13

Gesellschaft

Adel, Rittertum und Ministerialität im Mittelalter (Werner Hechberger) 2. Aufl. 2010. EdG 72

Die Stadt im Mittelalter (Frank Hirschmann) 2009. EdG 84

Die Armen im Mittelalter (Otto Gerhard Oexle)

Frauen- und Geschlechtergeschichte des Mittelalters (N. N.)

Die Juden im mittelalterlichen Reich (Michael Toch) 3., um einen Nachtrag erw. Aufl. 2013. EdG 44

Wirtschaftlicher Wandel und Wirtschaftspolitik im Mittelalter (Michael Rothmann)

Wirtschaft

Wissen als soziales System im Frühen und Hochmittelalter (Johannes Fried)

Die geistige Kultur im späteren Mittelalter (Johannes Helmrath)

Kultur, Alltag, Mentalitäten

Die ritterlich-höfische Kultur des Mittelalters (Werner Paravicini) 3., um einen Nachtrag erw. Auflage 2011. EdG 32

Die mittelalterliche Kirche (Michael Borgolte) 2. Aufl. 2004. EdG 17

Religion und Kirche

Grundformen der Frömmigkeit im Mittelalter (Arnold Angenendt) 2. Aufl. 2004. EdG 68

Die Germanen (Walter Pohl) 2. Aufl. 2004. EdG 57

Politik, Staat, Verfassung

Das römische Erbe und das Merowingerreich (Reinhold Kaiser) 3., überarb. u. erw. Aufl. 2004. EdG 26

Die Herrschaften der Karolinger 714–911 (Jörg W. Busch) 2011 EdG 88

Die Entstehung des Deutschen Reiches (Joachim Ehlers) 4. Aufl. 2012. EdG 31

Königtum und Königsherrschaft im 10. und 11. Jahrhundert (Egon Boshof) 3., aktual. und um einen Nachtrag erw. Aufl. 2010. EdG 27

Der Investiturstreit (Wilfried Hartmann) 3., überarb. u. erw. Aufl. 2007. EdG 21

Könige und Fürsten, Kaiser und Papst im 12. Jahrhundert (Bernhard Schimmelpfennig) 2. Aufl. 2010. EdG 37

Deutschland und seine Nachbarn 1200–1500 (Dieter Berg) 1996. EdG 40

Die kirchliche Krise des Spätmittelalters (Heribert Müller) 2012. EdG 90

König, Reich und Reichsreform im Spätmittelalter (Karl-Friedrich Krieger) 2., durchges. Aufl. 2005. EdG 14

Fürstliche Herrschaft und Territorien im späten Mittelalter (Ernst Schubert) 2. Aufl. 2006. EdG 35

Frühe Neuzeit

Bevölkerungsgeschichte und historische Demographie 1500–1800 (Christian Pfister) 2. Aufl. 2007. EdG 28

Gesellschaft

Migration in der Frühen Neuzeit (Matthias Asche)

Umweltgeschichte der Frühen Neuzeit (Reinhold Reith) 2011 EdG 89
Bauern zwischen Bauernkrieg und Dreißigjährigem Krieg (André Holenstein)
   1996. EdG 38
Bauern 1648–1806 (Werner Troßbach) 1992. EdG 19
Adel in der Frühen Neuzeit (Rudolf Endres) 1993. EdG 18
Der Fürstenhof in der Frühen Neuzeit (Rainer A. Müller) 2. Aufl. 2004. EdG 33
Die Stadt in der Frühen Neuzeit (Heinz Schilling) 2. Aufl. 2004. EdG 24
Armut, Unterschichten, Randgruppen in der Frühen Neuzeit
   (Wolfgang von Hippel) 1995. EdG 34
Unruhen in der ständischen Gesellschaft 1300–1800 (Peter Blickle) 3., aktual.
   und erw. Aufl. 2012. EdG1
Frauen- und Geschlechtergeschichte 1500–1800 (Andreas Rutz)
Die deutschen Juden vom 16. bis zum Ende des 18. Jahrhunderts
   (J. Friedrich Battenberg) 2001. EdG 60

Wirtschaft   Die deutsche Wirtschaft im 16. Jahrhundert (Franz Mathis) 1992. EdG 11
Die Entwicklung der Wirtschaft im Zeitalter des Merkantilismus 1620–1800
   (Rainer Gömmel) 1998. EdG 46
Landwirtschaft in der Frühen Neuzeit (Walter Achilles) 1991. EdG 10
Gewerbe in der Frühen Neuzeit (Wilfried Reininghaus) 1990. EdG 3
Kommunikation, Handel, Geld und Banken in der Frühen Neuzeit (Michael
   North) 2., um einen Nachtrag erw. Aufl. 2014. EdG 59

Kultur, Alltag,   Renaissance und Humanismus (Ulrich Muhlack)
Mentalitäten   Medien in der Frühen Neuzeit (Andreas Würgler) 2., durchgesehene Aufl.
   2013. EdG 85
Bildung und Wissenschaft vom 15. bis zum 17. Jahrhundert (Notker Hammer-
   stein) 2003. EdG 64
Bildung und Wissenschaft in der Frühen Neuzeit 1650–1800
   (Anton Schindling) 2. Aufl. 1999. EdG 30
Die Aufklärung (Winfried Müller) 2002. EdG 61
Lebenswelt und Kultur des Bürgertums in der Frühen Neuzeit (Bernd Roeck)
   2., um einen Nachtrag erw. Aufl. 2011. EdG 9
Lebenswelt und Kultur der unterständischen Schichten in der Frühen Neuzeit
   (Robert von Friedeburg) 2002. EdG 62

Religion und   Die Reformation. Voraussetzungen und Durchsetzung (Olaf Mörke)
Kirche   2., aktualisierte Aufl. 2011. EdG 74
Konfessionalisierung im 16. Jahrhundert (Heinrich Richard Schmidt)
   1992. EdG 12
Kirche, Staat und Gesellschaft im 17. und 18. Jahrhundert (Michael Maurer)
   1999. EdG 51
Religiöse Bewegungen in der Frühen Neuzeit (Hans-Jürgen Goertz)
   1993. EdG 20

Politik, Staat   Das Reich in der Frühen Neuzeit (Helmut Neuhaus) 2. Aufl. 2003. EdG 42
und Verfassung   Landesherrschaft, Territorien und Staat in der Frühen Neuzeit (Joachim
   Bahlcke). 2012. EDG 91
Die Landständische Verfassung (Kersten Krüger) 2003. EdG 67
Vom aufgeklärten Reformstaat zum bürokratischen Staatsabsolutismus
   (Walter Demel) 2., um einen Nachtrag erw. Aufl. 2010. EdG 23
Kriegswesen, Herrschaft und Gesellschaft 1300–1800 (Bernhard R. Kroener)
   2013. EdG 92

Das Reich im Kampf um die Hegemonie in Europa 1521–1648 (Alfred Kohler) 1990. EdG 6
Altes Reich und europäische Staatenwelt 1648–1806 (Heinz Duchhardt) 1990. EdG 4

Staatensystem, internationale Beziehungen

19. und 20. Jahrhundert

Bevölkerungsgeschichte und Historische Demographie 1800–2010 (Josef Ehmer) 2., um einen Nachtrag erw. Aufl. 2013. EdG 71
Migrationen im 19. und 20. Jahrhundert (Jochen Oltmer) 2. Aufl. 2013. EdG 86
Umweltgeschichte im 19. und 20. Jahrhundert (Frank Uekötter) 2007. EdG 81
Adel im 19. und 20. Jahrhundert (Heinz Reif) 2., um einen Nachtrag erw. Aufl. 2012. EdG 55
Geschichte der Familie im 19. und 20. Jahrhundert (Andreas Gestrich) 3., um einen Nachtrag erw. Aufl. 2013. EdG 50
Urbanisierung im 19. und 20. Jahrhundert (Christoph Bernhardt)
Von der ständischen zur bürgerlichen Gesellschaft (Lothar Gall) 2., aktual. Aufl. 2012. EdG 25
Die Angestellten seit dem 19. Jahrhundert (Günter Schulz) 2000. EdG 54
Die Arbeiterschaft im 19. und 20. Jahrhundert (Gerhard Schildt) 1996. EdG 36
Frauen- und Geschlechtergeschichte im 19. und 20. Jahrhundert (Gisela Mettele)
Die Juden in Deutschland 1780–1918 (Shulamit Volkov) 2. Aufl. 2000. EdG 16
Die deutschen Juden 1914–1945 (Moshe Zimmermann) 1997. EdG 43
Pazifismus im 19. und 20. Jahrhundert (Benjamin Ziemann)

Gesellschaft

Die Industrielle Revolution in Deutschland (Hans-Werner Hahn) 3., um einen Nachtrag erw. Aufl. 2011. EdG 49
Die deutsche Wirtschaft im 20. Jahrhundert (Wilfried Feldenkirchen) 1998. EdG 47
Ländliche Gesellschaft und Agrarwirtschaft im 19. Jahrhundert (Clemens Zimmermann)
Agrarwirtschaft und ländliche Gesellschaft im 20. Jahrhundert (Ulrich Kluge) 2005. EdG 73
Gewerbe und Industrie im 19. und 20. Jahrhundert (Toni Pierenkemper) 2., um einen Nachtrag erw. Auflage 2007. EdG 29
Handel und Verkehr im 19. Jahrhundert (Karl Heinrich Kaufhold)
Handel und Verkehr im 20. Jahrhundert (Christopher Kopper) 2002. EdG 63
Banken und Versicherungen im 19. und 20. Jahrhundert (Eckhard Wandel) 1998. EdG 45
Technik und Wirtschaft im 19. und 20. Jahrhundert (Christian Kleinschmidt) 2007. EdG 79
Unternehmensgeschichte im 19. und 20. Jahrhundert (Werner Plumpe)
Staat und Wirtschaft im 19. Jahrhundert (Rudolf Boch) 2004. EdG 70
Staat und Wirtschaft im 20. Jahrhundert (Gerold Ambrosius) 1990. EdG 7

Wirtschaft

Kultur, Alltag und Mentalitäten	**Kultur, Bildung und Wissenschaft im 19. Jahrhundert (Hans-Christof Kraus) 2008. EdG 82**

Kultur, Alltag und Mentalitäten

Kultur, Bildung und Wissenschaft im 19. Jahrhundert (Hans-Christof Kraus) 2008. EdG 82
Kultur, Bildung und Wissenschaft im 20. Jahrhundert (Frank-Lothar Kroll) 2003. EdG 65
Lebenswelt und Kultur des Bürgertums im 19. und 20. Jahrhundert (Andreas Schulz) 2., um einen Nachtrag erw. Aufl. 2014. EdG 75
Lebenswelt und Kultur der unterbürgerlichen Schichten im 19. und 20. Jahrhundert (Wolfgang Kaschuba) 1990. EdG 5

Religion und Kirche

Kirche, Politik und Gesellschaft im 19. Jahrhundert (Gerhard Besier) 1998. EdG 48
Kirche, Politik und Gesellschaft im 20. Jahrhundert (Gerhard Besier) 2000. EdG 56

Politik, Staat, Verfassung

Der Deutsche Bund 1815–1866 (Jürgen Müller) 2006. EdG 78
Verfassungsstaat und Nationsbildung 1815–1871 (Elisabeth Fehrenbach) 2., um einen Nachtrag erw. Aufl. 2007. EdG 22
Politik im deutschen Kaiserreich (Hans-Peter Ullmann) 2., durchges. Aufl. 2005. EdG 52
Die Weimarer Republik. Politik und Gesellschaft (Andreas Wirsching) 2., um einen Nachtrag erw. Aufl. 2008. EdG 58
Nationalsozialistische Herrschaft (Ulrich von Hehl) 2. Aufl. 2001. EdG 39
Die Bundesrepublik Deutschland. Verfassung, Parlament und Parteien (Adolf M. Birke) 2. Aufl. mit Ergänzungen von Udo Wengst 2010. EdG 41
Militär, Staat und Gesellschaft im 19. Jahrhundert (Ralf Pröve) 2006. EdG 77
Militär, Staat und Gesellschaft im 20. Jahrhundert (Bernhard R. Kroener) 2011. EdG 87
Die Sozialgeschichte der Bundesrepublik Deutschland bis 1989/90 (Axel Schildt) 2007. EdG 80
Die Sozialgeschichte der DDR (Arnd Bauerkämper) 2005. EdG 76
Die Innenpolitik der DDR (Günther Heydemann) 2003. EdG 66

Staatensystem, internationale Beziehungen

Die deutsche Frage und das europäische Staatensystem 1815–1871 (Anselm Doering-Manteuffel) 3., um einen Nachtrag erw. Aufl. 2010. EdG 15
Deutsche Außenpolitik 1871–1918 (Klaus Hildebrand) 2. Aufl. 1994. EdG 2
Die Außenpolitik der Weimarer Republik (Gottfried Niedhart) 3., aktualisierte und um einen Nachtrag erw. Aufl. 2013. EdG 53
Die Außenpolitik des Dritten Reiches (Marie-Luise Recker) 2., um einen Nachtrag erw. Aufl. 2009. EdG 8
Die Außenpolitik der Bundesrepublik Deutschland 1949 bis 1990 (Ulrich Lappenküper) 2008. EdG 83
Die Außenpolitik der DDR (Joachim Scholtyseck) 2003. EDG 69

Hervorgehobene Titel sind bereits erschienen.

Stand: Oktober 2014

www.ingramcontent.com/pod-product-compliance
Lightning Source LLC
Chambersburg PA
CBHW020537100426
42813CB00043B/3492